致敬系列

少年中国说

——强国有我

余 玮 吴志菲 著

光明日报出版社

图书在版编目(CIP)数据

少年中国说：强国有我 / 余玮，吴志菲著. --北京：光明日报出版社，2022.6

ISBN 978-7-5194-6596-4

Ⅰ. ①少… Ⅱ. ①余…②吴… Ⅲ. ①爱国主义教育—中国—青少年读物 Ⅳ. ①D647-49

中国版本图书馆CIP数据核字（2022）第079268号

少年中国说——强国有我

SHAONIAN ZHONGGUO SHUO——QIANGGUO YOU WO

著　　者：余　玮　吴志菲

责任编辑：谢香　徐蔚　　　　责任校对：傅泉泽
封面设计：李尘工作室　　　　责任印制：曹　净

出版发行：光明日报出版社
地　　址：北京市西城区永安路106号，100050
电　　话：010-63169890（咨询），010-63131930（邮购）
传　　真：010-63131930
网　　址：http://book.gmw.cn
E - mail：gmrbcbs@gmw.cn
法律顾问：北京兰台律师事务所龚柳方律师

印　　刷：山东新华印务有限公司
装　　订：山东新华印务有限公司
本书如有破损、缺页、装订错误，请与本社联系调换，电话：010-63131930

开　　本：170mm×230mm
字　　数：223千字　　　　印　　张：13.75
版　　次：2022年6月第1版　　　　印　　次：2022年6月第1次印刷
书　　号：ISBN 978-7-5194-6596-4

定　　价：38.00元

“致敬系列”丛书编委会

序

追寻少年中国的诗与远方

余　玮

“在 5000 多年源远流长的文明历史中，中华民族始终有着‘自古英雄出少年’的传统，始终有着‘长江后浪推前浪’的情怀，始终有着‘少年强则国强，少年进步则国进步’的信念，始终有着‘希望寄托在你们身上’的期待。”2022 年 5 月 10 日，习近平总书记在庆祝中国共产主义青年团成立 100 周年大会上的这段讲话，寄托着对少年的深切关怀和殷切期望，意蕴深厚。

眼前的这本新著《少年中国说——强国有我》，聚焦了百年中国不同年代的少年群体，记述了不同的成长细节与人生传奇，挖掘了相关典型人物少年标签背后的初心、梦想、担当、牺牲、独立、打拼等特质，呈现出别样的时代风景线。“人生的扣子从一开始就要扣好。”这是对大国少年成长的最好注脚。对于不同的人来说，扣人生第一粒扣子时的外部环境并不一样。有人在阳光下、灯光下扣，而有的当初是在黑暗中摸索中艰难地扣好这人生第一粒扣子。这是一本少年励志成才的生动教材，能给当下少年成长以丰富的教益与启迪，为新时代的家庭、学校、社会教育提供一个特别的窗口。

少年，关乎未来中国的期许。年少，人生旅程最珍贵与美好的起点，是人生亮相的开场白。中国少年，是强国有我的“梦之队”。《少年中国说——强国有我》书中，有红色传奇，有真情背后，有少小见证，有后浪心事；有小小红军娃“跑”在长征路上的生死挑战，有少年先锋平凡而伟大人格塑造的早年印迹，有与长江大洪水搏击的生命营救细节与不屈命运的感恩之心，有奥运小小健儿的精彩瞬间与光环幕后。一代代人的年少，一代代人的起步足迹，一代代人的接续传承。书中，有他们时代精神的风貌，有他们蓓蕾初绽的景致，有他们果敢前行的脚印，有他们心底声音的坦露。一批批少年诞生，一批批少年成长，一批批少年追梦，一批批少年惊艳了时光。他们是不同时期的新秀，与所处的时代有着不同的特别约定。尽管所处的时代有别，但他们都有一个特质，那就是：阳光、向上、自强、燃情，在关爱中茁壮。

“在庆祝中国共产党成立100周年大会上，共青团员、少先队员代表响亮喊出‘请党放心、强国有我’的青春誓言。这是新时代中国青少年应该有的样子……”有志不在年高！中国是在一代代少年的发愤图强中走到今天的。昨天，“50后”也曾是翩翩少年，“60后”也曾是“八十年代的新一辈”。今天，“70后”“80后”已然成为中坚力量，“90后”初露锋芒，“00后”强势来袭。新时代的“00后”来了！新时代的少年来了！他们正式登上了新新社会的大舞台！他们承受着前辈挑剔的眼光，拒绝标签，和我们“曾经的想象”不一样！他们的样子，就是少年中国的样子，也是未来中国的样子！

一个民族是否生机勃勃，首先要看这个民族的少年在干什么。不懂少年，便不懂中国的未来！透过这本《少年中国说——强国有我》，我们能看到一个更加美好的未来。一代代少年勇敢出发，邂逅着更大的世界。今天，我们应该放心地把未来的方向盘交给他们，让他们引领我们，走向一个更美好的明天。

这里，有一代代少年的答卷，也有对一代代少年的解读。这里，有少年中国的记忆，有少年中国的礼赞，更有少年中国的希冀。一代代的“后浪”，用奋斗迎来梦想绽放。你是否想认识他们？

其实，少年有时与年龄无关，只要膛中一颗丹心还跳，一腔热血还未冷，就永远不会老！

2022年5月16日2：00

目录

卷一 红色传奇

卷二 真情背后

龙梅、玉荣 草原姐妹花光环的背后

卷三 少小见证

伏明霞 并不奢望在生活上也是冠军

毕彬彬 驰骋棋场的"小棋王"

卷一

红色传奇

王新兰：红小鬼长征路上的传奇故事

王新兰档案盘点：

王新兰，原名心兰，长征路上最小的女红军。1924年6月出生于四川宣汉，5岁送过情报，9岁参加红军，11岁随红四方面军长征。曾任红四方面军红四军政治部宣传员、红四军政治部宣传队分队长、中央军委三局五十五分队报务员、八路军一一五师政治部新闻电台台长、一一五师政治部秘书处机要秘书、东北南满司令部秘书兼电台台长、第四野战军特种司令部秘书处秘书、原总政治部机要科副科长、原总政治部专家工作室主任、交通部干部局干部科科长、交通部外事处处长、原总政治部秘书处副处长、原总政治部主任办公室副主任、军委副秘书长办公室副主任、原兰州军区后勤部副政委、原兰州军区后勤部顾问等职；1955年被授予上校军衔；1985年12月离休。

她从小受到革命熏陶，5岁送过情报，9岁参加红军，11岁随红四方面军长征，2次翻雪山，3次过草地，在昏迷中曾走到死亡边缘，愣是用稚嫩的双脚走完了长征路，随同大部队胜利到达陕北。

这是当年的红小鬼王新兰的传奇。晚年，她在一个胡同里就早年的经历接受了笔者的采访。

小小通信员的红色启蒙教育和红星情结

“哥哥当红军，弟弟要同行。莫说我年纪小，当个通信兵……”当年红军打下四川宣汉城时，一个小女孩一脸稚气，挤在看热闹的人群里，第一次看见穿着军装、腰上别着盒子枪的女兵，十分羡慕。看到女兵们向群众领唱这些革命歌谣的场面，这个小女孩十分激动：女兵好威武、好漂亮，我能成为其中的一员该多好。

当年的这个小女孩就是王新兰。王新兰原名心兰，参加革命后改为“新兰”。1924年6月，她出生在四川省宣汉县王家坝的一个知识分子家里。父亲王天保是前清贡生。6岁那年，王新兰的父亲去世。在王新兰的印象中，父亲常年穿件

晚年王新兰

青布长袍，举止儒雅。父亲看重读书，王新兰记事起就常听父亲说：“耕，养命；读，达理。二者废一不可。”

王新兰的叔叔王维舟是个地下党员，在家乡创办了一所新式学校——宏文小学。5岁那年，父亲送王新兰到这里读书。在这里，王新兰不仅读书习字，还接受了最初的革命启蒙。

当时，王维舟秘密发动群众，建立了川东游击军，领导了著名的川东起义。于是，军阀刘存厚把王维舟视为眼中钉，悬赏捉拿他。王维舟和王新兰的两个哥哥躲在一个阁楼上。5岁的王新兰已懂些事，慢慢有些觉察，先是发现她的哥哥姐姐时不时地往楼上钻，后来又发现只要哥哥姐姐上楼，叔叔也准在楼上。王新兰发现他们的行动有些神秘，神情都很庄重，她想他们一定在干什么大事情。

不久，刘存厚派一个连进驻王家坝，连长就住在王新兰家。国民党连长经常指挥他的手下四处活动，搜山、抓人，给地下党和游击军的联络造成很大困难。地下党看王新兰年纪小，不易被怀疑，就经常派她去送信。有些文章曾说王新兰9岁参加革命，看来，早在5岁那年王新兰就提着脑袋给共产党送信，当然是革命活动。今天，王新兰对此笑了笑，说：“能活下来就不错了。”

送信要穿过村后一片阴森森的密林，小新兰一边摸索前行一边提防蛇虫，常吓出一身冷汗。然而和这比起来，更惊险的是碰到敌人。一次她走到林边，迎头碰上驻在本村的一个国民党连长。王新兰急中生智先开口说道：“长官，摸到这里做啥子？”“烦得很，打只野鸭吃吃。”“刚才听见说今晚伙上有卤大肠。”她投其所好。果然，连长眼睛一亮：“真的？”“哪个骗你？”连长一脸高兴，正要走，又回头问：“你上哪儿去？”小新兰强作镇定地说：“猫儿跑了，我来找找。”等连长走远了，她踩了踩鞋窝里的密信，赶紧撒开小腿跑进了密林……回想起当时的险境，王新兰显出一丝孩子般的狡黠与得意：“那可是我第一次撒谎哟，也不晓得怎么那么像。”就是这封信促成了一次战斗的胜利，缴获了敌人十几支枪。小小王新兰，为游击队立下了汗马功劳。

王维舟离开那个阁楼后，王新兰的两个哥哥也跟着他走了。他们奔波在宣汉、开江、梁山一带的广大农村，发动群众。沉寂了几个月的川东大地又沸腾起来了。他们走过的地方，红红火火地建立起了农民协会、妇女会和游击队。这时，王新兰心里明白，这些都和小阁楼上那些秘密活动有关。

1932 年年底，为配合从鄂豫皖根据地撤出的红四方面军入川，川东游击军加紧了对敌斗争，努力扩大游击根据地。到 1933 年 10 月，在红四方面军发动的宣（汉）达（县）战役中，王维舟配合红军主力前后夹击军阀刘存厚，使其溃不成军。

11 月 2 日，在宣汉县城西门操场隆重举行了庆祝大会。庆祝大会上，川东游击军正式改编为红四方面军第三十三军，任命王维舟为军长。大会盛况空前，大街小巷被挤得水泄不通。几十年后的今日，王新兰回忆起那天的盛况还十分高兴。她说 ："那天，姐姐新国带着我，半夜就起了床。我们一人举着一面小旗，跟在队伍里，向会场走去。离宣汉城还有好几里路，就听到了从那里传来的锣鼓声和鞭炮声。一进城，就被满眼的标语、红旗和此起彼落的口号声包围了。"

此前，王新兰还没有看见过那么多的人聚会，十分兴奋。她远远地看见站在操场土台子上的叔叔王维舟第一次穿上了正规的军装，刮了脸，显得很精神。

几天后，王新兰的姐姐王新国也参加了红军，被分配到红四方面军宣传委员会。看到姐姐戴上了缀着红五星的八角帽，王新兰又高兴又羡慕，整天蹦蹦跳跳跟在姐姐她们后面，一会儿跟着学歌谣，一会儿帮着刷标语。

这时，王新兰也找队伍上的人要求当红军，队伍上的人说她太小不行。王新兰又到另一个征兵点去问，还是不行。于是，王新兰闷闷不乐。姐姐知道她的心思，答应她到了 12 岁，一定能帮她当上兵，因为红四军有一个 12 岁的宣传员。这时，王新兰认真地对姐姐说 ："那我谎报年龄，就说是 12 岁。"姐姐说 ："你长得那么小，说 12 岁哪个相信？"王新兰照了照镜子，一副无可奈何的样子。

此时，西北革命军事委员会决定，宣、达一线的红军和地方机关撤至川陕苏区的中心地域通（江）南（江）巴（中）一带。姐姐担心母亲和妹妹，专门从红四军赶回家，将母亲托付给村苏维埃主席，让她随苏维埃一起转移。母亲走后，家里只剩下王新兰孤零零的一个人了。于是，王新兰一头扎进姐姐怀里哭了起来，说一定要跟着她去当红军。姐姐没有办法，只好带着王新兰一起来到了红四军军部。

姐姐把王新兰领到红四军政治部主任徐立清跟前，说她的妹妹要参军。徐立清笑着打量了一下这个眼巴巴看着自己的小女孩 ：剪裁合身的小旗袍，透着生气的短头发，白里透红的圆脸蛋，可爱极了。不过，他还是叹了口气："孩子，你太小了——个头还没有步枪高，还是找个亲戚家避一段时间吧。"王新兰一听，眼泪扑簌簌地流。

忽然，王新兰停下哭泣，大着嗓门儿说："你别把我看小了，我什么都能干！"徐立清见她率真的样子，哈哈大笑："哦？什么都能干？那就说说你能干些什么。"

"好！"听首长话有松口，王新兰的劲头更足了，"我会写字，会跳舞，会吹奏，还会唱歌！"说着她还用手在地下写了几个字让徐立清看。这时，姐姐王新国也在旁边帮腔："首长，你就收下我妹妹吧！你别看她年龄小，可她已经为党工作好几年了。"她如数家珍般把王新兰几年来为党传递情报的事讲给徐立清听。

徐立清一边听，一边连连点头："嗯，不错，不错。"专心听王新国说完，徐立清转而对王新兰说，"小妹妹，不是红军不要你，只是你的年龄太小了……"一听又没希望了，王新兰发起了小孩脾气："小？小怎么了？哪个天生会打仗，还不是一点点学起来的。我虽然年龄小，可学东西还快呢！"

在一旁的王新国替妹妹求情说："白匪来了，和红军沾边的都得杀，留下来不是等着让白匪杀吗？就让她跟着红军走吧，我晓得她太小，没办法，能活下来就活，活不下来就……"王新国说着，眼泪也流了出来，"她小是小，却懂事，不会给队伍添麻烦的。"

徐立清想了一阵，击一下掌，说："你，红军收下了！"王新兰破涕为笑，兴奋得跳了起来。这一年，王新兰 9 岁。如今，王新兰还庆幸当年红军接收了她。

很快，王新兰被分到红四军宣传委员会，和姐姐住在一起。王新兰回忆说："穿上专门为我做的一套小军装，戴上红五星八角帽，别提心里多高兴。"

后来，红四军成立宣传队，王新兰就成了一名小宣传员，"天天跟着老同志学识简谱、吹笛子、吹箫、打洋鼓"，成了宣传队里的多面手，经常参加演出自编的戏剧或舞蹈，给部队鼓劲。

一天，王新兰返回宿舍没有看见姐姐，就四处找，却在床板上发

王新兰与女儿在一起（余玮　摄）

现了一个字迹清秀的字条："小妹，组织调我到省委工作，来不及和你告别，以后就靠你自己管理自己了。"拿着小字条，王新兰哭了起来。

原来，中共四川省委要在红四军里找一个文化程度高的人，去给省委书记兼保卫局长周纯全当秘书，选来选去，最后选中了王新兰的姐姐王新国。王新兰没有想到，从此以后她再也没有见到自己的这个姐姐，也再也没有见到自己同样在红军队伍里的两个哥哥及六姐夫。

1934 年秋，红四军开到了四川北部的苍旺坝。一天，有人捎信给王新兰说，她的母亲就在附近，病得很厉害。王新兰心急火燎地赶了 30 多里路，在一间四面透风的破房子里见到了病危的母亲。一见面，母女俩哭成一团。母亲抚摸着女儿说："心兰，陪妈几天吧。"王新兰只是哭，不说话——部队行踪不定，她来时领导交代过必须当天返回。王新兰无法开口把这话告诉病势垂危的母亲。

晚年，王新兰对子女回忆说："离开妈妈、走出那间破房子的时候，我没有回头，也不敢回头，怕在妈妈绝望的目光中再也迈不动脚步。"王新兰心里清楚，这次相见，是她们母女的永诀……

"跑"在长征路上挑战生存极限

"同志们，加劲走，赶快穿过大风口。莫歇劲，莫逗留，'三不准'要求记心头。……"当年在寒冷的风口上，王新兰打着小竹板，向路过的部队一遍又一遍地说着烂熟的顺口溜。那段历史越来越远，亲历者越来越少，笔者有幸采访到当年的这位铁流小巾帼，她以一名参与者的特殊身份和女人特有的细腻，对长征这影响中国革命深远的行动有自己客观的而不失翔实的描述。

1935 年春，红四方面军西渡嘉陵江，开始长征。这年 3 月 30 日晚，在这望不到头的队伍里，不到 11 岁的"红军娃"王新兰迈着稚嫩的小腿，被宣传队的大姐姐们搀扶着，登上了渡江的木船。

王新兰不知道这条船会把自己带到哪里去，她只知道自己必须跟着这支队伍走，因为除了这支队伍，她什么也没有了。说到对长征的感觉，王新兰说："最深的感觉就是走路，没完没了地走路，整天整天地走，整夜整夜地走。"

部队打仗时，王新兰她们就和群众一起抢救伤员，有时一天要抬几百个伤员。王新兰年纪小，抬不动重伤员，就扶着轻伤员走。长征路上，有爱讲笑话的王新兰的地方，总有许多笑声。可是过江半个多月，有人发现听不到她的笑声了。原来，王新兰染上了重伤寒，吃不下饭，身体一天比一天虚弱。这时，还清醒的王新兰不断地提醒自己，无论如何，千万不能掉队——在这种时候掉队，等着自己的只有死亡。

一天早晨，王新兰挣扎着刚走十来里地，眼前一黑，就一头栽倒在地。战友们用树枝扎了担架抬着她继续往前走。部队走到川西时，她已牙关紧闭，不省人事了。没过多久，她的头发眉毛全都脱落了。宣传队的一位大姐抱着一线希望，天天把饭嚼烂，掰开她的嘴，一点点喂她。渐渐地，王新兰又奇迹般地睁开了眼睛。

宣传队抬着重病的王新兰行军，行动十分艰难，特别是有敌人尾追的时候。一天，在一个村子宿营，有人建议给房东一些大洋，把王新兰留下来。红四军政治部主任洪学智得知后，赶忙来到宣传队，说这孩子表演技术不错，一台好的演出，对部队是一股巨大的精神力量。他让宣传队把她带上。

王新兰躺在担架上，被战友们抬着走了个把月。渐渐地，王新兰开始进食了，脸色也好了起来，部队到达理番时，她已能勉强坐起来了。死神最终与王新兰擦身而过。

王新兰能下地以后，又拄根棍子，拖着红肿的双腿，紧紧地跟着队伍，走那永远也走不到头的路。王新兰人小腿短，别人走一步，她得走两步，她一边走一边在心里告诫自己："千万不能掉队，千万不能掉队！"就这样，王新兰跟着队伍跋涉在铁流之中。

病终于好了，王新兰又开始参加宣传队的工作，每天跑前跑后地从事宣传鼓动。

在翻越夹金山时，她们衣衫单薄，身上被冻得像刀割一样疼。当时大部队定在凌晨 5 点动身上山，宣传队必须提前到险要处搭宣传棚。王新兰她们刚走到山脚，就感到雪山的厉害，地下的雪冻得硬邦邦的，木棍着地，发出"咯咯"的响声。越往上爬，空气越稀薄，呼吸十分困难。看到王新兰这样小的孩子站在风口上宣传鼓动，红军战士都很感动，用力向上爬。十一师过去了，十二师过去了……宣传队队员们都快冻僵了，陈锡联带队走上去，爱怜地摸着王新兰的头说："部队快过完了，你们宣传队快些走，这里不能待得过久。"

6 月，部队到达懋功，一、四两个方面军胜利会师。十万大军聚集在一起，两个方面军的同志相互倾诉、相互慰问，互赠草鞋、羊毛什么的。王新兰回忆说，当时到处热气腾腾，空气中充满了歌声和笑声。那些日子，王新兰每天都有演出，唱歌、跳舞、吹口琴。

部队在懋功停留了一段时间，但没有筹到多少粮食。8 月上旬，部队从毛儿盖出发进入草地。

茫茫草地，已经多少个世纪没有踩过人的足迹。一群红军战士走进来，一曲人类求生存的颂歌在无垠的草地上奏响了。王新兰背着一条线毯、一双草鞋、一根横笛，拄着根小棍紧跟着前边的同志，走进了草地。

到了草地，王新兰和其他红军战士一样，白天吃野草，晚上没觉睡。“因为都是水，一块干地没有，每个人都有一个小背包，里头有双草鞋，或者还有一个床单什么的，就把它垫在屁股下面坐着，大家背靠背坐着，晚上冷啊，冷得要命。”

草地的夜似乎很长，王新兰她们又冷又饿。指导员到附近找来些枯草，生起一把火，领着她们搓手、跺脚、唱歌。歌声驱散了寒夜，迎来了黎明。王新兰回忆说：“当时，整天饿得发慌，有时挪动一步，浑身摇晃，眼前直冒金星。”

一天，两天，三天……她们在草地上走啊走啊，前方终于出现了树木，草地走到了尽头。王新兰抑制不住泪水，与同伴们紧紧地拥抱在一起。回望草地，已经有多少战友倒下了，留在了草地上。如今，王新兰说：“过雪山草地，印象最深，永远也忘不了，因为那是在整个长征的两年历程当中，最艰难最苦的，而且是挑战极限——那真是，每一个战士每一个红军都在向极限挑战，什么极限？死亡极限、生存极限。”

9 月中旬，王新兰跟着部队二过草地。时值深秋，无衣无食，加上部队刚过一次草地，已经疲惫不堪了。茫茫草地，似乎没有尽头，路旁不断增添新隆起的坟头。王新兰和几个小队员谁也不说话，她们闷闷不乐地跟着部队走，心里的疑问越来越大：“为什么不跟中央北上，为什么又要过草地南下？”

倒下的人越来越多，走到草地边缘时，战士们已经耗尽了最后一点力气。终于又走出了草地……

11 月中旬，红四方面军在百丈地区与国民党军十数旅激战，毙伤其 1.5 万余人，但因自身伤亡过重，众寡悬殊，被迫撤出百丈，转入守势。在百丈战役中，王新兰和宣传队的同志一次次冲进硝烟里，把一批又一批伤员抬下来，“在百丈激战的 7 天 7 夜里，宣传队的工作特别艰难。经过百丈这一战，我觉得自己一下子长大了”。

当时，红四方面军大部集中在夹金山以南的天全、宝兴、芦山一带休整、集训。

由于王新兰在火线救护和宣传中的突出表现，这年11月，她光荣加入了共青团，成为宣传队中年龄最小的团员。

王新兰与孙辈在一起

王新兰参加的集训还没有结束，国民党薛岳部纠集10个团配合川军向天全压来，王新兰她们奉命连夜赶回部队。敌人进攻暂时被击退后，红军被迫撤出了川西，由丹巴西进。

1936年2月下旬，红军再次翻越夹金山、折多山等大雪山，于3月中旬到达道孚、炉霍、瞻化、甘孜一带。此时，全军已从南下时的8万人锐减到4万人。

7月2日，红四方面军主力与红二、六军团齐集甘孜。会师那天，洪学智组织宣传队敲锣打鼓列队欢迎，王新兰第一次看到了闻名已久的领导人。

后来，王新兰随红四方面军第三次走了草地。王新兰说："第三次过草地是最艰苦的一次，走到草地时，部队带的粮食都快吃光了。经过前两次草地行军，草地上能吃的野菜、草根也都挖光了。进入草地不久，不少人已饿得上气不接下气，有时走着走着就看到前边一个同志倒下了……"

10月10日，走过万水千山的一、二、四3个方面军在甘肃会宁庆祝胜利会师。至此，震惊中外的长征宣告结束。采访时，当笔者说"您是徒步走完长征全程的年龄最小的红军"时，王新兰笑了笑："当时我的年龄小，步子小，别人走一步，我得跑两三步，一天到晚总在不停地跑。别人走完了长征，我是跑完了长征。"

老红军之女替母返乡

"春风又绿江南岸，明月何时照我还？"定居北京近百岁的老红军王新兰，自9岁参军走后一直没机会回故乡四川宣汉，这句诗是对王新兰心情的真实写照。

2010年1月5日，小女儿萧露怀揣母亲王新兰的心愿，踏上母亲久别多年的故乡。1933年，9岁的王新兰在姐姐的帮助下参加了红四方面军。1939年与萧华将军结为伉俪，先后生下萧雨、萧霜、萧露三女，萧云一子。

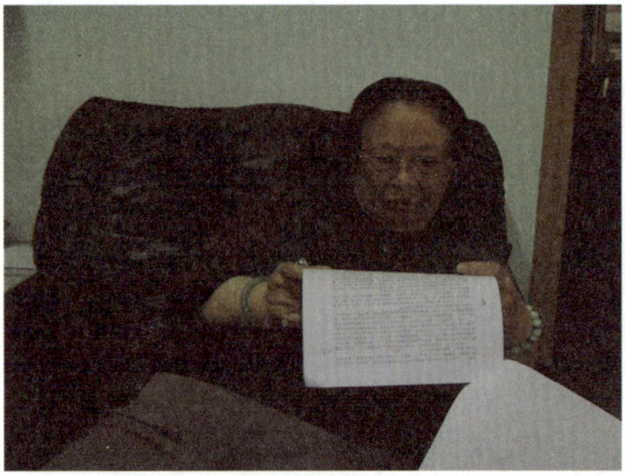

王新兰审看本稿（余玮　摄）

“古时花木兰，今日王新兰，红军好儿女，光彩照人间。”萧露在宣汉县清溪宏文校红色资源宣传栏里看到这样一句题词后有些情不自禁……萧露走进清溪宏文校“工”字楼教师办公室，看见一幅《长征之歌》壁画，壁画上勾勒了母亲王新兰的红军形象，还简明扼要地叙述了母亲的长征历程。当萧露读完文字后，被母亲顽强不屈的精神感动，敬佩之情油然而生，便强烈要求与壁画合影，表示要把红军精神一代一代地永远传承！

据清溪宏文校校长介绍，多年来，王新兰已成为全校师生学习的榜样，师生们尽自己的能力，从身边的小事做起，发扬红军精神。该校地理位置相对偏远，条件比较艰苦，学校严重缺教师。因此，每位教师的工作量大、课时多，但教师们在红军精神教育感染下从无怨言，一贯任劳任怨地教书育人，爱岗敬业。受到教育的不仅是教师，还包括全体学生。该校学风良好，先进带后进，人人争当“红军传人”。萧露在学校看到，学生遇见老师时一律敬礼问好，显得非常礼貌。在教室，学生课桌排得整整齐齐，书本摆放得有条不紊。“学校面貌的改变是必然的。”学校教师都认为，“红军精神有实实在在的内容，其魅力足以打动全体师生。”

“我要多照几张王家坝，为母亲捎回家乡的真实面貌，用以报答慈母养育之恩。”萧露站在缓慢行驶在清溪河面的游船上，一边拿着数码相机从不同角度拍摄着清溪王家坝，一边向身边的人不停地说。只见清溪王家坝山环绕着水，水倒映着山，相互辉映，形成一幅“舟行碧波上，人在画中游”的美丽画卷。拍完后，萧露从相机里翻看着王家坝那一张张美如画卷的景色，便情不自禁地感叹：“宣汉变化真大！”

萧露还从陪同返乡的当地领导口中更深层次地了解了宣汉，为母亲捎回一份翔实的乡情。宣汉是闻名遐迩的红色土地、资源开发的战略要地、巴人文化的发祥宝地、旅游发展的希望之地。普光气田是中国规模最大、丰度最高的特大型整装海相气田，罗家坝遗址是全国重点文物保护单位，王维舟纪念馆是省级爱国主义教育基地，百里峡是国家AAA级旅游区、省级风景名胜区、省级地质公园，观音山是省级森林公园，“徐鸭子”手撕鸭系列、巴人村牛肉系列、“川宣”菜油、“九顶雪眉”名茶、“西塔”乳品、“云蒙”大米等特色旅游商品享誉全国。一回京，萧露就向母亲推介宣汉，王新兰陷入了沉思……

晚年的王新兰依然是那么热情爽朗，精神状态一直很好。

其实，精神状态有时就是一种心态，与年龄无关。这位曾经送情报、跑在长征路上的红军娃，生死都多次经历过，还有什么困境能打败自己？与其说王新兰有养生之道，不如说她永远少年的心态或心境、心理上的不服老，助力了精神上的健康状态，而不是刻意要不承认脸上的皱纹，皱纹下的少年状态才是最真实的生命底色。

王二小：活在歌声里的抗日小英雄

王二小档案盘点：

王二小，千万个抗日小英雄凝聚成的艺术形象。原型之一有 1929 年 5 月出生于平山县南滚龙沟村的阎富华，系村抗日儿童团团长，1941 年牺牲。

“牛儿还在山坡吃草，放牛的却不知道哪儿去了。不是他贪玩耍丢了牛，那放牛的孩子王二小……”婉转悠扬、如泣如诉的歌谣《歌唱二小放牛郎》如今已经在中华大地流传了近 80 年。这首诞生于抗日战争中期的歌曲是当时为数不多的以典型人物为主角的音乐作品，其绵长动人的旋律与歌词深深扎根于中国人的记忆，并相传至今。在人教版的小学语文课本中，课文题目是《小英雄王二小》，文章讲述了日本侵略者在王二小的带领下步入八路军伏击圈的故事。

歌曲中的主人公是否确有其人？语文课本里的记述与真实的故事是否一致？有关歌曲是如何诞生、传唱开来的？一个个问号，随着寻访被一一打开……

阎富华玩伴口里的放牛郎

河北省平山县宅北乡滚龙沟村，面积 2.4 万亩，沟壑纵横。其中有大沟 7 条，小沟 37 条。传说，汉光武帝刘秀在此躲避追兵，从山上滚到沟里，小山村因此得名“滚龙沟”。滚龙沟又分为南滚龙沟和北滚龙沟，曾是晋察冀边区党委机关报晋察冀日报社和新华电台的驻地，曾流传着“轿顶伏击战”“七进七出铧子尖”“八匹骡子办报纸”等抗战故事。当地传闻是抗日少年英雄“王二小”的故乡。在沟口的一块牌子上，有这样的文字：“王二小本名阎富华，1929 年 5 月出生于平山县南滚龙沟村，系村抗日儿童团团长。1941 年 9 月 16 日，日寇向《晋察冀日报》编辑部和印刷厂所在地南滚龙沟发动突然袭击。当敌人走到铧子尖附近时，遇到了正在放牛的阎富华。敌人用刺刀逼问他八路军在什么地方，并让他带路。阎富华知道当时报社的战士们就在铧子尖四周的山上埋伏着，但是报社工作人员和附近山沟里几千名老百姓却还没有来得及转移。为了给转移争取充分的时间，他带着敌人从上午 9 点钟一直转到下午 3 点多钟，最后把敌人带到了二道泉山顶。当他想抱着一个日寇准备跳崖时，被另一个日寇用刺刀从后背刺死，摔落悬崖……”

南滚龙沟党支部原书记史林山，原名叫路五祥，人称五祥，是“二小”阎富华的玩伴。“我的老家在河北省灵寿县，父亲参加了八路军，不幸牺牲在了战场上。1938 年，我随母亲逃荒到了平山县滚龙沟村，同年母亲因病去世。从此，我便成为一名孤儿，8 岁的我开始了给人家放牛的生活。”史林山说，“阎富华在家排行老二，大家都叫他二小，我喊他二小哥。二小家里很穷，是吃百家饭长大的。后来生活稍好一点儿，就总叫俺到他家吃饭。我们总在一起放牛，他对我也格外地照顾，像亲哥哥一样。放牛时，他还经常在口袋里装块饼子给俺吃。俺俩形影不离，他就如同俺的亲二哥。”自打晋察冀日报社驻扎在沟里的二庄，二小等儿童团员们的主要任务是送信。他们清楚地知道报社人员都住在哪家。直到晚年，史林山还张口就能说出当时的晋察冀日报社社长邓拓的警卫员和秘书的名字。

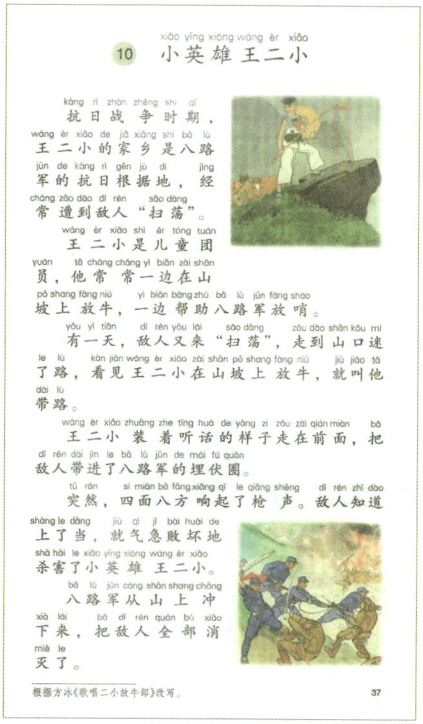
10 小英雄王二小

抗日战争时期，王二小的家乡是八路军的抗日根据地，经常遭到敌人“扫荡”。

王二小是儿童团员，他常常一边在山坡上放牛，一边帮助八路军放哨。

有一天，敌人又来“扫荡”，走到山口迷了路，看见王二小在山坡上放牛，就叫他带路。

王二小装着听话的样子走在前面，把敌人带进了八路军的埋伏圈。

突然，四面八方响起了枪声。敌人知道上了当，就气急败坏地杀害了小英雄王二小。

八路军从山上冲下来，把敌人全部消灭了。

根据方冰《歌唱二小放牛郎》改写。

37

小学语文课本上的《小英雄王二小》

每一位英雄的成长历程都充满着“传奇”色彩。有一天晚上，八路军的电台收到了一份紧急情报，需马上给邓拓送去。夜已深，伸手不见五指，怎么办？二小在旁边挺身而出说：“我对这里的山路熟悉，我去送！”工作人员问他：“你年纪太小，能行吗？”他坚定地回答说：“放心，没问题！”邓拓住处在离南滚龙沟有三四里地远的二庄，二小接受任务后，一个人拔腿就走。

二小凭着记忆一个人匆匆跑在长长的羊肠小道上，因怕误事，一刻也不敢停歇，空旷的大山里只能听见急促的脚步声。突然，在山间的羊肠小道上蹿出一匹狼，瞪着明晃晃的眼睛挡住路，二小不敢过去。战乱时期，狼吃死人上瘾，见了活人也不怕，有个村站岗的儿童团员就被一群狼给吃了。二小个头大一点儿，狼似乎有些犹豫。山路左边是高耸的山坡，右边是陡峭的悬崖，怎么办？他轻轻停下脚步，心想：退回去，完不成任务；往前走，狼挡住了去路。二小沉着冷静一想，决定爬山梁绕过狼。他特别担心狼会追上来，就一口气越过山脊，一路飞奔，途中把两只鞋全跑丢了，腿上也被柴草山石划得血淋淋的。邓拓见了，心疼得让二小住下，天亮再走。二小说："不，俺娘还惦记着俺呢。"邓拓就派了两名战士连夜护送他回家。

史林山回忆说，第二天和二小哥一起放牛，当看到他的双腿伤痕累累时，并听他讲述了"深夜遇狼"的事情后，心中既敬佩又心疼。

史林山说："当时《晋察冀日报》编辑部有个小战士名叫苏生，才 15 岁，和我俩年龄相仿，我们之间相处得很融洽。有一次，苏生要上山去给受伤的战友送饭，'二哥'知道后，怕他道路不熟，出现意外，就决定自己去替他给隐蔽在山洞里的伤员送饭，要知道，当时日寇经常进山扫荡，非常危险，但他总是把危险留给自己，把安全让给他人。"

后来，苏生在一次给伤病员送药送饭的途中被日寇发现并枪杀。如今，滚龙沟村村史馆里面的资料记载着，报社驻扎滚龙沟期间，日军大规模"围剿"4 次，小规模"围剿"20 多次，先后有 20 名报社记者和战士牺牲。而为保护《晋察冀日报》牺牲的滚龙沟村民却是这个数字的两倍还要多，达到 43 人。史林山说："苏生牺牲后，二小哥还专门带我去他的墓前祭拜他，真的是有情有义！"由于二小思想进步，办事果敢，又有组织能力，他被当时的村农会主席李福双任命为儿童团团长，负责带领全村 10 多个儿童团员每天站岗放哨查路条。史林山说："晋察冀日报社 1939 年冬在二小哥家驻了 25 天，出了 23 期报纸，《反法西斯战争》等文章就是在二小哥家印刷后对外发行的。当时二小哥家在深山，那里只有 4 户人家，相当隐蔽。"

据史林山回忆，那段时间，鬼子为了找到报社，七进七出，来来回回搜查。1941 年 9 月 16 日，对史林山来说是一个终生难忘的日子。这天，史林山和二小吃过早饭后，又一起去了位于村后半山腰的路口，像往常一样一边放牛，一边站在一块两米多高的大石头上放哨，观察敌人进山的动向，这里视野开阔，也方便隐藏。上午 10 点多钟，二小发现设在另一个山顶的消息树被放倒了，马上喊史林山："五祥（史林山的小名），你快去报社送信，敌人进山来'扫荡'了！"史林山起身就跑，马上又反身说："二小哥你呢？"二小说："你别管俺，快去。俺先把牛赶到山沟里，别让敌人把咱们的牛抢走了，俺再看看鬼子朝哪个方向走。"二小还嘱咐，"你报信后和大伙一起转移，不要回来了！"

报社得到消息后便立刻行动，快速把电台、机器拆分隐蔽起来，准备转移。史林山惦记着二小，就跑到对面的山崖上，往沟里看，恰好看见二小被鬼子胁迫着带路。史林山回忆说："俺就在半山腰一个很浅的山洞里藏了起来，观察着眼前发生的一切。二小哥被鬼子左右夹着给他们带路，身后还有一个鬼子用刺刀抵着他的后背往前走。看上去二小哥非常镇静，并不惊慌，他带着鬼子从一个山头转向一个山坳，再从一个山坳爬向另一个山头，他到底想干什么呢？后来，我才恍然大悟，他是在故意拖延时间，好让我们的八路军有更多时间隐蔽机器和转移。就在这时，我看到二小哥带着敌人向二道泉方向走去，我知道那边是悬崖，附近就埋伏着我军的游击武装梯队。俺吓得不行，那么一大群鬼子啊，二小哥怕是活不了了。"

到达二道泉山顶时，鬼子发现前面已无路可走。史林山忽然见二小转身抱住一个鬼子的大腿，史林山的心里"咯噔"一下，瞬间明白了二小这是要和敌人一起跳崖，同归于尽啊！可是二小毕竟是小孩，一下没能抱动敌人，就被身后的敌人用刺刀挑下了悬崖。史林山在洞里远远看着，瞪大了眼睛，张大了嘴，却不敢放声哭，也不敢喊。

其实，二小已经成功地把敌人引入了我军的埋伏圈。一时间，枪弹齐发，杀声震天。由于我军居高临下，用了不到半个小时就几乎把敌人消灭干净。史林山和附近的八路军、乡亲们 100 余人在山下找到二小时，他的鲜血已经染红了身旁的石头和溪水。二小的父亲慢慢用双手抱起儿子，泣不成声。史林山曾回忆说："当时，他父亲紧紧地抱着二小哥，我在旁边托着他的头，脑子里一片空白，心如刀绞，感觉像做梦一样，心里一直在反复地问自己，这是咋回事儿？这是咋回事儿啊？二小哥你不能死，以后我和谁一起站岗放哨，和谁一起捡柴放牛啊……"

平山县"王二小"的牺牲处

傍晚，报社和村里人都赶来了，看到二小惨死，山谷里哭声一片。大伙找来擦地擦子（一种用荆条编织的农具），拉着二小，把他送回山下。史林山说："埋二小哥的地方是一个树坑，大伙把坑往大里挖了挖，然后把他放进去，脸上盖了一个破褂子，身上盖了两块木板儿，堆了一个土堆，就这样草草安葬了俺二小哥……二小哥的父母悲痛欲绝。他们的大儿子患天花早亡，老三也很小就死了，现在就剩下二小哥这棵独苗，又被鬼子杀害。夫妇俩承受不了这么大的打击，很快相继去世。二小哥就是从二道泉山顶被挑下来的。那是秋天，水流当时比较大，二小哥的鲜血染红了溪水。歌里唱的是'他的血染红蓝蓝的天'，不对！"

当地人口口相传：当二小的英雄事迹传到附近的两界峰村时，住在这里的西北战地服务团记者方冰和作曲家李劫夫，眼含热泪很快创作了《歌唱二小放牛郎》这首歌曲，于 1942 年元旦刊登在《晋察冀日报》副刊《老百姓》上。

对此，史林山本人是这样回忆的：二小牺牲五六天后，西北战地服务团武装宣传队的方冰来到滚龙沟村，找到了正在山坡上放牛的他。史林山说："那一天，我正在放牛，一个穿着军装的人向我走来，说是从《晋察冀日报》那里得到消息，想来了解一下二小的事迹。我一听是问有关二小哥的事，就强忍悲痛把事情的来龙去脉一五一十地给他讲了一遍。后来我才知道他叫方冰，是搞宣传工作的，就住在我们隔壁村——两界峰。"

1942 年元旦前夕，负责新华电台的一位姓郑的八路军把《歌唱二小放牛郎》这首歌曲教给了包括史林山在内的滚龙沟的孩子们："牛儿还在山坡吃草，放牛的却不知道哪儿去了。不是他贪玩耍丢了牛，那放牛的孩子王二小……"史林山回忆说："当郑叔叔教我们唱到这一句歌词时，我们都不干了，大家含着眼泪质问他二小姓'阎'，为什么改为姓'王'啊？郑叔叔反问我们二小是不是我们的'孩子王'，他是不是叫'二小'啊？我们这才明白歌词的意思。所以，当时我们唱这首歌时是在'那放牛的孩子王'处停顿一下再唱'二小'的。郑叔叔还对我们说，咱们滚龙沟村为抗战牺牲的老少爷们儿共有七八十位，张、王、李、赵，不可能给每一位牺牲的人写一首歌，'王'又是一个大的姓氏，所以，'王二小'也可以理解为一个群体和一种精神，一种英勇无畏、为国牺牲的高尚的爱国主义精神。听到这些后，我们进一步理解了歌词的内容，学习起来就快多了。后来，我们村几乎每个人都学会了这首歌。其实，大家都很怀念二小。紧接着，《歌唱二小放牛郎》这首歌曲被刊在了 1942 年《晋察冀日报》的元旦副刊上。从此后，会唱这首歌

平山县“王二小”墓

的人也越来越多，二小哥的故事也被更多人知晓，很多人都把‘二小’当成了自己学习的榜样。”

渐渐地，这首歌飞出滚龙沟，飞出晋察冀，飞进全国人民的心里，被经久地传唱着。1966 年以前，每到 9 月 16 日二小牺牲的日子，中央人民广播电台就播放这首歌来纪念他。

二小墓地就在山下。二小哥被安葬完后，史林山的守墓生涯也就此开启了，为了报答二小哥的救命之恩，他从来都没有选择放弃，守墓一守就是一辈子。在他看来如果被日军看到放牛的是他不是二小哥，那么当时被日军刺死的人就一定会是他了，而二小哥主动选择在原地放牛则是给了自己活下去的机会。从那以后，史林山对于二小哥总是抱有敬重以及感恩之心。史林山说：“俺为自己活着感到幸福，为二小哥的死感到悲伤。俺这辈子的心愿就是看着把他的墓建起来，让二小哥不再睡在冰冷的树坑里。”随着时代的发展，当地为二小建设了，后来还重新翻修了陵墓，并在村史馆的基础上建立了纪念馆。

新中国成立后，史林山曾有多次到城里工作的机会，但他都不肯离开南滚龙沟，因为这里埋着他当年最好的伙伴，这里长眠着他心中永远的儿童团团长。1956 年 7 月，史林山加入中国共产党。回想起多年前入党时的场景，史林山激动不已：“当我举起右手宣誓时，二小哥仿佛就站在我的身边……我志愿加入中国共产党，我也是替二小哥完成儿时的心愿，更是带着和二小哥的约定，为党的事业奋斗终身！”从青年团团支书到民兵连连长，从党支部宣传委员到村党支部书记，史林山在每个岗位上都争当先进。

平日里，史林山不仅要守墓，还是负责宣传二小哥事迹的宣传员。史林山曾表示，只要他还活着，便会不断地将二小哥的故事宣传出去。晚年，由于腿脚不便，史林山改为每周去一次，聊聊天、说说话。每年清明节时，还会带上儿孙一起前去扫墓，为儿孙讲述他们的革命故事。史林山担心二小哥在地下会孤单，经常会坐在他的墓碑旁，为他讲述村里的变化，给他讲中国又有了哪些新变化。老人经常一遍遍地擦拭着二小哥的墓碑，嘴里不停地念叨着和二小哥说的话。“当年二小哥将生的希望留给了我，没有他，也许死的人就是我！”二小哥当年转身跑向山坡的身影，成了史林山一生挥之不去的记忆。在他心里，因二小哥平日里的照顾，二人虽然并没有任何的血缘关系，但早已视彼此为好兄弟。在史林山的记忆之中，“王二小”不仅仅是课本中的小英雄，还是一个爱笑爱闹爱照顾他人的孩子王。两人从小一起长大，自己被二小哥照顾有加，纵使经过数十载，史林山也未曾忘却。

这么多年来，老人作过数百场有关“二小哥”的事迹报告，还走上过 2015 年中央电视台的《开学第一课》。“二小”以自己单薄的身躯，将身后群众掩护；史林山在残烛之年，将英雄故事传唱。英雄已逝，故人仍在，当年并肩的好伙伴阴阳相隔，唯一未曾改变的是心中不熄的信念。若多年之后，九泉之下得以相见，两人是否会相视一笑，然后再携手向前？

2015 年 9 月 3 日，纪念抗日战争胜利 70 周年阅兵式在北京隆重举行。史林山以抗战支前模范的身份乘抗战老同志方队车通过天安门，接受了祖国的检阅。他说：“我感到特别荣幸，因为我觉得自己不是一个人去参加阅兵的，而是带着二小哥的灵魂去的。二小哥如果能看到现在繁荣昌盛的祖国，一定欢喜坏了，咱们再也不会受别人欺侮了。”

2021 年，史林山感慨：“今年是中国共产党建党 100 周年，我多想二小哥也还活着，看看现在的新中国多么强大。我想对二小哥，还有无数牺牲的兄弟姐妹们说，我有幸替你们见证了国富民安，你们的在天之灵好好安息吧！”

如今的滚龙沟村，满山葱翠，山上泉连泉、瀑连瀑，山奇石秀，景色秀丽怡人，成了红色旅游点。史林山曾这样歌唱：“高高太行万重山，沟沟岭岭紧相连，山清水秀风光好，青松翠柏风光好。南滚龙沟就在山下边，层层梯田披锦绣，披呀么披锦绣，千年的荒山变绿山……”

不同版本中类似的少年英雄

有关“王二小”的故事，在涞源这样传颂：王二小原名王禾，据说父亲起名原意是希望他像禾苗一样茁壮成长。1929 年王二小出生在涞源县上庄村一个贫苦农民的家中。王二小排行老二，哥哥叫石头，父亲王贵是个老实巴交的庄稼人，给本村大地主刘文勤扛活谋生，母亲王张氏给人做针线活，全家四口挤住在本村一座庙里。时下，在村里很容易就能打听到王二小的故居，门上有锁，不过一推就开了，院子里有三间土房，院子当中有一块小石碑，上面刻着“王二小故居”。说是故居，就是当年的娘娘庙，当年王二小一家借宿在这里。上庄村的王文老人曾回忆说他和王二小岁数差不多，小时候常在一块玩。1939 年夏天暴雨成灾，连续下了 40 多天大雨，庄稼颗粒未收。第二年春天，天灾人祸，形成了“无村不戴孝，处处有哭声”的惨象。结果，王二小的父母和哥哥因贫病先后去世了。1940 年春无依无靠的王二小沿着村南的大道开始了逃荒的生涯。这年 5 月的一天，经过长途流浪的二小因饥饿昏倒在了路边，被狼牙口村委会主任高山林搭救，后来他被安排到李家台给刘姓大户放牛谋生。沿着二小当年流浪的路线一路南下就来到了狼牙口村。这里地处太行山深处，四周群峰耸峙，山峦环抱，抗日战争中这一带因地势险要，远离县城，是华北战场抗日巩固区，晋察冀边区领导机关长驻在附近，当时涞源抗日政府就驻在离狼牙口八里远的范庄旺村。狼牙口位于交通要道，是通往涞源、阜平和山西的必经之路。因此，进攻边区的日寇，一定首先要来“扫荡”这个地方。当时晋察冀军区一分区独立师老一团的骑兵连就驻扎在这一带。二小喜欢马，常到骑兵连去玩，和八路军战士混得很熟。他是个聪明的孩子，很内向，不爱说话，一年四季总是穿一件很破的小褂。骑兵连的吴连长非常喜欢这个孤儿，常常给他讲打仗的故事，到了开饭的时间就留他吃。后来，二小就加入了儿童团，一边放牛一边给八路军放哨。1942 年 10 月 25 日（农历九月十六）早晨，13 岁的王二小正在当地老乡称狼牙沟门的外崖山坡上放牛，忽然看见一队鬼子进山来“扫荡”，鬼子兵有好几十人，正从狼牙口向范庄旺村走来。那边的山沟里隐蔽着八路军的后方机关，还有不少乡亲们，万一鬼子摸进那条山沟，不仅八路军的后方机关受损失，乡亲们也将在劫难逃。可是这时候跑回去报告已经来不及了。这时二小忽然想起来，为了粉碎鬼子这次进攻，涞源抗日政府已将 20 多名伤员和粮食转移到阜平去了，为了保护后方机关和群众，骑兵连就埋伏在石湖旮旯的石岭子上。二小冷静地想了想，他要把鬼子引进我们的埋伏圈，让八路军打他们个措手不及！打定主意之后，二小故意暴露了自己的目标，正在山谷里瞎撞的鬼子兵一见到二小，连忙把他从山坡上抓来问路。二小机智地和鬼子周旋，骗取了他们的信任在前边带路。从狼牙沟门往东走是范庄旺村，王二小带着鬼子从西北沟钻了进去，引向八路军埋伏的石湖旮旯。二小带着鬼子走到了这里，四下里却出奇地安静，没有一点风吹草动，难道我们的人马没有发

平山县有关二小的塑像

现？二小心中着急起来，眼看着鬼子全部进了山谷，再不打就来不及了！其实，他们一进山谷就被我们埋伏的人马发现了，而且一下子就明白了二小的用心。可是这样一来却让我们的部队左右为难了，一时不敢下手。这时候，二小向着两旁的山头高喊了起来……鬼子一下傻了眼，直到此时才知道上了当。二小想趁敌人惊魂未定的时候向灌木林跑去，这时，鬼子军官朝他举起了洋刀，第一刀削去了王二小右手的五个手指，第二刀刺向了王二小的胸膛，把他摔在那块巨石上。与此同时，山头上的部队枪炮声四起，前后没有一袋烟的工夫，就全歼了这股敌人。战斗刚结束，战士跑到巨石前抢救王二小。当时王二小还活着，还有两名八路军战士也受了重伤，部队将他们护送到刘家庄，终因伤势过重，三人先后牺牲，永远长眠在了刘家庄的深山老峪里。王二小牺牲后，当时涞源县青救会干部张士奎得到消息，马上把他的事迹上报给了边区青救会，《晋察冀日报》在第一版发表了这条消息。词作家方冰、曲作家李劫夫根据这篇报道，立即创作了歌曲《歌唱二小放牛郎》。这首歌很快在中华大地传唱开来，感染了无数的国人。如今，在涞源县上庄村村口有一所由中国青少年基金会援建的“王二小希望小学”，走进校门，迎面就是一尊二小的塑像，眼望着远处的群山……

邢玉梅是当时狼牙口村的妇救会主任，对当时的情况曾这样讲述：1941 年阴历九月十六早上，天刚蒙蒙亮，突然，“啪、啪”，远处传来报警的枪声，一中队日军悄悄摸进山沟“扫荡”。分驻各村的八路军紧急集合队伍，组织群众迅速转移。日军到狼牙口村扑了空，沿着山沟摸进李家台村，没有发现八路军，又往西追去。西边的山沟里隐蔽着八路军的后方机关，还有不少乡亲们，万一日军摸进那条山沟，不仅八路军的后方机关受损失，乡亲们也将在劫难逃。发现敌情后，八路军的 3 个骑兵排中的一个排掩护伤员沿西沟向西经刀把沟往南从石岭子山梁上撤往山西灵丘。其余两个排，一个排埋伏在石岭子山梁上，一个排埋伏在刀把沟拐弯处北面的山梁上准备伏击日寇。而乡亲们沿香炉石沟往西北方向转移。起早放牛的王二小此时正在西沟、刀把沟、香炉石沟交汇处的东北角——庄窝崖的西坡上放牛，所以八路军伤员、骑兵排及乡亲们转移的去向，王二小看得一清二楚。当时王二小没有跟着一起撤退，他不想把东家的牛丢了。邢玉梅老人说，因为没有当场看到，所以并不知道王二小是如何被日寇发现的，反正他牵着一头牛把鬼子引到了八路军在刀把沟的埋伏圈里……

一直寻找王二小踪迹的退休老干部、涞源县政协原副主席车志忠说："在涞源不仅有二小的出生地和牺牲地，曾经的涞源县抗日政府青救会干部张士奎和王二小有过多次接触，并在1941年秋把王二小的英雄事迹材料报到边区青救会，转送给了阜平的徐光同志。当时，涞源抗日政府就在与阜平接壤的地方，转交是很容易的。"

在涞源县上庄乡上庄村王二小希望小学里还保存着20世纪六七十年代的小学课本，当时的课本中对王二小的介绍是"王二小,河北省涞源县人"。据村民讲，珍贵的是还有一本朝文版的小学课本，里面也清楚地介绍了王二小是涞源人。

涞源县南马庄乡狼牙口村西石湖旮旯东侧山坡上，有座"抗日少年英雄王二小纪念碑"，1992年萧克将军题写碑名，上有中共涞源县委、涞源县人民政府撰写的碑文："王二小，男，公元一九二九年生于河北省涞源县上庄乡上庄村。一九三九年逃荒到抗日根据地南马庄乡狼牙口村，以放牛为生，参加儿童团。一九四二年十月二十五日（农历九月十六日）晨，进犯狼牙口村之日寇，走到山口时迷了路。抓住了正在放牛的王二小，逼其带路，为掩护八路军晋察冀军区一分区的后方机关和伤病员，王

涞源县狼牙口村"抗日少年英雄王二小纪念碑"

二小机智勇敢地将日寇引入八路军的伏击圈。突然，四面八方响起了枪声，敌人知道上了当，就气急败坏地用刺刀挑死了王二小，牺牲时年仅十三岁。一曲《歌唱二小放牛郎》，从此响彻大江南北，王二小的英雄形象也为全国各族人民所传颂、敬仰。抗日少年英雄王二小永垂不朽！”

涞源的“王二小”跟平山的“王二小”事迹较为接近，但在成长的经历、牺牲的细节上略有不同，但是他们都是抗日的小英雄，他们都为了民族的解放事业献出了年幼的生命。

根据调研发现，被当作王二小的英雄还有很多。在河北顺平县，曾经发生过残忍的屠杀，村子里的人遭到了日本鬼子的残忍虐待，连妇女老人孩子都不放过。据说，当时有一个叫王璞的少年因誓死不从日本鬼子的逼问和威胁，惨死在鬼子的长刀之下，当地人都称他为抗日小英雄，并且立了一块刻着“浩气永存”的纪念碑。因为王璞也姓王，所以很多人觉得他就是歌曲中的放牛郎王二小。行唐县也有一个被当地人认为是王二小的张六子，他牺牲时和王璞一样大，都是本该被爱护的年纪。据说张六子当时也参加了儿童团组织。他的意志力甚至超过很多成年人，面对着日军的毒打虐待，他居然一点也不害怕，即使忍受着皮肤被灼烧之痛也不肯说出任何有关八路军的线索。在这个小英雄的心里，担当着保家护国重任的儿童团拥有着无上的光荣。

据中共河北省委党史研究室统计，在抗战期间，整个河北省被日军杀害的不满 16 周岁的未成年人达 4144 人。其中有无辜的孩子，更有千百个“王二小”式的抗日儿童团烈士，涞源县就有两个经历相似的“王二小式”的少年英雄。

无数小小英雄的艺术化身

《歌唱二小放牛郎》的歌声世代传唱，家喻户晓。这首歌曲的创作原型在平山县当地没有争议，被认定是本县的阎富华。不过，在晋察冀、在太行山，曾有过许多像王二小这样的小英雄。曾任晋察冀军区一分区司令员的杨成武回忆，王二小与一分区的一个连长关系很好，涞源县当时属一分区，是王二小把来“扫荡”的日本鬼子带进了八路军的埋伏圈，气急败坏的日本鬼子把王二小挑在枪尖摔死在大石头上，干部和老乡因此脱离了危险。从一定意义上说，王二小是无数抗日小英雄的代名词。

史林山说：“后来，多地‘争抢’王二小，有的说‘王二小’是阜平县人，

石家庄市桥西区西里小学学生等与平山“王二小”的儿时伙伴史林山老人在一起

有的说是涞源县人。得知外地也有‘王二小’，大概是20世纪90年代末的事情。根据这一情况，2005年曾在这里战斗过的原《晋察冀日报》的编辑组组长陈春森来到滚龙沟故地重游时，我专门向他请教了对这一问题的看法。他说，像‘王二小’这样的少年抗日英雄有千万个，但歌曲中的‘王二小’就是咱们滚龙沟村的。于是，他挥毫写下了‘二小的故乡滚龙沟’的书法作品，以正视听。我义务讲解‘王二小’的故事好多年了，就是希望现在的青少年知道中华人民共和国是从哪里来的，是革命先烈们用生命和鲜血换来的，要好好学习，好好珍惜今天的幸福生活，为国家的繁荣昌盛做出自己的贡献，记住‘二小’精神，传承好先烈们的优良传统和革命精神。”

笔者曾寻访过“王二小”故乡，其中，“涞源说”和“平山说”的两地都为自己的英雄“王二小”建立了纪念碑、烈士墓等纪念场所，所言的牺牲时间也不一。时任石家庄市党史办北岳编办室主任、助理调研员的高振山，也曾对此进行了调查考证，发表过一篇名为《“王二小”考》的数千字文章，从6个角度考证“王二小”的原型及歌谣的出处，认为平山县的阎富华最符合王二小的主要生活原型。

根据人们的描述，似乎很多地方都有“王二小”的存在，到底谁才是真正的王二小呢？显然，词曲作者的说法最权威。

《歌唱二小放牛郎》的词作者方冰，安徽淮南人，原名张世方，到延安后改笔名为方冰，代表作有《战斗的乡村》《大海的心》等诗集；曲作者李劫夫，吉林农安人，原名李云龙，曾用名李捷夫，代表作有《我们走在大路上》《蝶恋花·答李淑一》等歌曲。方冰和李劫夫曾一起在华北敌后打过游击。那时，两人睡在一个铺炕上，吃在一个锅里，一个作词，一个谱曲，彼此配合得十分默契。当年，日军对晋察冀抗日根据地之冀中区进行全面蚕食，切断冀中区与北岳、平西、冀东各区的联系，使冀中区陷于孤立，根据地面积大为缩小。也有人说：反“扫荡”后的一天，方冰和李劫夫感触于反“扫荡”中那些为抗日送信、带路，甚至付出生命的孩子们的感人事迹，商量为这些孩子创作一首歌。于是，方冰回到屋中，虚构出了一个名叫“王二小”的英雄少年，用了大约一小时的时间，就完成了《歌唱二小放牛郎》的歌词创作。之后，李劫夫很快完成了谱曲。

《歌唱二小放牛郎》这首叙事歌曲是在民间分节歌的基础上发展起来的，它用一个起承转合四句体结构的旋律来咏唱多段歌词，颂扬了一个放牛娃大智大勇、诱敌就歼并为之献出自己生命的英雄事迹。歌曲虽用同一旋律反复演唱7段歌词，但因音乐优美动听，富有感染力，感情容量大，使人百唱不厌，回味无穷。特别是在演唱中根据各段词意采用不同的音乐表现手段（速度、力度等）进行表情处理以及多声部的和声效果，使这首歌曲产生了更强的艺术感染力。在清新的旋律中又略带些悲凉的情感色彩，寄托人民对抗日小英雄的哀思。

方冰生前曾回忆说，两人由延安调往晋察冀边区政治部宣传部工作后，“一天我和劫夫坐在房前的台阶上晒太阳，谈起这大半年各自的经历，可歌可泣的人物和故事，实在太多了，彼此都感叹不止。于是大家相约把那些动人的材料写出来，纪念英雄们，也激励大家，同时给后人留下一个时代的见证。当时文具纸张奇缺，我取出一支钢笔尖，插在高粱秆上，蘸着红药水，在一张麻纸上写出了《歌唱二小放牛郎》等两个故事歌词。劫夫很快谱出曲子来了。第二天教给村剧团的孩子们唱，一下就传唱开了”。当然，也曾有报道说，事实上是几天后冀中军区召开庆功大会，由抗敌文工团公演了这首歌，歌曲便流传开来。

王二小是否真有其人？方冰曾特别指出，自己的脑子中当时并没有一个真名实姓叫“王二小”的孩子，而是有不少叫“二小”的，至于何以姓“王”，那只是随便选的，只因王姓比较普通、多见。1995年庆祝抗战胜利50周年时，听说某县筹划给“王二小”立碑，方冰明确表示反对：“‘王二小’和刘胡兰、董存瑞、黄继光不一样，他是我创作出来的艺术形象，是无数少年英雄的化身，没有一个指定的人，我不主张立碑。”

曲作者李劫夫的女儿介绍这首歌曲的创作过程时说：“这是个虚构的故事……反‘扫荡’之后，爸爸和战友方冰叔叔商量，我们经历了那么多可歌可泣的事情，我们写点故事歌不好吗？歌颂那些在敌人面前不屈的英雄们，使他们的事迹得以流传，教育后来的人。于是方冰叔叔很快就写出了《歌唱二小放牛郎》和《王禾小唱》两首词来。”

“王二小”到底是真实人物，还是仅是个艺术的形象，如今行走于曾经的晋察冀革命根据地，可以不时听到当地百姓讲述平山县阎富华（有的文章写为闫福华）、涞源县王禾（有的文章写为“王朴”）、顺平县王璞等许多抗日小英雄的故事，河北行唐县、山西和顺县等地都出过“王二小”。艺术来源于生活，王二小虽然是复合人物、综合艺术形象，但肯定有其生活的原型。很难说清楚，他们哪个是真实的“王二小”。可以说，他们都是，又都不是。他们都像王二小，但具体细节又有所不同。或许，正如词作者方冰所说，王二小这个艺术形象，“是无数少年英雄的化身”。

“无论有多少个‘王二小’，都是革命战争时代的英雄形象，都是全中国的骄傲！”后来，史林山平静地说，“王二小”是留给世人的一笔精神财富，各地的“王二小”都是勇敢的小英雄，是一个时代的标志。史林山老人守护的那个“王二小”是不是歌曲的原型或许并不重要，重要的是他守护的确实是一位小英雄。史林山老人为英雄守墓，守护的是一种精神，就是伟大的抗日精神、伟大的民族精神。由于到访的游客来自全国各地，史林山后来研习普通话，逐渐改变那浓厚的乡音，以清晰标准的言语为客人诉说着他与“二小哥”的故事，让阎富华的事迹传播到各个地方。一波又一波的访客听着史林山讲述的英雄往事，潸然泪下。阎富华的纪念碑前，不知浸染着多少人的泪水。人们感叹着抗日烈士的伟大，也敬佩着史林山的守护。逢年过节之时，他总是会带上祭品，去到小山坡上，陪“二小哥”说说话，讲一讲这些年来的世事变迁。平时有了空闲，史林山也会清理一下墓碑周围的杂草，将墓碑擦洗干净。史林山曾表示，他会继续向大家传颂王二小的事迹，让大家学习这种精神，让这首歌谣越唱越远。

河北省社科院研究员王晓岚说："当年晋察冀根据地到处都活跃着儿童团员身影，涌现出一批王二小式少年英雄，一首童谣背后，融合了许多真实的英雄事迹。正是有千千万万个王二小的觉醒和抗争，才在民族危亡之际筑起了我们新的长城。这些孩子牺牲时年龄都很小，却在党的培养下用小小的肩背扛起中华民族不堪外辱的大旗，用自己的鲜血浇灌民族觉醒的种子，并最终让抗战的胜利旗帜飘扬在了中华大地上，也让'王二小'的形象更加饱满动人，流传至今。"

八一电影制片厂表演艺术家田华，是1940年就加入了晋察冀军区抗敌剧社的抗战老战士，她谈起歌曲《歌唱二小放牛郎》时心潮澎湃："作为王二小的同时代人，我对他十分熟悉，当年他的事迹传遍了整个华北大地特别是晋察冀解放区，王二小是那个烽火年代优秀中华少年的典型代表。"如今再唱《歌唱二小放牛郎》，田华认为很有意义。她说，那个时候日寇侵犯家园，国破山河碎，让每个中国人无论男女老幼都感受到了切肤的痛楚和煎熬，激发起人们奋起抗争的万丈怒火。为了今天的和平幸福生活，很多当年的"王二小"献出了宝贵的生命，王二小的这种精神对激励青少年为实现中国梦、建设强大祖国而拼搏奋进，仍然具有重要的教育意义。

不再是一个普普通通的名字

中国儿童艺术剧院曾创排过儿童剧《红缨》，将王二小的故事搬上舞台，全新的演绎使这个经典故事焕发出新的魅力。《红缨》的故事人们并不陌生。抗日战争时期，河北省的一个山村里，少年王二小的父母被日寇残害，他一心想参军打鬼子，但年纪太小参军未被允许，成为一个手拿红缨枪的儿童团员。在这个村庄里，还隐藏着共产党领导下的晋察冀日报社。二小在送报员的启蒙下意识到报纸的重要性，明白了消灭敌人不仅是前方战场上的殊死搏斗，也是后方战场上的机智较量。1942年9月，日寇对村庄展开了"扫荡"，为了保护报社和群众，二小将日寇引入八路军的埋伏圈，壮烈牺牲。这是一部以真实历史为基石并充满艺术品位的儿童剧作品，洋溢着浓烈的爱国情怀和热情向上的力量。在表现形式上，用歌队、戏曲的形式叙事，给观众带来丰富的视听感受。全剧以歌队的动情演唱开场和收尾，一段改编自《歌唱二小放牛郎》的旋律奠定了全剧深情的基调，将观众带回故事发生的小山村中，朗朗上口的新创歌曲散发着少年儿童的活泼气息。观看《红缨》似是一次时间的穿越，带人回到那个腥风血雨的年代，看当时的儿童如何用自己柔弱的肩膀、青春的热血、年少的生命扛起了抗日战争的伟业，由此引领观众或当代的儿童珍惜如今的幸福生活，思考在和平的年代如何为祖国的繁荣富强贡献自己的力量。

河北省委宣传部、上海市委宣传部、石家庄市委宣传部和上影集团上海美术电影制片厂、河北西柏坡影视制作中心曾联合摄制过红色系列动画电影之《西柏坡 2：英雄王二小》，是由中国戏剧梅花奖获得者、西柏坡名誉村长袁淑梅发起创作的。谈起创作初衷，袁淑梅激动不已："几十年来，一首《歌唱二小放牛郎》感动着一代又一代人，伴随着这一经典旋律的传唱，英雄王二小的形象也早已深入人心。那个机智勇敢、顾全大局、不怕牺牲的山娃子，是众多中国人童年时心中的英雄和成长的伙伴，也是在革命历史时期为实现民族独立、自强崛起的'中国梦'而不怕牺牲的实践者。《西柏坡 2：英雄王二小》用动画这一更符合儿童观赏习惯的艺术形式，将取材自真实故事的红色经典进行再现，让王二小的事迹再次在大江南北传颂，大力弘扬西柏坡精神。"该影片是一部小人物与大时代、小英雄与大历史的交响曲。导演在照顾儿童情感需要的同时，并没有忽视当时抗日战争的时代背景，因而使王二小这个小英雄形象更具鲜活色彩。导演施屹说："我们在创作之初就决心不要'端着架子'的王二小，希望能用喜闻乐见的形式让青少年观众明白，今天的美好生活多么来之不易。片中的王二小有他的英武之气，但也有那个年龄段孩子的很多普遍的性格特点。"

当红军旅歌唱演员董冬演唱过不少知名词曲作者创作的歌曲，而面对业余词曲作者拿来的歌曲，董冬同样真诚以对。2009 年 8 月的一天，来自河北涞源县的业余歌曲创作者顾学文和张广吏来北京联系到董冬，和她一起讨论创作"再唱二小放牛郎"的新歌。抗日小英雄王二小放牛郎的事迹，董冬小时候就听过，方冰、李劫夫版的《歌唱二小放牛郎》这首经典的爱国歌曲她小时候便会唱。歌曲抒情的旋律，近似民间小调的风格，寄托了人民群众对这位抗日小英雄的哀思。新中国成立后，曲作者李劫夫将原曲改编为童声合唱曲，秦咏诚又将此歌改编为同名交响诗。

那天，顾学文、张广吏在与董冬会面时，给董冬讲了家乡的少年英雄"王二小"生在苦难中、参加儿童团、血染南河滩的细节，坦言在新中国成立 60 周年来临之际，准备创作一首"再唱二小放牛郎"的新歌，意在传承爱国歌，弘扬爱国情，鼓舞爱国志。董冬认真地听了他们的讲解，再一次被少年英雄的事迹深深感动。同时，董冬也被两位业余歌曲创作者热爱家乡、热爱音乐，对音乐创作如此悉心投入的激情豪气所打动，表示愿意合作。

王二小已成为“抗日小英雄”的代表性人物
（余玮　摄）

“牛儿还在山坡吃草，放牛的却不知道哪儿去了。不是他贪玩耍丢了牛，那放牛的孩子王二小。// 我知道你好想回家，看望房前的大叔和屋后的大妈。我知道你已是满头的白发，甩响鞭子的手还印着伤疤。// 我看见你已经回家，儿时的伙伴和你拉着长长的话。我看见你淌着欣慰的泪花，鲜血浇灌的小树已高大挺拔。// 王二小啊！放牛娃，你的名字传遍千万家。王二小啊！放牛娃，你的故事是那感天动地的神话。”很快，由顾学文作词、张广吏作曲的《怀念二小放牛娃》歌曲问世。

于是，董冬投入演唱好《怀念二小放牛娃》这首歌的工作之中。现在，我们听到她对词曲的演绎，被她那如泣如诉的歌唱而打动，激励着我们的斗志，催人向前。

王二小的故事先后被编入小学语文课本，写成小说，拍成电影、电视剧，制作成连环画、动漫等，使得抗日小英雄的形象家喻户晓。“王二小”短暂的一生中留下的足迹，或清晰，或朦胧，但在每个地方的人们口中都是一个有血有肉的形象，不同的艺术演绎相同的少年英雄形象。抗日战争的硝烟早已散去，我们苦难深重的国家也慢慢抚平了身上的累累伤痕，但“王二小式”的英雄故事永远传颂着。

“……九月十六的那天早晨，敌人向一条山沟‘扫荡’。山沟里掩护着后方机关，掩护着几千老乡。正在那危急的时候，敌人快要走到山口，昏头昏脑地迷失了方向，抓住了二小要他带路……”《歌唱二小放牛郎》这首旋律悠扬的叙事民歌，旋律流畅舒缓，歌词朗朗上口，讲述着、传颂着一位少年抗日英雄的动人故事……

世界上从来没有什么岁月静好，只不过是有人替你负重前行。王二小，不再是一个普普通通的名字，而是当年无数少年英雄的缩影！

刘胡兰：生的伟大，死的光荣

刘胡兰档案盘点：

刘胡兰，原名刘富兰，1932 年 10 月出生于山西文水，1942 年参加抗日救国儿童团，1945 年参加中共文水县委举办的“妇女干部训练班”，不久任村妇女救国会秘书，1946 年 5 月任文水县四区妇救会干事，同年 6 月成为中共候补党员，1947 年 1 月牺牲。

山西文水人每到一个地方，被问及籍贯时，一回答文水，对方往往会称赞说：好啊，红色的地方，刘胡兰的故乡！

“吕梁莽莽一枝兰，伟大光荣丽岫峦。喋血铡锋情似火，归魂汾水志如磐。生能引颈讥逃叛，死亦扬眉笑暴残。赫赫红书昭日月，流芳华夏九原丹。”刘胡兰是已知的中国共产党女烈士中年龄最小的一个。这个耳熟能详的英雄名字，反复出现在中学课本和影视剧里，伴随着中国少年的成长。她以生命写就党员本色，以自己的英勇不屈书写了一部慷慨悲壮的英雄诗篇。

坐落在山西省文水县刘胡兰村南的刘胡兰纪念馆，每年都会迎来全国各地的干部群众。他们开展纪念活动、重温入党誓词、进行理想信念教育，缅怀着这位牺牲时年仅 15 岁的英雄。纪念碑上的文字肃然回应着那搏击黑风暴雨的铮铮傲骨——“生的伟大，死的光荣”！

从儿童团团长到 14 岁的候补党员

云周西村（现刘胡兰村）坐落在吕梁山下、汾河畔，是一个有着 1000 多口人的平川村。刘胡兰，原名刘富兰，1932 年 10 月 8 日出生在文水县云周西村一个中农家庭。按她奶奶的意思，为了吉利，给她起了“富兰”这名字。但是，他们家并没有因为叫她富兰而富裕起来。她出生的前一年，中国发生了“九一八”事变，日本帝国主义侵占中国东北三省。她出生的这一年又发生了“一·二八”事变，日本帝国主义进攻上海。刘胡兰一出生，就恰逢祖国处在生死存亡的关头。

云周西村的东面是太岳山脉，西边是吕梁群峰，这里一马平川，盛产小麦、

刘胡兰（陈光 剪纸）

棉花，是个金不换的好地方。可是，在以前村东的好水地都让地主富豪霸占着，贫苦农民只能租种村西的贫瘠土地，给地主扛长工打短工，有时还得背井离乡、逃荒要饭，村东村西形成了一个鲜明对照。刘富兰出生时，家中有一个破旧的四合小院，种着 40 多亩盐碱薄地，养着一头老牛。在那个黑暗笼罩的年代，数不清的苛捐杂税与劳役压得这个家庭连气都喘不出来。父亲刘景谦虽然是种地的一把好手，但是在残酷压迫剥削下，加上连年的天灾兵祸，尽管使出了全身的力气也难以支撑这个日渐贫困的家庭。由于长期的清贫与劳累，刘富兰的生母王变卿变得虚弱多病，特别是生下小胡兰 3 岁的妹妹爱兰之后，一病不起。刘富兰 5 岁时，生母撒手人寰。

1921 年 5 月 21 日，胡文秀出生在文水县南胡家堡一个农民家庭。她在家排行最小，上面有一个哥哥、两个姐姐。1938 年，文水燃起了抗日烽火，胡文秀积极参加了南胡家堡村妇救会工作，任宣传委员。从她 18 岁起，就不断有人登门说亲，可不知是天不尽如人意，还是她心高气盛，一连几家都没成功。1940 年冬，本村的一位亲戚来提亲了。胡文秀这时才知，对方是云周西村农民刘景谦，家道不错，女人故去不久，留下两个小女孩。一天，刘景谦在他哥哥刘广谦的陪同下，主动来胡家相亲了。只见这位敦实汉子 30 岁出头，眉宇间有股阳刚之气。不知怎么，胡文秀被他憨厚的模样打动了，心底涌出一股不知是同情还是怜悯的暖流。为了母亲歇心，也为了自己，胡文秀就这样决定了个人的终身大事。从此，她就和老实忠厚的刘景谦结下了一世情缘。

对继母，刘富兰开始是存有戒心的。胡文秀晚年还说自己忘不了结婚那天，拜完天地、亲友相见时，独独不见了富兰、爱兰小姐妹。最后总算找回来了，但胡文秀看出，刘富兰是在勉强的心情下，向她行礼的。她以一副慈母心肠，爱护富兰、爱兰，从身心两方面关怀她们的成长。富兰慢慢解除了“戒备”，开口闭口总叫妈，爱兰呢，脸上的泪痕再也不见了。

胡文秀心想：女儿失去了亲娘，从今往后自己就是她们相依为命的母亲，她们也是我的女儿。不久，胡文秀将刘富兰名中的“富”字改为自己的姓氏“胡”。

也有人曾这么解释：她在入党的时候觉得自己的名字不好，认为穷人家的孩子叫“富兰”有什么用，只有跟共产党干革命才能翻身，所以她把名字改为“胡兰”，而“胡”就是她继母胡文秀的姓，继母对她非常好，就改名叫刘胡兰了。

刘胡兰继母胡文秀给女民兵讲女儿的故事

赵戈1920年出生，1936年参加革命，1938年加入中国共产党，同年，毕业于延安抗大。历任八路军一二〇师教导团宣传干事、战斗剧社创作组组长，晋绥军区《战斗报》随军记者等职。离休前任原兰州军区文化部部长兼甘肃省文联副主席。曾荣获晋绥军区模范党员称号、三级独立自由勋章和解放勋章、二级红星功勋荣誉奖章等。1986年离休，1992年返回故乡上海定居。

赵戈，曾是刘胡兰生前所在军区的一名战地记者。他与刘胡兰有过接触，了解她的生平，亲耳听过刘胡兰继母的哭诉。晚年，赵戈讲：“1936年春天，我们工农红军东渡黄河、北上抗日，一直打到刘胡兰的家乡，在那里分土地、打土豪、救穷人、宣传抗日救国。这些对刘胡兰幼小的心灵震动很大。她从小就觉得红军是穷人的队伍，红军是救中国的队伍。”

抗日战争全面爆发后，党的抗日队伍来到文水开展抗日救亡。1938年，文水县抗日民主政府成立，在全县实行了减租、减息等一系列民主改革措施。刘胡兰家对面是中共地下党的一个“敌工站”，少年刘胡兰经常去听抗日故事，学唱抗日歌曲。抗日民主政府办起抗日小学后，刘胡兰8岁那年也有了上学的机会。

抗战期间，刘胡兰的父亲刘景谦等群众为八路军运送物资。敌人炮火来袭，有人扔下物资就跑了，刘景谦却躲在树坑里，等敌人走了，再绕上山，总要把物资安全送达。刘胡兰的继母胡文秀曾是娘家南胡家堡村妇救会委员，嫁过来后经常利用纺线的机会教刘胡兰识字，给刘胡兰讲进步道理。刘胡兰在闲暇的时间，常常会跟着父亲慰问当地抗日游击队，还会给他们送点日常食物。

1942年，文水平川第一支儿童团在云周西村成立，10岁的刘胡兰加入了儿童团，一向积极的她不久就成了儿童团团长。这个儿童团可以说是八路军在村里的眼睛，负责村子周围的站岗、放哨、送情报等具体工作。继母积极投身于妇救会工作，并非常支持刘胡兰参加革命。

云周西村属于文水四区，四区的两个小通信员分别姓韩、姓王。这两个小鬼经常到云周西村送信、送文件、送情报。作为儿童团团长的刘胡兰，跟他们很熟。据赵戈回忆，1943 年 4 月，云周西村被敌人包围了，这两个小通信员为了掩护区长，叫区长先不要突围，等他们把敌人引开后再走。他俩一个往东走，一个往西走，把敌人引开，一边冲出去一边喊："日本鬼子，老子在这里，你们来吧！"日本鬼子就追过去了。区长含着眼泪突围成功，而两个小通信员壮烈牺牲了。刘胡兰掉着眼泪帮他们换好衣服，把他们埋了。刘胡兰对同村好友陈玉兰说："这两人死得真'钢骨'，我要是死，也是这样去死！"

有一次，八路军包围了敌军一个团，县妇女部长奉命组织民兵担架队支援前线。刘胡兰和几名妇女也要支前。部队首长劝她们："前面正在打仗，很危险。"刘胡兰果敢地回答："战士们都不怕，我们也不怕。"她们在前线表现得十分勇敢，不但为伤员包扎伤口，还帮助战士们运送弹药，一直忙到天黑，战斗结束才撤回来。这时的刘胡兰才 13 岁。

1945 年 9 月，日本投降。不久，根据地要吸收一批妇女干部进行培训，于是中共文水县委举办妇女干部培训班。培训班原本没有刘胡兰，毕竟她年龄太小。但她知道后立刻赶去，努力争取就留下来学习了，成了那批妇女培训班里最小的学员。40 多天的学习，使她懂得了许多革命道理，革命觉悟有了进一步提高。培训后，她又回到了云周西村，担任村妇女救国会秘书，与党员一起发动群众斗地主、送公粮、做军鞋，还动员青年报名参军。1946 年正月，从小拉扯刘胡兰姐妹长大的奶奶因患病无钱就医而去世。这年 5 月，刘胡兰调任文水县四区妇救会干事。刘胡兰在斗争中得到了进一步的锻炼成长，参加了大象镇土地改革并很有成绩。6 月，由石世芳、吕梅推荐刘胡兰入党。区委和大家很了解她，一致通过，批准她为中国共产党候补党员。

这年 6 月 26 日，蒋介石不顾全国人民的强烈反对挑起内战，以围攻鄂豫边宣化店为中心的中原解放区为起点，相继在晋南、苏皖边、鲁西南、胶济路及其两侧、冀东、绥东、察南、热河、辽南等地向解放区展开大规模的进攻。此时，山西的阎锡山部加紧了对红色革命根据地的蚕食鲸吞，调集近万兵力对晋中地区进行"扫荡"，声称要"水漫平川"。

这年秋，阎系七十二师少将师长艾子谦率领 3 个团兵力坐镇文水，当地的地主武装“还乡团”“奋斗复仇自卫队”趁机反攻，情况开始日益恶化。为保存革命力量，中共文水县委根据上级指示，决定大部分同志转移上山，留下部分同志坚持斗争。县委要求：把县、区、村各级机关进行一番整顿，抽出一些有武装斗争经验的同志，组织武工队，挑出一些年轻力壮的人在地方上坚持工作；其余老弱病残和“红”了的一些村干部，一同转移到山上老根据地去。转移到根据地的人员名单里面，就有刘胡兰。可是，刘胡兰以自己年纪小、敌人不易发现，熟悉当地环境，便于隐蔽、便于发动群众开展工作为由，主动要求留下来坚持斗争，党组织同意了她的请求。

刘胡兰和留下来的同志一起向各村党组织传达党的指示，组织群众掩埋粮食，深入敌区，收集情报，秘密发动群众，配合武工队打击敌人。云周西村伪村长石佩怀（小名石大成），不仅欺压当地百姓，加大征粮力度，还将征收的钱粮送到了阎军手中，欺压百姓，成为当地一恶霸，深受当地百姓的厌恶，群众愤恨地称他为“狗村长”。12 月 21 日晚，刘胡兰协助武工队处决了云周西村罪大恶极的石佩怀，极大地鼓舞了人民群众的斗志，却不久也引来当地地主武装的残酷报复。

就在翌日下午，云周西村伪村公所书记张德润，把自己推测的“狗村长”被杀经过报告给了驻大象镇的阎系军队一营，情报内称：“石村长被杀，系八路军二区区长陈德照及其弟‘鱼眼三’（绰号，大名为陈德礼）和该村女共产党员刘胡兰等共谋杀害。”

骇人听闻的“一·一二”大血案

1947 年，文水地区被笼罩在白色恐怖之中，敌我斗争形势更加复杂，中共党员面临着一场严峻的考验。据有关文献记载：“……该营匪军窜据文水县大象镇时，该部匪军营长冯效义、副营长侯雨寅、一营机枪连指导员张全宝、二连连长徐得胜、大象镇‘奋斗复仇自卫队’队长吕德芳等，开会布置残害刘胡兰等人。”

石玺玉，乳名石五则，外号五郎，系山西省文水县云周西村人，1944 年参加共产党。1945 年任本村农会秘书，同年 8 月任宣传委员；1946 年任生产委员。石玺玉曾因包庇地主段二寡妇受到过刘胡兰的批评，后被撤销职务、开除党籍。阎系“水漫平川”后，因为党组织没有让石玺玉转移上山，他牢骚满腹，不但不积极为党工作，反而千方百计投靠敌人。石玺玉完全从思想上、组织上背叛了党和人民，进行着种种罪恶勾当。

1947 年 1 月 8 日，天刚蒙蒙亮，大象镇“奋斗复仇自卫队”队长吕德芳率领队员和阎系七十二师二一五团驻文水大象镇一营二连连长许得胜带着几十个“勾子军”（晋中百姓对阎系军队的鄙称）突然袭击了云周西村。贪生怕死、叛变投敌的石玺玉对刘胡兰等怀恨在心，供出中国共产党在云周西村的组织和同志，其中有刘胡兰等共产党员，并将与中国共产党有联系的石六儿、石三槐、韩拉吉、刘根申等向敌人进行了告密。许得胜命令石玺玉的弟弟石六狼引导“勾子军”到李玉芳家里抓住了石三槐。旋即，石玺玉也被“复仇”队分队长武金川（金川子）、队员韩流八等“绑”了起来，石玺玉知道这是在演戏，并不慌张。四旅旅长石长茂，引着 4 个“勾子军”抓住了民兵石六儿和张生儿，另一伙“勾子军”抓住了韩拉吉。“勾子军”还在地主石廷璞院内吊打了石六儿，但石六儿始终没有吭声。当日下午，石三槐、石六儿、石玺玉、张生儿、韩拉吉 5 人被敌人带到大象镇据点。石玺玉与韩拉吉屈膝投降，供出了村里党员和积极分子的基本情况，张生儿也说了他所知道的一些情况。

当晚，阎系七十二师二一五团一营营部把一份报告送到二一五团团部。报告认为，石佩怀忽被暗杀致死，系该村女共产党员刘胡兰、共方区长陈德照及其弟陈德礼等人所为。这个报告被送到二一五团团部后，团长关其华、政治主任夏家鼎、副团长祁永昌、政工秘书李天科等人在文水城内团部召开了政务会议。会上，关其华等人认为最好在大象镇附近做个“典型”：要想在文水县推行政权，建立据点，必须杀几个人，使当地一般农民及游击队、民兵对阎系部队产生畏惧感，不敢再捣乱。夏家鼎拿着一营的报告宣读后，由李天科根据一营报告，用毛笔给师部写了一份报告，由关其华亲自交给了师长艾子谦。

艾子谦阅毕报告，与政治主任张称扶商议后亲自下手令：“……为了开展地区，建立据点，经师部审核研究，准予将呈报的人处死，以便建立据点，推行政权……”

1 月 11 日夜，在大象镇一座四合院北房大厅里一群人围桌而坐，正在讨论对云周西村的共产党采取行动的计划。他们是：阎系七十二师二一五团一营营长冯效翼、一营特派员兼机枪连指导员张全宝（人们一般称其为“大胡子”）、副营长侯雨寅、大象镇“奋斗复仇自卫队”队长吕德芳、新上任的云周西村村长孟永安、一营二连连长许得胜、机枪连连长李国卿等。会议决定，第二日拂晓，包围云周西村，采取行动，其具体分工情况如下：李国卿负责警戒，许得胜负责扣

刘胡兰烈士的继母胡文秀（左一）等出席第一届全国人民代表大会期间留影（钱嗣杰　摄）

捕人，孟永安负责召集全村民众开会，吕德芳负责杀人行刑，张全宝除负责总指挥外还要不惜一切手段，“帮助”刘胡兰“自白”。以上告密实情及具体的行动安排，当时的人们并不知道，直到 1959 年 9 月以后才大白于天下。

1 月 12 日拂晓，艾子谦、张全宝、吕德芳、许德胜等人率部，阎系一营二连和大象镇的地主武装“奋斗复仇自卫队”突袭云周西村，封锁了所有路口，严令不许任何人出村。刘胡兰已无法脱身，情急之下母亲让她先到隔壁刚生下小孩的金钟嫂家里隐蔽，如被敌人发现，就说是伺候坐月子的。刘胡兰来到金钟嫂家时，屋里已有好几个人了。这时，街上又传来急促的锣声，紧接着就是敲锣人的喊叫声：“大家听着，一家只许留一人，留下两个的就按私通八路办理。”刘胡兰见事态紧急，为了不连累乡亲们，谢绝金钟嫂的挽留，走出屋，义无反顾地向村东南的观音庙走去。乡亲 200 余人已被强迫驱赶到观音庙外的西侧广场“开会”，石三槐、石六儿、张年成、石世辉、陈树荣、刘树山先后被阎系部队抓到广场上。

当年目睹刘胡兰遇害经过的村民白天广在晚年含着泪说：“这事我一辈子忘不了！那年我 17 岁，刘胡兰比我小两岁。”在老人的记忆里，1947 年 1 月 12 日当天清早天还黑着，他刚要去砍柴，在村西口看到从大象村方向来了一股敌人。“敌人在村口分成三路，两路包围村子，一路进村。不久就听到锣声，让一户人家留一个人，其他人都到村南大庙旁广场集合。”

近 10 点，刘胡兰来到观音庙前找到母亲胡文秀，母亲悄悄问道：“胡兰子，你怎么也来了？”刘胡兰低声向母亲说明了原因。不一会儿，复仇队员武金川在人群中发现了刘胡兰，窜过来威胁说：“今天要你自白，不说就要你的命。”刘胡兰狠狠地瞪着他说：“我没什么可自白的。”刘胡兰已清楚地意识到一场严峻的考验就在眼前。她轻轻脱下了指环，掏出手绢和万金油盒，郑重地交给了母亲，决心用鲜血与生命同敌人做一场殊死斗争。

几个敌人扑上来要抓刘胡兰，乡亲们靠在一起保护她。敌人用枪托殴打村民，刘胡兰大声喝道：“闪开，我自己会走。”她昂首挺胸向大庙走去，她跨进大庙的西厢房。审讯刘胡兰的是阎军大胡子连长张全宝，他根据叛徒的告密，已经知道刘胡兰是被捕中唯一的共产党员、区干部，也是年纪最小的一个，企图从刘胡兰口中得到他所需要的东西。

于是，张全宝沉着脸问道：“你就是刘胡兰？”刘胡兰响亮地回答：“我就是刘胡兰，怎么样？”“你给八路军干过什么事？”“只要我能办到的，什么都干过。”“那么你们村长是谁杀的？”“不知道。”“你们区上的八路军都到哪里去了？”“不知道。”

张全宝一连碰了几个钉子，再也沉不住气了：“你，你，你就什么也不知道？”刘胡兰镇静地回答：“不知道，就是不知道！”张全宝威胁说：“现在有人供出你是共产党员。”刘胡兰知道自己已被叛徒出卖，她把头一扬，自豪地说：“我就是共产党员，怎么样？”“你为啥要参加共产党？”“因为共产党为穷人办事。”“以后你还会为共产党办事不？”“只要我还有一口气，就要为人民干到底！”

张全宝万万没有想到，共产党的一个小女孩，竟如此厉害。见硬的不行，就换软的，他奸笑着哄骗说：“自白就等于自救，只要你自白，我就放你，还给你一份好土地……”刘胡兰轻蔑地说：“给我一个金人也不自白。”张全宝恼羞成怒，他收起阴险的笑脸，敲着桌子号叫：“你小小年纪，好嘴硬啊，难道你就不怕死吗？”刘胡兰逼近凶相毕露的张全宝，斩钉截铁地说：“怕死不当共产党员！”张全宝无可奈何，站起来无耻地说：“刘胡兰，只要你当众说句今后不再给共产党办事，我就放了你。”刘胡兰坚定地说：“那可办不到！”

敌人的利诱和威胁都失败了，但他们并不死心，妄图用血腥的屠杀逼迫刘胡兰投降，在大庙西侧广场上放下了铡刀、木棍，刘胡兰和石三槐等被押到刑场。

乡亲们见自己的亲人被押到刑场，一下子拥了过去，匪徒们急忙用刺刀阻挡，张全宝气急败坏地逼问群众：“你们说这七个人是好人还是坏人？”一个老汉说是好人，张全宝说：“你说是好人先用铡刀铡你。”群众中爆发出了惊天动地的怒吼：“好人，都是好人！”张全宝慌了手脚，急忙下令准备屠杀。

接着，阎军二连连长徐得胜宣布刘胡兰等人所谓的“罪状”。徐得胜问：“刘胡兰，你们村中还有谁是共产党员？”刘胡兰说：“再没有，只是我一个！”

一场惨绝人寰的大屠杀开始了，敌人先将地下交通员石三槐，民兵石六儿、张年成和干部家属石世辉、陈树荣、刘树山 6 位同志，用乱棍打昏后，用铡刀一个个杀害了。鲜血染红了大地，锋利的铡刀卷了刀刃……庙宇之下，遍染腥膻。

6 位革命同志壮烈牺牲在敌人铡刀之下，张全宝却扬扬自得地指着 6 位烈士的遗体向刘胡兰号叫：“你看见了吧，自白不自白，投降不投降？”刘胡兰怒不可遏，瞪着他痛斥：“要杀就杀，要砍就砍，我死也不自白，共产党员你们是杀不绝的，革命烈火是扑不灭的，你们的末日不远了！”

刘胡兰忽然转过身来，挺着胸，昂着头，质问道：“我咋个死法？”这惊天动地的声音，宣告了敌人的彻底失败，张全宝阴沉着脸，沙哑地发出了绝望的号叫：“你要是不说，也和那 6 个一样，铡死！”

乡亲们再次向刑场拥来，这情景把敌人惊呆了。突然，张全宝看到了护村堰上的机枪，恶狠狠地叫道：“快，快把机枪调过来，把全村的人统统给我扫光。”于是敌人罪恶的枪口指向了几百名手无寸铁的乡亲们。

在这千钧一发之际，刘胡兰大义凛然，挺身挡住了敌人的枪口，大声喝道：“住手，要死，我一个人死，不许伤害乡亲们。”说着，昂首挺胸地向着铡刀走去。走到铡刀前，她止步，把头上的白毛巾扎紧，慢慢把头转向亲人的方向，泰然自若地告别父母，告别了养育她的家乡土地和勤劳勇敢的乡亲们，“永别了，乡亲们，战斗吧，同志们，敌人的末日不远了，胜利一定是我们的！”生命的最后一息，刘胡兰在寒风中高呼，“中国共产党万岁！”“毛主席万岁！”从容地走向铡刀……她坦然躺在铡刀下，壮烈牺牲。时年，尚不满 15 周岁。

在山西省档案馆馆藏的《残害刘胡兰的凶手张匪全宝供词》档案中，详细记录了刘胡兰被杀害的经过。供词最后，写着张全宝画押字样，有红色指印，注明的时间地点为“一九五一年六月二十四日于文水云周西村”，并盖有文水县人民法院印。

白天广老人回忆说：“刘胡兰牺牲时，我就站在人群里，离铡刀几米远。老百姓对阎匪军恨死了。后来解放军攻打太原，我抬担架送伤员，赶着马车把粮食、干草、木料送到太原。前线需要啥，我们就送啥！”

“志贯长虹气若兰，怒呵贼寇朔飙寒。挺胸昂首刑场鄙，血染山川一片丹。”刘胡兰兄妹 5 人，其中有 3 人是继母所生。刘胡兰的妹妹刘芳兰回忆说，大姐被抓的时候，父亲刘景谦、母亲胡文秀和二姐刘爱兰都在现场。看到姐姐刘胡兰在铡刀下英勇牺牲，妹妹刘爱兰当场吓得号啕大哭，她紧紧地抱着妈妈，身子一直在发抖，回到家中的刘爱兰长时间不吃不喝，仍旧沉浸在姐姐牺牲的悲痛中。懵懂少年，目睹凄凉。这段回忆给刘爱兰的一生都造成了难以弥补的创伤。

刘胡兰烈士画像

刘芳兰说："大姐牺牲那年，我刚出生。母亲经常说大姐懂事，对革命道理懂得多。有一次，母亲担心她闹革命年龄太小，大姐说，妈妈，不怕，革命就不怕死。"

广东乐昌监狱离休老干部李铭曾回忆说，刘胡兰被反动军队杀害前，他所在的部队曾派出近300名战士进行营救。1944年，李铭参加八路军，曾在山西交城八分区独一师五十团当兵。晚年，李铭回忆说，他参加过游击队，攻打过太原。

晚年，李铭说，记得部队决定要营救刘胡兰那天，他们出动了一个营共3个连，总人数为300人左右。因营长一声令下，他们开始急行军，从部队驻扎地一口气跑了12里。李铭说，当时跑得很累，差点跑得趴倒在地。可惜的是，他们到达现场时，敌人已逃之夭夭。李铭说，面对刘胡兰牺牲的场景，包括他在内的不少新战士都不敢多看。"我看见她的头和身子各在一边，铡刀还摆放在那里。"见自己的部队来到，当地老百姓围了上来，问他们"下一步该怎么办"。考虑到敌人走远，追击没多大意义，部队开始往驻地回撤，新兵还被领导要求先行撤离。

文水县党史办原主任武秉礼说，1947年1月刘胡兰牺牲之前，已有部队驻扎文水。"1月11日，中共文水县委指示陈区长组织人员将刘胡兰转移至山区，但12日上午一大早，村子被敌人完全包围。刘胡兰牺牲不久，有一支叫'独二旅'的部队赶到了现场。"武秉礼说，当时文水县和交城县（两地相距约20公里）都属于八分区，附近驻扎的部队很多。刘胡兰牺牲后，"独二旅"带走了一把带有烈士鲜血的泥土，以此激励攻打文水县城的全军将士。1947年2月2日，文水县城被"独二旅"等部队攻破。李铭回忆说，1947年他还属于部队的"新兵蛋子"，他记得副连长和一个指导员的名字，也记得曾攻打过文水县城。

作为当年的解放军随军记者，赵戈曾讲述："作为一个随军记者，我目击过多少敌人整师整团的覆灭，然而我从来没见过像文水守敌那样迅速彻底的溃灭。"他说，当时我军指战员高呼"为刘胡兰报仇"的口号、奋不顾身严惩敌人的情景，依然历历在目。"那是1947年元月，我吕梁和太岳部队向采取'水漫平川'战术、疯狂残害人民的阎锡山军，展开了大规模的反击。战斗连续进行了17昼夜，终于在汾阳、孝义一线歼敌万余。随即像秋风扫落叶一样追歼逃敌，独二旅和独四旅并肩向文水县城挺进。当部队经过最熟悉的云周西村的时候，乡亲们冒着鹅毛大雪，在村口把我们围住。老人哭号，小伙子流着泪，控诉敌人的滔天罪行，急求‘为咱的胡兰子他们报仇啊’！”

刘胡兰的继母胡文秀面色苍白，眼皮浮肿，站在赵戈等面前讲述烈士们就义的经过。她极力忍住悲痛，一字一泪地说：“我家胡兰子，还有那几个乡亲，死得惨……可也死得有骨气……”

赵戈一边记着刘妈妈的控诉，一边流着眼泪。泪水滴湿了笔记本，手里的笔简直像刺刀那么沉重。胡文秀说到最后，支持不住了，踉跄几步，几乎跌倒。几个战士急忙从行列中跑出来扶住了她。内中有个战士，正是赵戈前几天访问过的机枪手王银才。王银才在汾孝战役中一个人俘虏了 13 个敌人，缴获 4 挺美造轻重两用机枪。王银才拉着胡文秀的手，宣誓般地说：“刘妈妈，请不要过分伤心。我们不忘敌人欠下的血债，一定要为胡兰子报仇！”

据赵戈讲述，部队没喘一口气，当晚就赶到了文水县城；也没有站一站脚，立即拔除了城关外围的所有据点。2 月 2 日下午 1 点钟，旅部终于发出了严惩敌人的总攻信号，接着山炮和其他轻重火器一齐吼叫起来。“为胡兰子报仇，杀！”真是一呼百应，响亮的口号压倒了激烈的枪炮声。千百名战士汇成强不可挡的巨流，在枪林弹雨之中，一浪接着一浪涌进城门，一个个敌人倒在我们脚下。冲在最前面的几名战士，又碰到一道城门，因为冲得过猛，第二道城门还没有炸开。忽然，机枪手王银才飞快冲出来。他挺身端枪，毫不隐蔽地向敌人还击，于是敌人把所有火力都集中到他这里。王银才见敌人上了当，就对爆破手陈英喊道：“上，爆破城门！”陈英乘机炸开第二道城门，急不可待的战士们一拥而入，震耳的杀声在城里响了起来。赵戈随后跟进，看到王银才晕倒在冲锋道路上。赵戈把王银才交给卫生队之后，就跟随部队跑上城墙。巷战正在激烈进行着，大街上几乎到处都有我们战士跃进的身影，到处都有惊慌溃乱的敌人。尚未就歼的敌人都逃往北门，准备夺门逃命。忽然一阵清脆的机枪声响了起来，跑在前头的几个敌兵应声而倒；敌人唯一的生路被掐断了。“好机枪！”许多人大声喝彩。赵戈回头一看愣住了，原来王银才又跟着后续部队爬上了城墙。他头上刚刚包扎住的伤口仍在渗着鲜血，但他咬着牙齿，单腿跪在城墙上不住扣动扳机……

战斗结束了，赵戈看了看表，才知道这场厮杀仅仅用了 5 分钟。赵戈说，我

刘胡兰的大妹刘爱兰，外貌神情和姐姐非常相似

们没有什么优异的武器，但是我们有忠于党、忠于先烈们的革命意志。就凭这种意志，我们仅仅用5分钟的时间，严惩了恶贯满盈的敌人。

青春的短暂与精神的永存

刘胡兰牺牲后，妹妹刘爱兰于1948年年底加入了人民解放军第一野战军战斗剧社。在剧社里，她经常扮演刘胡兰。刘胡兰短暂的一生，没能留下照片，见到她的人都说和大妹刘爱兰长得很像。新中国成立后，刘爱兰在北京演话剧。后来，她又在重庆巴蜀中学读初中、山西工农速成中学读高中。高中毕业后成家，继而又参加工作。她曾长时间不敢回到老家，童年那场刻骨铭心的记忆，仍旧像噩梦一样影响着她的生活。

刘胡兰的二妹刘芳兰选择了学医。刘胡兰的两个弟弟后来参军，分别被当地领导改名为“继英”“继烈”。由于刘父不善言辞，外出做烈士事迹报告，一般由继母胡文秀担任。

在太原矿山机器集团有限公司，几十年来涌现出近200名“刘胡兰”。她们来自同一个集体“刘胡兰小组”。自1959年小组成立起，一代又一代人在英雄的感召下，不断挑战艰难，书写成就与光荣。在20世纪50年代，“刘胡兰”们冲破陈腐观念的阻力参加工作，背着娃娃在车床前劳动；在极度困难的时期，她们饿着肚子也要夺取高产；在“文化大革命”时期，生产任务照样超额完成；改革开放的年代，她们依然擎起“刘胡兰”大旗。“刘胡兰小组”把刘胡兰的精神深深烙进了自己的灵魂里。

从1959年成立至今，“刘胡兰小组”先后有7名组长，涌现出多名“刘胡兰”。现任组长张清萍上任于1995年，当时正是企业最困难的时期，效益明显下滑。此时单位派给“刘胡兰小组”的任务少了，往常超额完成任务的“铁姑娘”们，现在15个人休假待岗，仅剩下3个人留在厂里。风雨中，“刘胡兰小组”这面旗帜能不能保住？张清萍一方面拉起平车为大家揽活，一方面想尽办法为休假的姐妹寻找临时工作。为了人心不散，队伍不乱，斗志不减，张清萍坚持每季度到待岗的姐妹家中探访一次，每半年组织一次小组集体活动。

这么多年来，刘胡兰的事迹被一次次写成书，改编成连环画、电影、电视剧、话剧、歌剧、舞剧、京剧、评剧、豫剧等。其中，1978 年，中国青年出版社出版了由作家马烽写的《刘胡兰传》。1996 年，为纪念刘胡兰英勇就义 50 周年，对刘胡兰纪念馆又实施了较大规模的维修改造工程，增设了刘胡兰事迹影视室、书画室以及党和国家领导人的题词碑。

1964 年 12 月，经山西省军区批准，“刘胡兰民兵班”成立，刘芳兰任第一任班长。班里的队员换了一茬又一茬，但刘胡兰精神却没有变。一直以来，她们都保持“队伍不散、精神不倒、为人民服务的宗旨不变”。每逢清明节、刘胡兰牺牲日、民兵班成立日，她们都会到刘胡兰纪念馆、刘胡兰被审讯的观音庙旧址、刘胡兰墓地去祭扫，并以争当民兵训练场“霸王花”、扶助孤寡“活雷锋”等实际行动，传承发扬刘胡兰精神。

文水县农民摄影家吕庆和曾走遍西北和华东 10 多个省市，有时一人骑着摩托车，有时开着汽车，插上宣传刘胡兰精神的旗帜就出发了。白天他发宣传资料或去学校做报告，晚上就用投影仪在广场上播放刘胡兰的电影。吕庆和说：“我是文水县南武乡南明阳村人，从小就从乡亲们口中了解了刘胡兰的事迹，她的英雄行为一直在激励鞭策着我。我们那个年代出生的人，对于英雄都有着油然而生的敬意。初中毕业后，我参军到部队，服役 6 年后复员回乡。我喜欢美术，自学了摄影，经常出去给人照相，接触的人挺多。工作中，我发现如今就连文水的许多青少年对刘胡兰的事迹都了解得很有限，其他地方的青少年就更可想而知了。于是，我就产生了出去宣传刘胡兰事迹的想法。”

吕庆和家中不宽裕，家人理解支持他的行动。临行前，父母和妻子给他备妥常用药，带上护膝、手套等御寒物品，一再叮嘱钱花完后，要及时通知家里，以便给银行卡上存钱。出发后，妻子每天都给他发短信，了解他的行踪。吕庆和途中经常遇到意想不到的危险。在宁夏的一天，当时他正走在山路上，突然下起大雨。在下坡会车时，他摔倒在路边的碎石上，身后就是万丈深渊，他的腿被摩托车压住，无法动弹，正好有当地老乡经过，将其救起。吕庆和在乌鲁木齐见到刘胡兰烈士的入党介绍人吕梅(后改名吕铭)，在四川见到时任五区区委书记的王瑞老人。走到山西运城时，见到了抓住杀害刘胡兰的刽子手张全宝的王沁声老人，王沁声讲起抓获大胡子张全宝的过程来依然神采飞扬……

山西省吕梁市文水县委原书记孙善文如是解析刘胡兰精神：“马克思主义是

不断发展的，胡兰精神也是与时俱进的，在革命战争年代我们需要不怕流血牺牲的精神，现在我们更需要为促进经济发展、维护群众利益出力流汗、做出贡献的英雄。新时期胡兰精神概括来讲就是四句话、十六个字——坚定信念、不屈不挠、敢于担当、勇于奉献。”

2009 年 9 月 10 日，在中央宣传部、中央组织部、中央统战部、中央文献研究室、中央党史研究室、民政部、人力资源和社会保障部、全国总工会、共青团中央、全国妇联、解放军原总政治部等 11 个部门联合组织的“100 位为新中国

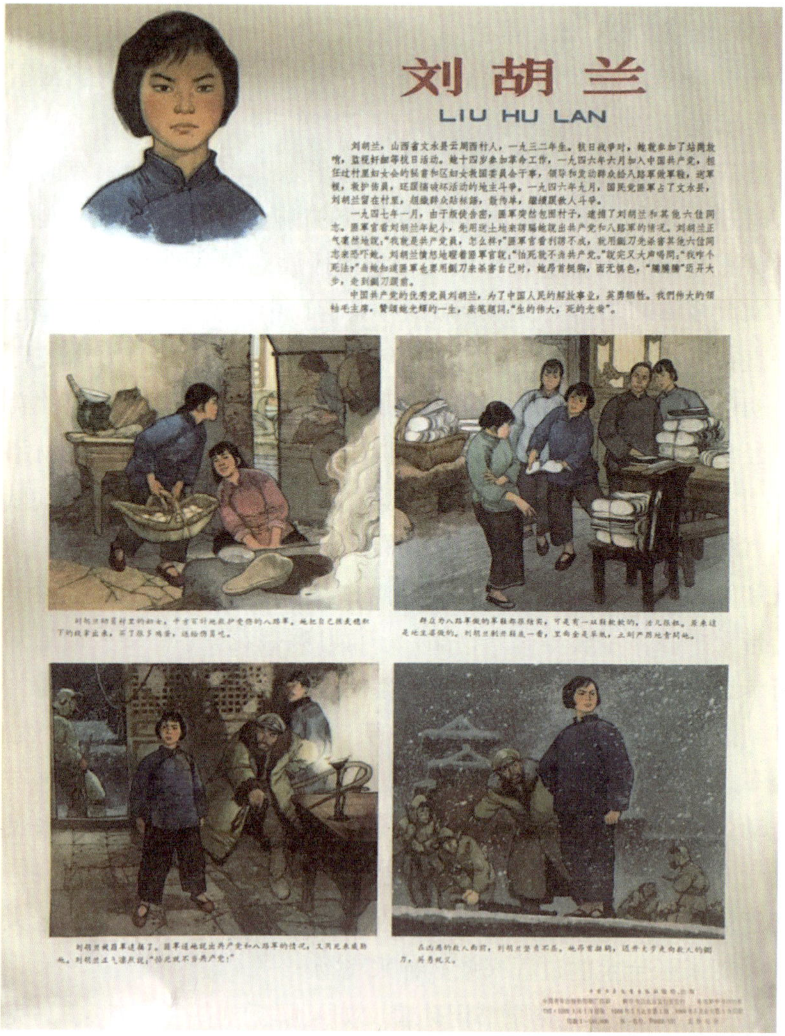

有关刘胡兰的宣传画（吴志菲 摄）

成立作出突出贡献的英雄模范人物和100位新中国成立以来感动中国人物”评选活动中，刘胡兰被评为“100位为新中国成立作出突出贡献的英雄模范人物”。

2017年1月6日，刘爱兰在女儿司承志的陪伴下，回到了家乡，绕着刘胡兰纪念馆广场中央的汉白玉碑转了几圈。回忆重现，满眼泪水。她拿着已经出版的《我的胞姐刘胡兰》，小心翼翼地放在了姐姐的墓碑前……

“姐姐性格刚烈。她被敌人带走时，特意把奶奶生前留给她的指环摘下，取出手绢以及一个用完却没扔弃的万金油盒交给了母亲。母亲当时不解，事后才意识到，姐姐既已把最珍视的东西留给亲人，就是决意与敌人决战到底。”刘继烈这样讲述姐姐刘胡兰被捕的一幕。彼时还未出生的他，幼时每次听到母亲讲到姐姐遇害这一幕，妈妈哭，他也哭。

那棵见证先烈被捕的小柳树，枝开叶散，生命力依然顽强。已接待国内参观者数千万人次的刘胡兰纪念馆，已是“全国重点烈士纪念建筑物保护单位”“全国青少年教育基地”“全国百个中小学爱国主义教育基地”“全国爱国主义教育示范基地”。

“年龄小小嘴巴硬，血溅刑庭炳史章。身弱骨雄姿飒飒，首抬目怒气昂昂。生之伟大澄文水，死也荣崇壮吕梁。天地动容镰斧耀，兰馨赤县至今芳。”英雄已去，精神永存。刘胡兰以短暂的青春年华，谱写出永生的篇章。

卷二

情真·背后

吴芸红：少儿事业的开路先锋

吴芸红档案盘点：

吴芸红，中国少年儿童运动和少年先锋队事业开拓者、中国少先队学科奠基人。1921年5月出生于浙江宁波，1945年参加革命。历任《新少年报》“咪咪信箱”专栏主持人，共青团上海市委少年部副部长、部长，团中央少年儿童部少先科科长，《中国少年报》社长兼总编辑，《北京少年》《北京儿童》支部书记兼主编，《辅导员》杂志顾问，中国少先队工作学会副会长等。

“芸，芸草也，似目宿。”东汉许慎《说文解字》如此解释。《淮南子 · 王说》则言：“芸草可以死复生。”

吴芸红！这是一个很多人并不熟悉的名字，但是与许多人的成长紧紧关联的一个名字，是一个可以载入中国少先队史册的名字。她拒绝荣誉，拒绝稿费，拒绝组织上给她的特殊照顾。她的著作受到团中央与教育部重视，填补了中国少年儿童运动的历史资料与理论的空缺，是继续研究的宝贵资料。

“沪上狂潮暗夜衷，星星火炬艳阳彤。柔言掷地如雷抃，羸体擎天尚自躬。白发层层倾善爱，苍生耿耿挂孩童。笔耕不辍春苗润，舍己救人巾领红。”瘦瘦的，温文尔雅，慈祥的脸上泛着笑容。简洁的话语，平和的神态，充满爱心，好像是老师，又像是知心姐姐。我曾几次接触与我们党同龄的她，谦虚、真诚、质朴、与人为善打动着我。走近她，进一步才知道平易近人的她德高望重，高风亮节，与名无争，充满激情，无私奉献。

人如其名，走近中国少年儿童运动和少年先锋队事业的开路先锋、中国少先队学科的奠基人吴芸红，有这样的榜样熏陶，令人如入芝兰之室。

黑暗中毅然举起“星星火炬”

1956年，上海电影制片厂拍摄电影《地下少先队》。这部电影就是根据吴芸红和其他几位地下工作者一起创办《新少年报》的真实故事改编而成的。影片讲述了上海解放前夕，物价飞涨，民不聊生，人们经受着失业、饥饿和白色恐怖的

中国少年儿童运动和少年先锋队事业开拓者吴芸红

威胁，几个进步的初中学生在《新少年报》的指引下加入地下少先队。影片中孩子们口中的“咪咪姐姐”就是现实生活中的吴芸红。当年，中国福利会儿童艺术剧院也推出了同名话剧。

1944年春，吴芸红考入上海之江大学教育系，与袁鹰（当代著名散文家、诗人、儿童文学家）成为同班同学。由于彼此志趣相投，性情相近，渐渐互相吸引，于1950年7月结成伉俪。婚前，吴芸红一面工作，一面教书，一面读大学，晚上还要写稿或批学生作业，空闲时间极少，根本没有时间和余钱逛公园、看电影、下馆子。当年，大学尚未毕业的袁鹰在上海的进步报纸《世界晨报》《联合晚报》任记者、编辑，同时从事文学创作，投身民主进步事业。由于长期从事地下工作，两人走在一起时，只要一个手势、一个眼神，就能心领神会，此时无声胜有声。

袁鹰说，入大学不久，发现彼此志趣相投，性情相近，就渐渐地互相被吸引了。“她的父母生了6个子女，她是最小的女儿，从宁波迁居上海，家境艰难，自幼身躯瘦弱，个性却坚强。那时，她在沪西法华镇陆家路一所招收贫寒儿童的义务小学教书，课余来读大学。上海沦陷后期，煤电能源被支撑败局的日本侵略军搜刮殆尽，公共车辆时常停驶，她从法华镇沿霞飞路步行到陕西北路上课，每天要往返20里路，却安之若素。”当年，在袁鹰的印象中，吴芸红“与人相处时，她总是真心相待，热情诚恳地帮助别人，不声不响，从不张扬，却赢得朋友、同学、同事的信赖和尊敬”。

早在1939年，吴芸红在上海务本女中读书时就加入了党的外围组织“学生界抗敌救国协会”，积极投入抗日救亡运动。1945年6月，吴芸红在之江大学加入中国共产党。晚年，吴芸红还记得：“我用米汤水写的入党申请书，在纸面上看不出文字。这是一种秘密的办法。”袁鹰和吴芸红都是抗战胜利前入党的，据袁鹰回忆，“那时只能做一些很秘密的工作，联络同学，小规模的活动”。抗战胜利以后，学生的游行“没有明显的压迫”，“共产党不公开出面而在暗中领导的报纸刊物也都能出版，争得大量的读者”。

1946 年 2 月 16 日，中共上海学生运动委员会社会青年区委创办了一份少年儿童报纸《新少年报》，旨在对少年儿童传授科学知识，揭露国民党的腐败统治，培养少年儿童关心国家大事、团结友爱的美好情操。社址就位于如今的上海市黄浦区自忠路（原西门路）355 号。吴芸红是报纸的主编之一。1947 年后，改由中共上海教师运动委员会领导。在吴芸红的印象中，当时上海虽然也有一些儿童读物，但都是以画报、连环画为主，很少涉及时事新闻和社会知识。

《新少年报》以少年儿童为对象，内容包括时事新闻、社会知识、自然知识、文艺及读者园地。报社的编辑、发行、联系小读者的工作都挤在一间小屋子里。报纸以寓真理于活泼通俗、隐蔽的方式来传达信息，出版不久就赢得了孩子们的关注与喜爱。该报非常注重为小读者提供服务，第 3 版“少年园地”的“咪咪信箱”由吴芸红主持。当时，美术编辑在专栏处画了一只可爱的小猫咪，于是吴芸红有了外号“咪咪姐姐”。从此，吴芸红开始与小朋友结缘，几十年始终不改初衷，淡泊名利，默默耕耘，为红领巾事业操劳了一辈子。

吴芸红上午教书，下午在之江大学读书，然后到报社忙办报，带领祝小琬、颜学琴处理小读者们的来信，她认为她是在给“未来的国家建设者们”回信，因此做到每信必复，经常通宵达旦。有的孩子思想苦闷，不和家人说，都写信给“咪咪信箱”以求得帮助，他们因为当时社会不公，物价和米价飞涨，几十万市民活不下去，尤其是他们的家长失业，自己失学而感到尤为痛苦，有个小读者竟写诗愤怨说：“这是黑暗世界，没有亮光只有痛苦与死亡……”“咪咪姐姐”立刻回信说：“世界不是一团漆黑，黑暗中闪烁着亮光，光亮会越来越大……”那小朋友回信感谢“咪咪姐姐”给他力量：“《新少年报》就是我心中的光亮……”每天都会有很多小读者写信，倾诉生活或学习中的磨难和苦恼，吴芸红耐心、详细、亲切地答复小读者的各种疑难问题。尽管来信众多，但吴芸红却从来不马虎，每一封必定是认真读过，然后再细致回复，有时候一回就是五六页之多，并选择其中有普遍意义的在报上公开回答。当然，也有些问题并不是小读者的提问，吴芸红生前说：“我们接触到一些带有普遍性的重要问题，认为应该让小读者懂得，就在‘咪咪信箱’上自问自答。”

“咪咪信箱”不仅是与小读者交流的桥梁，还是发现和培养小通讯员、小发

吴芸红（左）当年主持的“咪咪信箱”是与小读者交流的桥梁

行员的桥头堡。面对小读者的来信倾诉，吴芸红从来没有以指导者的身份自居，而是真正去关注孩子们和他们内心的需求。一封封回信，就像一粒粒火种，引导孩子们穿过苦闷的隧道，冲出彷徨的幽谷，迎来希望的朝阳。“咪咪姐姐”和小读者建立了深厚的友谊，成为他们心目中最有威信的好伙伴、知心姐姐。

白庚曾回忆：“我在上海育光小学读书时，吴老师是我六年级的级任主任。吴老师讲课总是慢声细语，清楚明白。她对学生要求非常严格，对不按时交作业的同学会严厉批评，但从不大声呵斥。课堂上除了讲解课文外还增讲文言文等篇章，还时不时地讲一些时事，揭露社会上一些不平等现象。”

南京市中华中学退休老师陈傛征回忆说：“‘咪咪姐姐’有一颗纯洁的心，她的人格魅力像磁石一般吸引着我们跟她走；‘咪咪信箱’是我们的百宝箱，从那里我们得到了许多知识，许多道理。1947 年春天，《新少年报》通讯员第一次大会在上海华民小学举行。先是让通讯员互相认识，做游戏，吃花生米、糖果，玩得很开心，最后是‘咪咪姐姐’讲话。这是我第一次见到她。那时她穿一件蓝色旗袍，微笑着慢条斯理地说：‘今天你们都拿到通讯员证了，你们已不是普通的小学生了，你们是小记者。记者可厉害了，他要对社会负责任。他有一支笔，要写新闻，把看到的事写下来，让社会知道。所以小记者要关心社会……’我第一次听到‘关心社会’这个词，什么是社会呢？我不知道，反正大概就是周围的事儿吧。”

在报社，吴芸红以“虹”“丁丁”等为笔名撰写了《孩子们》《爸爸讲的故事》《老伯伯讲老话》《丁丁的日记》等作品，反映在社会底层生活的孩子们的苦难生活，以历史唯物主义观点以及借古喻今的手法帮助孩子们认识社会，坚持“把真理带给孩子”，教育、陶冶孩子们，启迪心灵。当年，吴芸红不仅办报，而且还和战友们坚持组织各种小通讯员的活动，如时事座谈，读书讨论，参观报馆和儿童福利机关，唱歌、游戏、跳舞，举行联欢会，还办了小图书馆。她组织举办“小记者培训班”，曾经邀有关人士为小记者讲文学、诗歌、戏剧、新闻和美术课等内容，还帮助小读者、小记者、小发行员参加社会实践，组织“一日夏令营”的“小先生”活动，办“识学班”，帮助流浪儿学文化，带领大家参加“石榴花”运动，大雪天到贫民窟访贫问苦、送寒衣送奶粉……于是，报纸与小读者建立了深厚的友谊，小读者的身心健康得到很好的维护。这种儿童观在她几十年的工作中从未丢失。她曾说:“在少先队，少先队员是组织的主人，他们自己出主意想办法，自己动手组织各种活动，他们自己管理自己，自己教育自己，我们应该信任儿童，尊重儿童，适应儿童的特点。”

《新少年报》当年的编辑祝小琬在晚年这样回忆她印象中的吴芸红 :“《新少年报》每一期她都要写好多篇稿件。她用不同的形式、不同的笔名向读者讲故事，文字生动活泼，内容丰富多彩，人物栩栩如生。报纸编好后，她亲自送印刷厂，向工人师傅交代，付印前亲自校对清样，有时还要补白。她夜以继日地工作，甚至顾不上吃饭，患上了严重的胃病，人愈加消瘦。”当年，《新少年报》有近 200 个通讯员，发行万余份——这在当时的上海是罕见的。

1946 年的一天，上海市立洋泾中学数学老师曹文玉捧着一叠《新少年报》走进教室，鼓励同学们和这份报纸“交朋友”。“中国一直在打仗，打了日本鬼，现在自己人打自己人，弄得大家生活不安定！”《新少年报》上说的，正是该班学生章大鸿想知道的，他立即被这份报纸深深吸引，后来章大鸿才知道曹老师是地下党员。在曹老师鼓励下，他成了《新少年报》的义务小发行员，也多次投稿，还收到编辑吴芸红的来信鼓励。每半个月，报社分管发行的段镇（新中国成立后任团上海市委少年部部长、上海社会科学院青少年研究所所长、中国少先队工作学会副会长）都会骑车将报纸送至章大鸿家。除了在本校同学中发起征订外，章大鸿还约同学利用放学时间和假期到浦东中小学征订。

吴芸红曾忆及当年的那些小发行员主要是帮助推销报纸，他们完全是义务的。“许多小发行员不仅在学校里帮助推销，有的还到马路上、公园里叫卖，千方百计把报纸销出去。他们知道报社经济困难，如果当期报纸卖不出去，钱收不回来，便不能出版下期报纸了。读者热爱《新少年报》，把《新少年报》看成是自己的报纸，把自己看成是报纸的小主人。”

1948年12月2日,《新少年报》该出第100期了,但章大鸿迟迟不见送报来,这可急坏了订户。几天后,邮局送来一小卷纸,拆开一看,正是第100期,可只有一份,再仔细看,头版登着告别信《暂别了,朋友》:"亲爱的少年朋友们,我们被迫痛心地和各位暂别……我们不要为离别而悲伤,相信黑暗定会过去,光明是属于大家的……"

原来,《新少年报》出到第99期时,突然有同志报告不幸的消息说:国民党教育局不准各校学生订阅《新少年报》……为了安全保存力量,组织决定,报刊立即停办,所有同志撤离报社,分散隐蔽,以等待时机。吴芸红说,报纸被禁办,这消息是意外的,也是意料中的。"按照党的指示,在短短两个小时里,同志们把来稿来信、白报纸、剩余的《新少年报》等整理好,迅速撤离。那间狭窄的但是原来热闹非凡的小屋子一下子变得冷冷清清。窗台上那盆当作安全信号的万年青花盆也被移走了,屋子里只剩下空的桌子、柜子、书架、椅子、板凳,以及几个装着书的麻袋,这些都准备过些日子来设法处理。"

领导决定,不放过最后一次教育孩子的机会,由吴芸红带领祝小婉、颜学琴等同志到她姐姐家连夜编出《新少年报》第100期。冬夜,寒气袭人,冻得手指发僵。颜学琴回忆说,"我们刻蜡版、印信、排版等,忙了整整一夜",吴芸红的姐姐在外屋踏缝纫机,替她们放风。吴芸红就是用发僵的手指握笔写出对敌人的战斗檄文、对小读者深情的"情书"。当晚,出满100期,报头大标题为《暂别了,朋友》,还发了告别书,向小读者们告别。在停刊号里,随报寄送读者的一封告别书里明确告诉读者:光明即将到来,那时我们会再见面的。

吴芸红曾回忆:"我们把第100期的稿件送到印刷厂排印,把给小通讯员的告别信分成几批分别投到几条马路上的邮筒里,便分头隐蔽起来。《新少年报》随即停刊了,后来听说小读者和小通讯员收到最后一期报纸和那封告别信后,不少人急急跑到报社的那小屋去找我们。门紧闭着,怎么能找到我们呢?什么时候能再看到《新少年报》呢?一些孩子伤心地大哭起来。"

当年的小读者孙自勤晚年回忆说:"'咪咪姐姐'对我的帮助、关怀及教育使我很受感动。她把我当作自己的弟弟,我也把她当作自己的亲姐姐。当年《新少年报》受到反动政府的迫害停刊了,从此我也缺少了一份精神食粮,并且失去了与'咪咪姐姐'和一些大哥哥大姐姐们的联系,但是我对他们的爱和他们对我的教育我从未忘记过,时刻铭记在心。后来在'文革'中听说《新少年报》也受到了怀疑和批判，‘咪咪姐姐’等也不同程度地受到冲击和不公正的待遇，真不知是怎样一种难受的滋味。”

一个多月后，章大鸿收到邮寄来的吴芸红主持编辑的《青鸟》丛刊。看着熟悉的题花，他认出这就是《新少年报》的化身！原来，新少年报社遵照地下党的指示，秘密办了“改头换面”的《青鸟》丛刊（共办了7期），又把小发行员和小读者们聚集起来了，成了之后地下少先队的核心力量。

于是，原来《新少年报》的编辑又与小通讯员、小发行员相聚了，还建起了“青鸟读书会”。“《青鸟》的秘密发行，给我们指明走向新生活的道路，它的传播为建立地下少先队做了思想准备，而青鸟读书会的建立则为建队做了组织准备。”章大鸿说。颜学琴回忆说，吴芸红秘密发展了几个初中生（通讯员）为地下少先队员，为迎接上海解放做多种宣传准备。

1949年2月，《新少年报》地下党支部传达《中共中央关于建立少先队与儿童团的决议》，支部书记胡德华把建立地下少先队的任务交给吴芸红、祝小琬、颜学琴、段镇。吴芸红等继续与那些要求上进、追求光明的少年保持联系，并将他们组织起来，逐个吸收进“地下少先队”。

4月4日旧儿童节下午，大家在育才中学学生朱汝俊家集合，地下少先队在上海秘密成立。为了保护队员，段镇提出，以苏联小说《铁木儿及其伙伴》里抵抗法西斯的“铁木儿”命名为“铁木儿团”。在窄小的阁楼里，章大鸿等23个通讯员举起拳头，面对纸剪的“红旗”跟着吴芸红庄严而又轻声地念着：“我宣誓，我志愿加入少年先锋队组织，决心同国民党反动派斗争到底，为祖国解放事业贡献出自己的一切力量，我一定严守秘密，遵守纪律……”宣誓完毕，吴芸红握住他们的手，热情地称他们为“小同志”。这是一批特殊的少先队员，他们的红领巾不能戴在胸前，只能藏在心里。于是，在国统区第一支少先队成立了，地下少先队的号角吹响了。

首批成员之一章大鸿在晚年忆起那段特殊岁月时说，当时中共上海地下组织创办的《新少年报》是地下少先队的摇篮。就这样，遍布上海全市的首批地下少先队员立即行动起来，在地下党引领下投入迎接上海解放的战斗。章大鸿记得，有人在棉袄里藏了揭露国民党屠杀真相的传单，躲过警察搜身；有人以打菱角、打弹子游戏为掩护，溜进敌营侦察，绘制地图，通过地下党转给解放军……为解放上海贡献了地下少先队力所能及的力量。

这年 5 月，上海解放。由于地下少先队员为解放上海出过力，他们受到上海市市长陈毅等的接见。

新中国成立后，吴芸红被调到上海团市委少年部工作，为建立少先队组织、指导基层少先队工作跑遍中小学校做动员、讲解，培训辅导员，起草工作文件。当年和吴芸红一起在《新少年报》共事的段镇也在上海团市委少年部工作，段镇曾这样回忆吴芸红的工作劲头："她在团市委的时候要求少年部的干部每周都要到基层蹲点，要去发现好的少先队活动，发现好苗子好典型，然后再推广开来。"在吴芸红的领导建议下，以上海市杨浦区"怡和烟草公司子弟小学"为基地，创立了第一个工人阶级孩子们的少先队组织。

2006 年，《新少年报》创刊 60 周年。当年的几位小通讯员创办了小报《青鸟》，借此维系"新少年报人"当年的感情。

舍己救人而默默耕耘的园丁

"1950 年 4 月，我第一次到北京参加会议。那是一次难忘的会议，也是少先队组织在全国范围内广泛建立和发展的开始。听完工作报告以后国家领导人来讲关心下一代的重要意义，给我们很大的鼓舞和信心，大家兴奋极了。"吴芸红回忆，她始终以热烈饱满的欢乐情绪参加会议，其中有一项难忘的内容：颁发第一次经过修改正式公布的队章、队旗、红领巾。"我们这些参加会议的全体少年儿童工作干部按照队章规定举行列队仪式，宣誓入队，戴上红领巾。"晚年，吴芸红还珍藏着这条布质的红领巾。

1953 年秋，吴芸红随袁鹰调到北京，在团中央少年儿童部工作。20 世纪 50 年代，中国少先队基本上是学习苏联少先队的模式和经验。当然，这种学习不应该是全盘照搬，而是要适合中国的实际。什么是中国的实际呢？为了回答这个问题，吴芸红深入基层，一年中至少有 4 个月在各地的城乡小学调查研究，既跑城市集镇，也到山乡边寨，有时还去少数民族地区实地考察，从各种座谈会和个别访谈中发现典型，总结经验，找出带有倾向性的问题。

在少先队领域工作的时间太长，少先队对于吴芸红来说已经是她生命中不可或缺的一部分。只要听到哪里有好的工作经验，或者好的少先队员典型，她都会无比兴奋。有一次，吴芸红去北京通县调研。那一天，她连续走访了两个小学，跟校长、辅导员、少先队员都进行了长谈，最后却耽误了回团县委的时间。等她

吴芸红（中）、袁鹰夫妇与少年儿童在一起（余玮　摄）

调研回去，团县委已经下班，关了大门，她只能爬大门进去，翻窗取出自己的行李。

1957 年，团中央书记处研究提拔吴芸红任少年部副部长，可吴芸红婉拒组织上的安排，曾 6 次写信给团中央有关书记，恳切陈词自己能力差，胜任不了领导工作，更适合一线工作。1964 年 6 月团九大召开后，调吴芸红任《中国少年报》社长兼总编辑。知情人说，吴芸红同志之所以同意担任此职，除了她热爱培养教育少年儿童的工作外，可能是她愿意从事与此相关的文字工作。有人回忆说：“那时，青年团系统相互间没有称呼职务的风气，全社人都叫她老吴。她当官不像官，不沾一点官气，依然是一位老大姐，常常以商量的口气与下属交谈工作，从无颐指气使的神态。”

“文革”时，在中国少年报社主持工作的吴芸红自然成了被批斗的主要对象。她平日看似文静怯弱，说话慢声细语，在挨批斗的时候却未见她惊慌失态。当造反派愤怒的拳头在她眼前晃动，当凶狠的手直逼她的鼻尖，甚至被揪住头发逼问时，她也能沉住气，冷静地看一眼对方，然后不紧不慢地交代“问题”。当批斗会涉及党的机密时，任凭提问者怎么大声训斥，她都能承受压力，守口如瓶。

一天，袁鹰突然被勒令蹲“牛棚”，什么东西都没带，在造反派的监视下，打电话给吴芸红，让她送衣物和洗漱用品等。袁鹰收到包袱打开一看，心中一热，愣了好久——内有 4 盒“前门”牌香烟！平时袁鹰不抽烟，只有烟客来访时他陪着抽一支半支，吴芸红想丈夫在房山干校蹲“牛棚”，整天不是写检查，就是写“揭发材料”，这不是写自己想写的东西，而是被迫的，心情肯定不好，又不能送营养品，特意给他买烟。殷殷之情、切切之爱尽在其中。

在长期的少先队工作中，她一切为了孩子们，心中始终想着更多的孩子，耽误了照顾自己的孩子。当年，吴芸红和袁鹰被批斗、审查，无法抽身带女儿治病，唯一的女儿田小梅由于高烧耽误了治疗，大脑损伤，导致两腿不能直立行走，造成终身残疾，生活难以自理。

袁鹰说，他与老伴当年曾一起经历过风雨阴晴，一起经受接二连三的政治运动的考验。“有一段日子，她以羸弱之躯，要挤清晨时间带老保姆和女儿上医院看病，事先雇好三轮车让她们回家，然后自己按时赶到机关接受‘批斗’，她也都挺过来了。我们互相关心，互相信任，也互相体贴，互相安慰。”

“文革”期间，少先队被改为“红小兵”。1979 年，少先队名称恢复后，全国各地学校开始配备辅导员。由于新手很多，不少人不懂少先队工作业务，身为《辅导员》杂志顾问的吴芸红请示团中央组织着手编写《少先队工作手册》。工作量很大，吴芸红亲自写提纲，约稿，审稿。她常常带着病改稿子，为了稿子的质量，一字一句反复地抠，甚至有的她觉得不好的地方就自己重写。出版后，受到各级少先队组织与广大辅导员的欢迎。

中国少年儿童出版社原编委、共青团第十一届中央候补委员谷斯涌说，吴芸红参与了一少至六少的每次会议的筹备和会后的贯彻：“在团中央的少年儿童工作中，她是起草各类报告、决议、条例的重要笔杆，也是研究、指导实践的专家。吴芸红熟知（20 世纪）五六十年代我国少儿工作的全貌，为新中国的红领巾事业献出了自己的青春年代，被誉为这个行业的‘活字典’。”

按离休前职级和年龄，吴芸红出差可以坐软卧，她却坚持只坐硬卧。她身体虚弱，但每次公务都拒绝单位派车接送。按学识、水平、能力和资历，她本可以直接申报高级职称编审，却要把机会让给年轻同志。一如人名，舍己救人。

时任团中央书记处书记、全国少工委主任罗梅说：“几十年来，她一心专注于工作，没有豪言壮语，甘愿做一颗默默无闻的铺路石。她笔耕不辍，常常通宵达旦，从不要稿费，也从不向人提及，如果不是老同事的回忆，这些作品的作者也许会成为永久的秘密。”在吴芸红看来，写作是分内的工作，国家已经给了自己工资。

“抢救”少运史料背后平凡而卓越的坚守

吴芸红是新中国成立以来团中央系统第一个被评为全国先进工作者的人，她还多次被评为团中央机关优秀党员、中直系统优秀党员、全国离休干部优秀党员等，并获全国少先队工作突出贡献奖、国务院特殊津贴等。面对这些荣誉，她从来都是心有“惭愧”，一直认为自己只是做了应该做的平凡事。袁鹰说：“她一生为革命事业忠心耿耿，矢志不移；工作勤勤恳恳，认真细致；为人不求名利，淡泊明志。对优秀党员、‘三八红旗手’以至全国先进工作者等荣誉称号，她都看作行云流水，认为自己同别人一样工作，为什么要授予她而心中不安。”

1983 年 8 月离休后，吴芸红着手总结几十年的工作经验，开始整理、收集、抢救史料的艰巨浩繁的工作。不顾年事已高，她到鄂豫皖边境，到福建龙岩、长汀，到江西瑞金，跑遍县乡文史馆、纪念馆，深入城市乡村、山沟边寨实地考察，收集我国少年儿童运动的第一手历史资料。同行的颜学琴回忆：“经多方打听，找到当年的儿童团员，他们热情地对我们讲述当年儿童团的故事，我们还收集抄录了很多资料，收获很大。”据颜学琴讲，吴芸红了解了在苏区由中央儿童局领导的共产儿童团的历史情况，寻访了曾与彭湃合影的当年劳动童子团的团员，参观了革命历史遗址“红宫”，吴芸红“不顾当时炎热的天气，总是为收集到了珍贵资料而感到十分欣喜”。为此，吴芸红历时两年和他人一起编写了 40 万字的《少先队工作手册》，被誉为“中国少先队学的奠基石”。

从年轻时就曾系统学习过教育学的吴芸红，十分渴望加强少先队的理论研究，探索少先队工作的规律和特点，从而使少先队工作真正成为一门科学、一门新兴的中国少先队学。抱着这个信念，当全国辅导员进修学校教材编写组撰写《少先队工作理论》时，她抱病参加审改教材。胃疼了，每天吃止痛片，吃药后犯困，又喝浓茶……连续工作到翌日凌晨。她不顾年老体弱，到吉林、内蒙古、中央团校讲学，为全国辅导员进修学校举办的电视讲座讲少先队理论的第一课，并担任全国辅导员技能技艺比赛的评委。她时常为中国少儿运动史所困惑，年代不清，史料无人整理，线索如同乱麻，缺少统一、完整、科学的体系……她深感基础研究的薄弱、简单，是一块尚未开垦的处女地。于是，她想全力开拓这块迷人的园地。

建党之初，领导人先后来到安源开展工人运动，创办工人补习夜校，犹如一盏暗夜明灯，让工人们看到了曙光。夜校的创办同样引起了小矿工们的好奇心，他们常常扒着夜校的门缝偷听讲课，听教员说着“工人生活不好不在命，在于资本家的压迫”，慢慢懂得了团结抗争才有希望。1922 年 4 月，安源地下党组织把这些苦难的童工召集起来，成立了党领导下的第一个少年儿童革命组织——儿童团，第一批参加的有王耀南等。《辅导员》杂志曾采访过王耀南将军。这位当年的儿童团团员在回忆中，描述了 1922 年 9 月在安源工人大罢工前后安源儿童团

小读者拜访中国少年先锋队创始人之一吴芸红

（余玮　摄）

活动的情景。吴芸红读到这篇文章时发现，这是迄今记载中国儿童运动的最早的时间，证明了中国共产党在建党初期就十分重视对少年儿童的组织、发动和教育。但是，仅凭这篇文章还不足为据，吴芸红于是深入、细致地进行考证。从安源纪念馆和有关方面，收集到当年安源儿童团组织和活动的第一手资料，发现安源儿童团虽只是些“红小鬼”，但在安源工人运动中发挥了意想不到的作用。正是因为安源儿童团团员年纪小，不易引起敌人警惕，所以放哨站岗、通风报信、宣传演讲、散发传单、秘密接送等重要任务都是他们唱主角。相关的研究，使得中国少儿运动史的源头追溯到中国共产党建党初期。因此，以小矿工和工人子弟为主要成员的安源儿童团成了中国少年先锋队的先驱组织，安源被认定为中国少年儿童先锋队的诞生地。

离休后，吴芸红与有关同志到一些省区市收集有关少先队的历史资料，去基层寻找最早那批见证少年儿童运动的人，访问当年的少先队干部等老同志，走访文史馆，厘清中国少儿运动的历史脉络，总结了丰富的历史经验，开少先队史学研究先河。回京后，吴芸红主编了近 29 万字的教材《中国少年儿童运动史》，这是新中国成立以来第一部比较全面系统地阐述我国少年儿童运动发展情况的著作，还合著了《中国少年儿童运动史话》《少先队的光辉历程》《闪闪的火炬》，并出版了《中国少年儿童运动史资料选辑》等，为少先队理论研究树立了不朽的丰碑。书中的很多内容，都是在她离休后用腿、用笔一点一点跑出来、写出来的。但她却拒绝要稿费，她说她做的都是她分内的工作。2003 年到 2004 年，受全国少工委、中国少先队工作学会委托，她又主持编写了一本《中国少先队工作 50 年大事记》。

2016 年 5 月 27 日，吴芸红因年老体弱、全身脏器功能衰竭而仙逝，享年 95

周岁。袁鹰没发讣告，老伴的丧事一切从简。两人风雨相依70年，相濡以沫，不离不弃，堪称模范。1990年他们结婚40周年时，袁鹰曾写过一首诗："还记结缡日，悠悠四十年。风霜同携手，哀乐总相牵。留得丹心在，何愁白发添。今生情未了，再续后生缘。"

一辈子都在跟少先队打交道的吴芸红默默地走了。当年受到她教诲的、得知她已辞世的少数"老红领巾"与亲友在武警总医院向这位中国少先队事业的开拓者与奠基人做最后的告别。

"青鸟依依报少年，耕芸脉脉小苗牵。昨朝风雨咪咪姐，后世春秋赫赫篇。火炬熊熊新蕾绽，领巾袅袅晚霞燃。酣酣伏案烛光熠，樟树葳葳碑柱天。"夜深得句，祭赠吴芸红先生！

王昆：从“金嗓子”到《白毛女》主角“喜儿”

王昆档案盘点：

王昆，著名歌唱家、歌剧表演艺术家、声乐教育家，中国歌坛民族唱法的开拓者和奠基者之一，中国内地流行音乐和大型音乐晚会的发起人和奠基者之一。1925 年 4 月出生于河北唐县。1945 年毕业于鲁迅艺术文学院戏剧音乐系。历任华北联合大学文工团演员，中央实验歌剧院演员，东方歌舞团艺委会主任、团长，中国东方演艺集团艺术顾问等职；系中国文联第四届委员，中国音协第二、三届理事，全国妇联第四届执委，中共十一大代表，第一至三届全国人大代表，第五届、六届全国政协委员。

“北风那个吹，雪花那个飘……”《白毛女》的唱段家喻户晓，至今仍然传唱不衰。王昆是中国新歌剧的第一代演员，也是《白毛女》中“喜儿”的首演者，多少重量级的首长因为观看她的演出而被感动得哭了。她那天籁般的嗓音，富有民族特色的演唱风格，和她那具有艺术天资的表演功底给几代中国人留下难以磨灭的印象。“喜儿”成就了王昆，使她成为中国民族唱法的开拓者和奠基人之一。王昆这位《白毛女》首席“喜儿”，可谓中国民族唱法的“主角”。

王昆饰演的《白毛女》剧照

与此同时，王昆也是中国内地流行音乐和大型音乐晚会的发起人和奠基者之一。然而，当年有人说她是“歌坛伯乐”，也有人对她有看法，王昆和歌手顶着压力前行着。别人不敢说的她敢说，别人不敢做的她敢做，别人不敢想的她敢想，她胸怀坦荡、为人谦恭，历尽沧桑的她歌不老、情不老，永葆着艺术的魅力。正是她，发掘培养了众多优秀的歌唱演员，让深情优美的声线一代又一代地延续。正因为她，中国流行歌曲的创作终于告别了对港台流行歌曲的单纯模仿而走向成熟。

一个下午，北京东三环十里河附近一个不显眼的院落。笔者与王昆相向而坐。老人爽直、健谈，亦平和。聊起过往的艺术人生，记忆的闸门仿佛被打开，很多故事和细节一下子变得清晰起来……

“金嗓子”步入西战团前后

1925 年 4 月，王昆出生在河北唐县南关村，乳名“兰玉”。清末的时候，老王家的“茂盛馆”茶楼可是大名鼎鼎，可是到了王昆出生的时候家道已经开始中落。负债累累的家庭和一家老小的重担，使父亲王德寿被压得喘不过气来，他开始抽大烟，从此以后家里就变了一个样子。小王昆记忆最深的是一次善良美丽的母亲因为劝说父亲不要抽大烟而把父亲的烟枪摔在地上，母亲被痛打一顿。母亲的遭遇，让小王昆对父亲充满了愤怒，以至于在延安的三叔王鹤寿问已经参加革命的她抗日胜利以后要干什么，她的回答是：我要枪毙我爸爸。后来，爸爸见到参加革命的女儿对自己非常冷淡，痛下决心戒掉大烟。他当上了当地一所小学的校长，又在“文革”中受迫害，1971 年病故，而当时的王昆和周巍峙身陷囹圄，未能为老人送终。

5 岁那年，王昆进入唐县女子小学学习，偏爱语文和音乐。“那时候乡村非常寂寞，老百姓没有任何可以娱乐的东西。有时候来一个耍猴的，一群人围着去看，它非常吸引我们，然后就是唱河北梆子的，遇到什么庙会或者新年就有富裕的人出钱请河北梆子演出，我也非常着迷。”每次有唱河北梆子的戏班子到来，小王昆总是最忠实的粉丝。此外，她常听妈妈唱歌。“我们家很穷，我妈妈也不认字，她一边做活一边进行自我的感情上的发泄，她会唱歌，诉说自己命运的歌，但是比起学校老师教我的，更原始一点，更自然一些。”

“读初小到高小时有一个从香山慈幼院毕业的老师，他教我们音乐，教了我们很多歌，我非常上心，学歌特别快。所以他有时候单独教教我，课堂上教我一听就会，简单教了我们一些乐理知识。那个时候就种下了我这一生将要走什么路的种子，也要看时局——因为那个时候日本人还没有来，等我小学毕业的时候，1937 年七七事变，日本鬼子来了，我就完全走上另一条道路了，参加革命了。”

自幼喜爱民歌和戏曲的王昆跟着老师学了很多歌曲，包括音阶、谱子，这为她以后的演唱生涯打下了基础。

1937 年 10 月，八路军解放了王昆的家乡，小小年纪的王昆就加入到八路军的队伍中，正式投入革命。“我的家乡就被八路军收复了，咱们八路军有这种传统，就是要播下抗日的思想，我在那里参加了自卫会。我们到了中国共产党县政府所在地，那时候县妇救会还没有成立，叫筹委会，我成了委员。”这时，王兰玉正式改名为“王昆”。

“我天性特别喜欢音乐，因为河北梆子音乐挺好听的，也听了一些民歌，都对我有影响，所以到了革命队伍里面我很快就可以用唱歌这种武器去进行工作，进行抗日宣传工作。有很多年纪比我大的叔叔、哥哥、姐姐，我跟在他们屁股后头唱歌、搞宣传。”年龄最小、个子最小的王昆在唱集体歌的时候最出风头了，她的声音总是最高的、最亮的。就这样，王昆在她的家乡唐县变成了小名人，大家给她起了一个外号“金嗓子”。

八路军驻地领导很快发现了这个喜欢而且擅长唱歌的孩子，每次开会前都会让小王昆唱几首歌。“那个时候把唱歌当成一种幸福一种责任，我很愿意唱。那时候很艰苦，当八路军能吃饱饭还可以抗日，所以动员工作并不是非常难。我的工作就是唱歌，动员年轻人参加革命，打鬼子！”

1938 年，王昆当选为县妇救会宣传部部长。王昆不但自己刻蜡版，写宣传品，因为有一副好嗓子，所以还兼任一所抗日小学的音乐教员。她经常站在土台子上高唱《松花江上》《大刀进行曲》等抗战歌曲，向老百姓宣传参军抗日，吸引了许多过往村民驻足观看。

“那个时候，我们唱的都是抗战歌曲。有一首歌是《叫老乡》：‘叫老乡，你快去把战场上，快去把兵当，莫等到日本鬼子来到咱家乡，老婆孩子遭了殃，你才去把兵当……’听了这首歌，很多小伙子都踊跃参军。还有一首歌是《牺牲已到最后关头》：‘向前走，别退后，牺牲已到最后关头。亡国的条件，我们绝不能接受，中国的领土，一寸也不能失守。同胞们向前走，别退后，拿我们的血和肉，去拼掉敌人的头……’”王昆说，这些歌曲，鼓舞了士气，振奋了精神，动员了很多老百姓投入抗战队伍。

“抗日战争时期是非常艰苦和危险的，那时候敌人经常‘扫荡’，我们必须分散行动，各自为战。我们每人身上带两个手榴弹，一个炸敌人，一个留着自己光荣用，冬天晚上睡觉时都不敢把手榴弹放在热炕上。有一次，我被安排在离村子很远的一户老乡家，当天夜里日本鬼子路过这里，因为要‘扫荡’其他村庄就没有惊动我住的这户农家，第二天早上看到地上有石头压着的传单，就是日本鬼子留下的路标，想起来很后怕。”战争年代除了腥风血雨，也有革命的浪漫。“有一次，我们爬到一个陡峭的山顶上。那时下着雨，于是每个人都背靠着一棵高大的阔叶树休息。怕睡着了滚下山，脚下还蹬着一块大石头。有一个同志从山下背上来一些莜面窝窝，途中摔跤了，我们又捡吃的又救人……”劳累、饥饿之时要保持警惕，这些竟然被王昆称作浪漫。“当然浪漫了，一群革命时期的男男女女，一人靠着一棵树，心无杂念，安静地休息，那个场面特别像苏联电影《这里的黎明静悄悄》。”

1939 年 4 月，周巍峙率领十八集团军西北战地服务团来到晋察冀军区三分区所在地的河北唐县，当地干部群众向他们介绍说这里有位 14 岁的妇女干部有一副好嗓子，是远近闻名的“金嗓子”“小歌手”。周巍峙决定听听这个“小歌手”的歌声。那一天，王昆走到台上，亮开歌喉唱了一曲自己的“保留节目”《松花江上》。在雷动的掌声中，周巍峙也喜欢上了这棵好苗子，当即吸收王昆进入西北战地服务团。

“西战团”是军队编制，所以她还穿上了军装，宽大的军上装都盖住了王昆的膝盖。“那个时候，敌人‘扫荡’很频繁，我们每人都随身挂着两颗手榴弹，一旦遇上敌人，一颗手榴弹要甩给敌人，另一颗有必要的话就留给自己，我们可不能当俘虏。”他们走遍了晋察冀边区各地，宣传抗日，三四十人的队伍里有不少后来都成了名人，像诗人田间，音乐家劫夫，还有电影艺术家陈强、凌子风等。王昆年纪最小，但也背着大背包，一路走一路唱。他们经常与敌人遭遇，还参加了反“扫荡”，有的战友就牺牲在眼前。让她一直难忘的是抗日英雄赵尚志的小弟弟赵尚武，赵尚武为了救护战友的儿子，不幸中弹倒下了。

抗战时期，条件虽然艰苦，但大家充满激情，创作力特别旺盛。1942 年，河北涞源出现了一位小英雄王二小。词作家方冰、曲作家劫夫被王二小的事迹所感动，马上创作了歌曲《歌唱二小放牛郎》。“牛儿还在山坡吃草，放牛的却不知道哪儿去了……”王昆说，方冰就是在他们面前写下的歌词。1943 年 6 月，“西战团”来到河北平山，在一个小村子里他们创作了小歌剧《团结就是力量》，最后由牧虹写词、卢肃谱曲的《团结就是力量》为这部小歌剧增加了一个幕终曲，这首名作一直传唱至今。

17 岁那年，王昆遇到了生命中第一次大劫难，她得了疟疾，这在缺医少药的战场上可是致命的。当时担任“西战团”团长的周巍峙找来了一个偏方，结果不但没有把王昆医治好，反而让她不能吃饭了，后来病情太重，她已经进入昏迷状态。可命大的她却在老乡的玉米面稀粥的喂养下活了下来。

在革命文艺工作中，周巍峙与王昆的爱情开始萌发和升华。渐渐地，王昆常常注意到周巍峙用关怀的目光审视自己，这目光只有她自己才能敏锐地察觉到。王昆很快也发现自己暗暗喜欢上了这位既是领导又是老师的周巍峙。艰苦的岁月，朝夕共处，相互默默关怀，不需要谁来“牵线搭桥”，王昆自多年来的相处中得出结论：“老大哥”是一位忠诚的革命者，是一位实实在在的老实人，是位可以托付终身的伴侣。他俩的相爱并不顺利，那时王昆还不是党员，当时党内有一条规定：党员领导干部不可以和非党员群众结婚。然而，纯贞的爱紧系着两个年轻人的心。周巍峙在政治上更加用心帮助王昆。1943 年春，王昆加入了中国共产党。这年秋冬，她与周巍峙结为伉俪。他们谁也没添置一件新衣，连被褥都是双方的背包解开来构成的。没有鲜花，没有吹吹打打。有同志们的祝贺，大盆的红烧肉、甜枣和花生。

1944 年春，王昆随“西战团”来到心中向往的延安。这时，周巍峙被调入延安鲁迅艺术文学院戏剧音乐系任助理员兼鲁艺文工团副团长。王昆则进入鲁艺学习，后又成为鲁艺文工团成员。这时，延安的秧歌扭得正火，延安的民歌也唱得正红。王昆很快就被西北高原高亢的民间歌唱吸引住了。她跟着民间艺人唱秦腔、唱眉户、唱信天游，感到一种难以言说的兴奋。于是，桥儿沟的山坡上、莜麦地里、小河滩头便不时地响起她银铃一般的歌声。在延安，王昆开始了她艺术人生的黄金年华。

见证经典歌剧由雏形到成形的历程

1945 年 4 月 23 日，中国共产党第七次全国代表大会在延安召开。4 月 28 日晚，中央党校大礼堂灯火通明，由延安鲁迅艺术文学院艺术家们集体创作的歌剧《白毛女》首次亮相。王昆清亮而凄凉的歌声，把人们带进了漫天飞雪除夕夜穷苦人杨白劳家中……观众席上，700 多名正式代表、列席代表完全被剧情所吸引。首长们都来了。

王昆用她那民族、质朴的嗓音和她那贫家女的经历，淋漓尽致地诠释着善

1952 年年初，王昆饰喜儿、张守维饰杨白劳的《白毛女》在莫斯科上演

良、纯朴、勇敢抗争的贫农女儿喜儿在新旧社会的两种命运。她在歌唱和表演中，超越和改变了固有民族、戏剧的歌唱方式，大大增强了戏剧性，使“白毛女”催人泪下又激励人奋起抗争。几乎所有的观众都沉浸在“白毛女”感人的悲剧中，当黄世仁在白虎堂向喜儿施暴时，首长席后面的几个女同志失声痛哭。

《白毛女》是在毛泽东《在延安文艺座谈会上的讲话》的精神指引下诞生的大型新歌剧。剧本通过杨白劳和喜儿父女两代人的悲惨遭遇，形象地说明了“旧社会把人逼成‘鬼’，新社会把‘鬼’变成人”的主题，指出了农民翻身解放的必由之路。提起这些，王昆深情地说：“这个故事，是我自己所在的西北战地服务团收集的。”

原来，西北战地服务团从晋察冀前方回到延安，带回了民间传说“白毛仙姑”的记录本，叙述一个被地主迫害的农村少女只身逃入深山，在山洞中坚持生活多年，因缺少阳光和盐，全身毛发变白；又因为偷取庙中供果，被附近村民称为“白毛仙姑”，后来被八路军搭救。这些生动的情节吸引了人们。为了向即将召开的党的第七次全国代表大会献礼，鲁艺师生决定以它为题材，创作一个大型的新型歌剧。

“第一稿是诗人邵子南写的，不过这个剧本和后来演出的剧本情节不一样，因为邵子南没有参加后来的创作，但是有些角色的名字、部分情节还是采用了，是贺敬之、丁毅执笔重新创作的，音乐主要是由张鲁、马可等同志创作。”说起当时的音乐唱腔，王昆感慨万千，“那时延安文艺界有一种思潮叫作‘旧瓶装新酒’，还有一种叫利用戏曲形式，所以开始比较幼稚。第一稿的唱腔基本上是根据秦腔、眉户剧的老曲调进行填词的。”

王昆是个喜欢热闹的人，《白毛女》第一稿在鲁艺礼堂（天主教堂大厅旧址）

排演时，她常去看。第一稿只有一幕，王昆从未想到自己后来成了这个戏的主角。

饰演新歌剧《白毛女》中的“喜儿”，成就了王昆的第一个艺术高峰。《白毛女》第一稿时，由林白演喜儿，到第二稿时林白怀孕了，妊娠反应非常厉害，根本没法排戏。于是，周巍峙和许多专家力推王昆，一是因为她是贫苦农民的女儿，有敌后游击区生活和斗争经历，而故事又以她的家乡为背景，她从风土人情、年龄身份等方面能够更好地把握角色；二是她有一副好嗓子，不仅高亢，而且十分甜美，能承担起剧中繁重的唱段的任务。

回忆当时新歌剧《白毛女》上演的场面，王昆曾激动地说道：“从开幕前直到结束，导演王滨、王大化、舒强及其他同志都在前台或幕缝里观察观众的反映。为了鼓动演员们的情绪，第一幕结束剧场休息时，导演们来后台对大家说，‘毛主席来了！朱老总来了！周副主席来了！还有……还有……会场座无虚席，连陈赓旅长都是站在门口看的。’‘第一幕很成功，好多人哭了，看见领导人也在用手绢擦眼泪。’导演们特别嘱咐我几句，叫我别紧张，其实那天我没有工夫紧张，我初学乍练，脑子里想的都是戏里的台词、潜台词、内心动作、外部动作等导演排练的要求。初生牛犊不怕虎，我一直按规定的情景做，该怎么做怎么做。”

演出结束时，全场响起经久不息的热烈掌声。王昆为自己成功地塑造了一个不甘旧社会黑暗统治的压迫、奋力抗争寻求人生出路的农村年轻女性的形象而高兴。“那时的延安演完戏不兴演员谢幕，也不兴首长上台和演员一同照相留念的，整个戏演完之后，很多代表都拥在化妆间来看望演员。所谓化妆间，只不过是在礼堂外接出来的一间小房子，来看望我们的人大部分都在门外和窗外。那天，我精神过于集中，六幕演下来很累很累，脑袋疼得快裂了，我本不认得几位首长，加上那时不懂礼貌，没大没小的，我只顾自己卸妆，没有理会都是谁在那里说话，只听得有人问：‘这小姑娘是哪里来的？怎么以前没见过？’刘澜涛同志回答：‘这可是我们晋察冀的小姑娘啊！’有人说：‘你们的戏让我们从头哭到尾，连行伍出身的领导同志也哭了，真是英雄有泪不轻弹，只缘未到伤心处哇！’”

首演获得了极大的成功。第二天一早，中央办公厅就派专人来向鲁艺传达中央领导同志的观感：第一，主题好，是一个好戏，而且非常合时宜；第二，艺术上成功，情节真实，音乐有民族风格；第三，黄世仁罪大恶极应该枪毙。中央办公厅的同志还就第三点意见做了专门的解释：“中国革命的首要问题是农民问题，也就是反抗地主阶级剥削的问题。这个戏已经很好地反映了这个问题。抗战胜利后民族矛盾将退为次要矛盾，阶级矛盾必然尖锐起来上升为主要矛盾。黄世仁如此作恶多端还不枪毙了他？说明作者还不敢发动群众。同志们，我们这样做，是会犯右倾机会主义错误的呀！”

接着，《白毛女》又在延安城南新市场为群众演出，轰动延安城，广大观众赞不绝口。演出时，结尾就改为判处黄世仁死刑，立即执行。很快，延安兴起了《白毛女》热，并迅速传到各边区和解放区，收到了宣传农民、教育农民、团结农民、唤醒农民、组织农民的极好效果，逐渐唱红全中国。《白毛女》的巡演发生了很多有趣的故事。据王昆回忆：一次，有个士兵看到陈强老师出演的恶霸时忍不住要掏枪放弹，此后部队里有了一条不成文的规定，看《白毛女》等演出时，部长要检查每个士兵的枪，不能上膛，省得出事。“在后来的 20 年里，我演了不知道多少场《白毛女》，许多时候没有剧场，没有舞台，更没有灯光和麦克风，但所有的人都很投入。”

耄耋之年的王昆说，“为人民歌唱”这几个字，在自己以后几十年的歌唱生涯中，不论是在我国农村土台子上，或是在前线医院紧凑在伤病员的耳朵边歌唱；也不论是在金碧辉煌的大舞台上，或是在某国总统的国宴上歌唱，都是这几个大字在鼓励着自己，鞭策着自己。

1945 年夏秋之际，王昆被编入由延安鲁艺改建的华北文工团与华北联合大学共同组建的华北联合大学文艺工作团，在华北为解放区人民演出《白毛女》。

王昆参演《白毛女》时，吸收河北梆子等戏曲音乐的演唱技法，积极探索创新，超越了固有民歌、戏曲的演唱方式，增强了戏剧性；表演方式既不同于戏曲，也不同于话剧，力求歌剧化，形成了独特的舞台风格。日后，全国各地的宣传队大都排演过《白毛女》，许多演员扮演过喜儿，尽管她们各有创新，但从演唱方式到表演技巧都不能不受到王昆最早所创立的舞台形象的影响。

解放战争时期，王昆将延安时期及解放区出现的秧歌剧、歌唱表演中的优秀唱段如《翻身道情》《四绣金匾》《南泥湾》《兄妹开荒》《夫妻识字》《北风吹·雪花飘》等歌曲加以整理，率先用独唱的形式再现于舞台。

还原“当年的味道”成为最后的心愿

《白毛女》这部歌剧，王昆在延安演了 20 多场，以后又演到西柏坡，一直演进新中国。在 20 世纪 50 年代初，《白毛女》被拍成了电影，由王昆的小同乡田

1946 年 6 月，鲁艺到达哈尔滨，在大光明电影院演出歌剧《白毛女》

华扮演喜儿，王昆为她配唱，两人珠联璧合。日本友人帆足计在中国得到这部影片拷贝后，送给了日中友协的宫崎世民，使《白毛女》在日本民间传播，后又由日本松山芭蕾舞团编成芭蕾舞在日本公演，并迅速在日本流传开来。1955 年国庆节招待会在北京饭店举行。有人把王昆和田华叫到一位女宾旁介绍说：“这是日本著名芭蕾舞演员松山树子女士。她们把《白毛女》改编成芭蕾舞，已在日本演出了。”

新中国成立后，王昆任中央实验歌剧院演员。1954 年，王昆进入中央音乐学院，向苏联歌唱家学习演唱。苏联专家试图改变王昆“原始的村野”状态，令她一时迷茫于“土嗓子”和“洋嗓子”之争。一次，王昆试着用新学到的发声方法演唱，得到的评价却是“不洋不土”。

那时，中央音乐学院在天津。“我开始学习的第一年，还能躲进澡堂里唱《白毛女》的唱段，第二年再唱自己原来的歌就唱得不成样子了，我非常苦恼，苏联专家们也对我说要学习西洋唱法，就要有得有失，要想‘得’就必须忘记自己原来民族民间的唱法。苏联演员哈里玛娜赛洛娃和我有同样的经历。她说自己改成了学院派唱法之后，不再受听众欢迎了，之后又经过痛苦的练习才找回自己来。我经过慎重的考虑，认为对我国的观众，我比自己的苏联老师了解得更多，于是请求退学。之后，极力寻找自己原来的感觉，也是经过一段痛苦的‘练习’才恢复了自己以前的嗓音。”王昆一直思考着如何在保有自己演唱个性的前提下，吸收西洋声乐的优势，取长补短，提高自己的演唱水平。经过苦练，王昆又一次演唱了个人的保留曲目。

王昆积极探索中国民族唱法规律，在民间唱法基础上，吸收西洋发声的长处，发展了自己音色明朗、感情质朴、处理细腻的演唱风格，成为中国歌坛民族唱法的开拓者和奠基者之一。

除了做演唱会、教学生，王昆最惦记的就是中国歌剧。“这么多年了，除了《白毛女》等几个歌剧外，没有更好的歌剧出来。很多剧目都是演一两场就完了，而不能随着时代的发展保留下来。就连《白毛女》也看不到了，都把《白毛女》称作中国歌剧的里程碑，但是它到底什么样，怎么经典，现代人都没有看过，只看过电影，但电影不是歌剧。我现在的一个梦就是希望能把歌剧《白毛女》重新排演一下，重新演绎它，风格上保持原有的味道，也要用新的眼光去发展。但是谈何容易，现在搞歌剧是很难的，需要钱，需要人才，需要人有勇气去做，需要领导的支持。”

2011 年，在王昆的策划、推动下，东方演艺集团联手国家大剧院复排歌剧《白毛女》。王昆担任艺术总监和声乐指导，看似“虚职”，不过王昆干起来却一点儿不“虚”。选演员，找导演，几个月前就开始轮流给演员单独辅导声乐。到了排练场上，她更是像总导演一样，从表演、唱腔到台词，细细把关。做这件事，王昆分文不取，“我就是想在我‘走’以前，把当年《白毛女》的味道排出来”。

这年 6 月，在国家大剧院举行的新版歌剧《白毛女》和观众的见面会上，被人从轮椅上搀扶下来的王昆，接过话筒的第一句话就是向大家道歉：“今天一百个对不起！”原来她由于不太熟悉国家大剧院的情况，不知道从哪里能坐电梯，因此迟到了一会儿。当新版“喜儿”谭晶欲起身扶王昆老师入座时，王昆却抢先向观众介绍起了主演。当观众为王昆这位第一代“白毛女”而掌声四起时，王昆却说：“掌声留给演员吧，他们待会儿要唱。”

在这一版《白毛女》的排练过程中，86 岁的王昆几乎每天都坐着轮椅来到排练场，和演员们一起排练、吃盒饭；激情澎湃地给演员们说戏、指导。首演进入倒计时的最后一个星期，创作团队转战到了中央芭蕾舞团的新场地。这个排练厅，王昆没办法使用轮椅了，每次都需要两个人搀扶着，爬一个十几级斜度颇大的楼梯，到最上面的“观礼台”去指挥。因为没有轮椅，所以在整个排练过程中，她都尽量坐着不动，不想给别人添麻烦。等到排练结束，她会等乐队、主创人员全部走完，才缓缓从座位上站起来，最后一个离开。当记者前去采访她，她的第一反应就是：“去采访演员们吧！”

2007年《星光大道》总冠军王二妮，2010年4月拜王昆为师。2014年9月29日，王二妮在北京举办婚礼时，王昆虽然腿脚不便，但还是坐着轮椅到场，并担任了证婚人。2010年，王二妮曾参加王昆的师生音乐会。演出结束后，王昆送给王二妮两件礼物，一件蓝底白花的粗布衣服，还有一根红头绳，要王二妮保持住乡土气息，同时希望她有朝一日能够演《白毛女》。2011年7月，王二妮主演版的《白毛女》谢幕时，王昆抱着王二妮亲了一口。王二妮知道，复排《白毛女》是王昆老师最大的心愿。

2011年11月，王昆收空政文工团独唱女高音王月为徒，将其作为自己的“声乐艺术传承人”。在那次拜师仪式上，腿脚不便、带病出行，坐着轮椅来到现场的王昆，第一句话又是向大家道歉：“对不起大家，我腿脚不行，又得了感冒，实在站不起来了。”德高望重的老人朴实的言语，赢得众人热烈的掌声。

“跟着王昆老师学习歌剧《白毛女》的过程，不仅给我艺术上很大的提高，在做人上也给了我很多的教诲。让我特别感动的是，一次我遇到真假声‘打架’的问题，解决不了，非常痛苦。王昆老师在去医院看病的路上还记挂着我，主动给我打电话，让我不要害怕，教我调整气息，大胆演唱。”王月激动地哽咽道，“在我们排练《白毛女》期间，王昆老师身体并不好，腿肿得像馒头一样，但是她每天坚持到排练场，并且身体力行，亲自示范，指导我们排练，让我们很受教育。她的精神，真是值得我们年青一代学习！”拜师仪式上，王月现场清唱《白毛女》经典唱段和新歌《甜妹妹，情哥哥》，因为没有音乐伴奏，她演唱时，坐在一旁的王昆便主动为她哼唱过门，并手击桌面为她打节奏，其爱徒之心溢于言表。

2014年10月2日晚，大型音乐舞蹈史诗《东方红》首演50周年后重登人民大会堂的舞台。当晚，王昆是坐着轮椅来到后台的，因为腿脚已不太灵便。但当登台时，她坚持抛开轮椅，要在舞台上站着为观众歌唱。从舞台侧幕，到舞台中央，距离很短，却又很长，老人迈着略微有些不稳的步子……待站定，音乐起，《农友歌》唱响。虽然她需要在学生王月的“助唱”下，才能完成演唱，歌声也不再如往昔那般完美，不过观众还是将最热烈的掌声送给了这位老艺术家。而就在演出前半个多月，9月12日，王昆的老伴周巍峙刚刚逝世。周巍峙是1964年《东

王昆与周巍峙当年在延安

方红》的导演暨总指挥之一。那一晚，王昆是怀着怎样的心情登台演唱的？悲伤自知。

那一晚的观众更不会想到，那一次成了老人留给舞台永远的绝唱。2014 年 11 月 21 日 13 点 46 分，89 岁的歌唱家王昆因病逝世。时隔仅两个多月，王昆追随爱人而去。那一场演出，也成为王昆留给观众最后的舞台记忆。

“老师走得有些突然！ 11 月 15 日我还去医院看望了她，没想到是最后一面！”歌唱家陈俊华的声音透着悲伤，“我当年就是老师从部队招进东方歌舞团的。她是我的恩师，改变了我的一生，我们之间的感情，亦师、亦友、亦母。”她最钦佩也最受益的，是王昆老师对艺术的态度，“只要沾艺术的边儿，她就特别认真。她刚退休那几年，办了个华夏艺术中心，教授唱歌。我去上课，她一句一句做示范，告诉我怎样唱好，一点儿不偷懒。老师对舞台一直保持着一种敬畏，我记得有一次在国家大剧院演出师生音乐会，晚上 7 点半才开演，可是王昆老师早上 10 点钟就到了剧院，早早化好了妆，换好了服装，坐在后台等我们呢！”

王昆真的“走”了，令业界人士扼腕叹息。时任中国音乐家协会主席赵季平说：“老太太的去世是中国音乐界的巨大损失，她对中国民族民间音乐高度关注，对后来者百般爱护、支持，都是我们学习的榜样。老太太心胸开阔，发现和培养了那么多艺术人才。”

歌唱家王娜说，王昆在生命的最后时刻一直在关注培养年轻歌唱人才，“虽然我原来是北京市河北梆子剧团的演员，但自从 2010 年王昆老师挑选我演出《白毛女》中的喜儿，我就跟随王昆老师学习到现在。她平时又像妈妈又像奶奶，从王昆老师对我的培养和她对艺术的执着，我看到了一个艺术家高尚的品德。其实对唱歌剧我不仅完全是一张白纸，还带有很多戏曲演出的毛病。王昆老师手把手地教我‘脱戏’，进入歌剧表演的境界。那时我三天两头去王昆老师的家里，有时不打电话就闯过去，而王昆老师总是耐心教我，不仅不收任何费用，有时还管吃管住。2011 年 11 月王昆老师收我为徒，我们在海淀剧院举行了拜师仪式，后

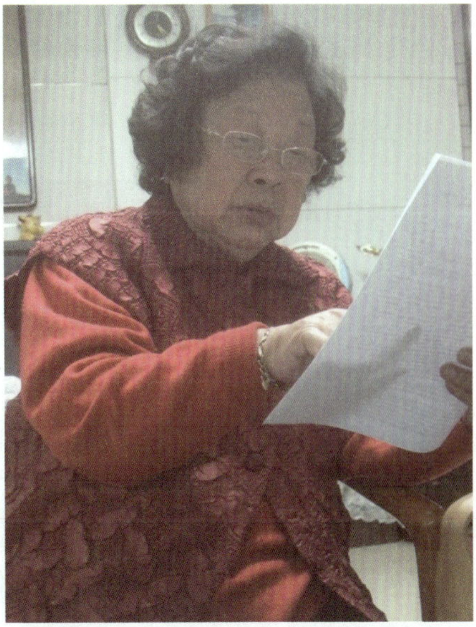
王昆在审阅本稿（余玮 摄）

来王昆老师又把我调到了中国歌剧舞剧院。就在她昏迷的前一天，她还给我打电话让我到她家里商量把歌剧《白毛女》改成小剧场演出的设想，希望我能帮助她把《白毛女》改成小剧场演出，适合到各地进行普及演出。谁想到这竟成了老师的遗愿，我想，我有责任完成老师的遗愿”。

“北风那个吹，雪花那个飘……”随着悠扬的歌声响起，王昆告别追思会在八宝山公墓大礼堂举行。大礼堂庄严肃穆，摆满鲜花和花圈挽联，一张王昆生前的照片矗立在鲜花中，依然带着慈祥的笑容。告别仪式没有哀乐，只有王昆那带着泥土味、布衣味的歌声，久久回荡，仿佛她依旧在舞台上演唱。

白色玫瑰丛中，身盖党旗的王昆安详躺卧。谭晶、郭蓉、郭峰、程琳、龚琳娜、陈俊华、王二妮、杨光等众弟子分立灵床两列，鞠躬致哀，默默端详，啜泣声隐隐传来。在著名民间音乐家田青竹的主持下，举行了独特的送别仪式。《叫老乡》《北风吹》《农友歌》《夫妻识字》《秋收》和《母亲的光辉》等王昆演唱过的歌曲响彻大厅，学生们用歌声送别恩师，场面十分感人……

“喜儿”走了。王昆带着对中国民族声乐的不舍，追随着两个月前刚刚离开的老伴周巍峙，去了。“喜儿”走了，带着学生的祈祷与祝福。“喜儿”走了，带着观众的惋惜与怀念。

“喜儿”，您放心地走吧，无须遗憾。作为伯乐和老师，您倾心培育的音乐人才已成为当今乐坛的骨干。作为倡导者，您提出“民歌不能一个调子唱”，如今民族唱法多样化的理念已成共识，各种不同形态的民族唱法受到观众的广泛欢迎，流行音乐和大型音乐晚会已占据音乐演出市场的半壁江山。

雷锋：平凡而伟大的“湖南伢子”

雷锋档案盘点：

雷锋，原名雷正兴，1940 年 12 月出生于湖南长沙，1954 年加入中国少年先锋队，1960 年参加中国人民解放军，同年 11 月加入中国共产党，1962 年 8 月因公殉职。系辽宁省抚顺市第四届人民代表大会代表、原沈阳军区首届共产主义青年团代表会议特邀代表。曾被评为“双百”人物、“最美奋斗者”。

湖南望城是雷锋的故乡，也是雷锋精神的故乡，是雷锋精神的发源地和重要传承地。

雷锋 22 年短暂的生命历程，有 18 年是在家乡度过的。在这里，渗透着他童年时的辛酸苦难，更记载着他翻身后的幸福快乐。望城的机关大院，曾闪现他不知疲倦的身影；山间小道，留下了他艰难跋涉的足迹；湘江堤岸，洒下过他筑堤抗洪的血汗；团山湖畔，回响着他战天斗地的歌声。

在望城的 18 年，是雷锋的世界观、人生观、价值观形成的重要时期，是奠定雷锋人格基调的关键期。雷锋在望城 18 年的生活与工作经历，奠定了雷锋精神的基础，望城是雷锋精神产生、形成，走向全国、走向世界的起点，是雷锋精神的红色摇篮。

如今，望城到处都是“雷锋”的身影，逐渐形成了“出了雷锋学雷锋，学了雷锋出雷锋”的“森林效应”，望城成了中国的“雷锋窝子”。望城人把学雷锋这支“道德长跑接力棒”传递着，把雷锋精神作为一种信仰来追求、一份情感来守护、一大传统来继承、一种习惯来延续，努力把望城打造为一座充满大爱的好人之乡、名望之城！

吃“百家饭”长大的雷锋感恩新社会

雷锋是个典型的“湖南伢子”，1940 年出生在湖南望城，在这里度过了坎坷的童年。因当年属庚年，所以乳名“庚伢子”。

曾受访过的雷孟宣是雷锋的乡邻和幼时玩伴，他说：“母亲遭恶霸凌辱被迫悬梁自尽后，年仅 7 岁的雷锋就成了一个孤儿，贫苦的六叔祖母收下了这个可怜的孩子。”六叔祖母家的日子也过得紧紧巴巴，常常吃了上顿没下顿。雷锋年纪虽小，但生活的磨难，使他过早地懂事和成熟了。为了减轻叔祖母家的负担，雷锋经常上山去砍柴、放牛，做一些力所能及的事。

每当雷锋的身影在哪家门口出现，哪家就叫他：“庚伢子，来吃口饭吧！”雷锋胆怯地靠拢桌子，他往嘴里扒着饭，眼泪禁不住扑簌簌地往下掉。雷锋再也不忍心给叔祖母家和乡邻们增加负担了。1948 年一开春，他就瞒着叔祖母在外乞讨过一段时间。

1949 年 8 月，望城县解放了。这时，农会主席彭德茂根据雷锋族谱给他取名雷正兴，并让雷锋当上了儿童团团长。孤儿雷锋分到了田地与山林，也分到了茅屋三间。这对小小雷锋而言，主人翁的感觉更为强烈，在苦尽甘来的事实面前，他懂得了爱什么、恨什么，懂得了穷人只有跟共产党走才有光明、幸福的前途。

新中国成立后，新生政权给了他无尽的关爱，雷锋才有机会走进明亮的小学课堂。

1950 年初秋的一天早晨，已是安庆乡（安庆乡，后改称黄花塘乡，1993 年 3 月改名为雷锋镇）乡长的彭德茂送雷锋来到刘家祠堂内办的龙迴塘小学，对李扬益老师说：“这个雷庚伢子快满 10 岁了，他不满 7 岁就成了孤儿，真是苦水里泡大的！我们研究了一下，决定免费送他读书。这孩子就交给你们啦！”并抚摸着雷锋的头说，“庚伢子呀，穷人家的孩子过去要进学堂是不可能的，你家几辈子都没有识字的；现在，你可要发奋读书，学好本领，将来为建设好我们伟大的祖国出力。”“嗯！”雷锋点着头。

家乡解放后，雷锋成为儿童团团长

1960 年 11 月 5 日，雷锋在沈阳师范学院做报告时提到了这段往事：“1949 年我的家乡解放，党给我吃的穿的，送我上学念书，乡长彭德茂买给我新棉衣、棉裤……上学给我纸和笔。学校老师待我很好，买给我石板、石笔、书包、雨具，放假和过节带我到他家去玩，上课时把着我的手学写字……”

李扬益的记忆中，雷锋是一个矮小的男孩，圆圆的脸庞上，荡漾着喜悦的神色，浓黑的眉毛下，一双炯炯有神的大眼睛，显得机灵活泼。学校正式上课的那天，雷锋第一个到了学校，请老师教写“毛主席万岁”。这个年仅 10 岁的孩子，从心底里感谢毛泽东主席和他领导的中国共产党，让劳苦大众翻身做了主人。

据李扬益日后回忆：“1950 年我在望城县第一区龙迴塘小学教书，为雷锋一至三年级班主任老师。当时雷锋叫雷正兴，是一个品学兼优的学生。1951 年，我校搞了一次抗美援朝捐献活动。老师在会上讲完抗美援朝的重大意义后，雷锋立即站了起来激动地说，‘抗美援朝是全国人民的爱国行动，也是我们的光荣义务，我只有两角钱，一不买糖果，二不买玩具，现在拿出来支援朝鲜，打倒美帝！’钱虽只有两角，话虽只有几句，但他是一个父母双亡、依靠叔祖母生活的穷孩子，把仅有的钱全拿出来捐献的行动，带动了全校学生，捐钱的、献物的，送衣服、鞋、帽的络绎不绝。”

囿于当年的教育条件，许多小学只有一两个年级的课程，所以，龙迴塘小学之后，雷锋又先后在上车庙小学、向家冲小学就读。1954 年秋，雷锋以优异的成绩考入望城县清水塘小学五年级。当年，他成了第一批光荣加入中国少年先锋队的队员之一。张璐琪介绍，雷锋每天上学要走十几里地，遇到刮风下雨的天气，他也总是早早起床，没有雨靴就穿着自己做的木屐或草鞋、打着雨伞，赶去学校上课，从不迟到。放假时他也是书本不离身，在上山砍柴或下地种菜休息时，也要挤时间读书。清水塘小学的同学们还为他创作了一首顺口溜：“小小雷正兴（雷锋原名），家里贫又穷；赶路几十里，早到第一名。学习他最好，活动他最行；大家学习他，争做好学生。”

1955 年春，雷锋又转学到离家较近的荷叶坝完小读书。当时，荷叶坝完小还没有建立少先队组织，雷锋是学校里唯一的少先队员，也成了“小明星”，同学们都很羡慕他胸前飘拂的鲜艳的红领巾。雷锋告诉大家，少年队员戴的红领巾，是无产阶级革命红旗的一角，是无数革命先烈用鲜血染成的……

1967 年，为纪念雷锋，荷叶坝完全小学更名为雷锋学校，现全名为长沙市雷锋学校。笔者曾到访过已是湖南省重点中学的该校，旧址依然保留，并成为专门的雷锋展室。荷叶坝完小旧址是旧时庄园风格，两个小天井，正厅、正房、厢房，建筑非常考究。这里原本是长沙绸缎商刘善阶的避暑庄园，新中国成立后被人民政府接管，曾与安庆乡政府合署办公。雷锋展室里保存着雷锋那个年代系过的红领巾、用过的少先队队旗、打过的小鼓、吹过的小号，那一抹抹红色虽然陈旧,但依然透着鲜艳。从狭长的二层回转楼梯上去，是“雷锋教室”，雷锋在母校就读过的教室。教室里的座位分为三列,“雷锋座位”在中间的最前排，与讲桌紧紧相挨——雷锋个子不高，而且学习认真，所以一直坐在最前面。墙角处有一尊雷锋的半身石膏像，一米左右高。别看不起眼，这可是全国第一座雷锋的石膏雕像。1962 年，雷锋牺牲的消息传到望城，当时望城人民自发捐款，为雷锋树起了这尊雕像。

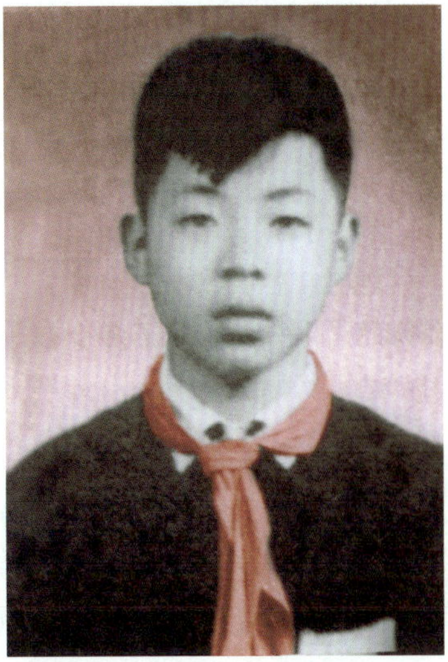
1954 年，雷锋在清水塘小学加入少先队（戴杰　摄）

如今的雷锋学校，刻有“荷叶坝完全小学”字样的大门牌坊还在，顶着雷锋母校的荣耀，多年来坚持“扛雷锋旗，走雷锋路”，制定了“学雷锋、做传人”的校训，学校师生坚持续写“雷锋日记”，正接过雷锋的“枪”，润物无声地传承着雷锋精神。

1956 年，雷锋小学毕业。湖南雷锋纪念馆雷锋生平事迹陈列馆中，雷锋当年的班主任夏柳老师曾记录了雷锋当年 7 月 15 日在毕业典礼上的发言。在发言中，雷锋这样说道：“我们小学毕业了。基本教育受完了，大家很高兴。感谢党、毛主席和老师……我响应党的号召,决定留在农村广阔天地里,去当新式农民———决心做个好农民，驾起拖拉机耕耘祖国大地；将来，如果祖国需要，我就去做个好工人建设祖国；将来，如果祖国需要，我就去参军做个好战士，拿起枪用生命和鲜血保卫祖国，做人类英雄。同学们，让我们在不同的岗位上竞赛吧！老师们，请你们看我们行动吧，我一定要做个英雄。”

雷锋激情洋溢的毕业誓言，深深地打动了全体师生，也记录了少年雷锋立下的三大“宏愿”:做个好农民，做个好工人，做个好战士。雷锋后来的成长足迹中，他果然做到了。

早年的流浪乞讨、当皮影戏艺人吃“百家饭”，是雷锋成长中影响深刻的一段经历，使他比一般人对旧社会的重重创伤有了更为清晰的切肤之痛。新中国成立后，这种切肤之痛又反转置换为对新社会的由衷赞誉、感激与拥护，为雷锋的人格提升提供了稳定的后坐力，热爱党并忠于祖国、友善并关爱他人的品格逐渐萌生。正如他在日记中所写："伟大的党呀，是您把我从虎口中拯救出来，抚育我成长。是您，给了我无产阶级思想；是您，给我指出了前进的方向；是您，给了我前进的动力；是您，给了我一切……"他还在日记中写过："党和毛主席救了我的命，是我慈祥的母亲。当我想起党的恩情，恨不得立刻掏出自己的心。我们决不能好了伤疤忘了痛，应该饮水思源。伟大的党呀，我要永远在你的身下尽忠效力，永做你忠实的儿子，人民的勤务员。"

由此，雷锋悲惨的身世转化成他服务人民与乐于助人、艰苦奋斗与甘于奉献的内在动力。他的感恩反哺意识深深地烙着时代的印记，他把感恩化作报答人民的一种实际行动，在日常生活中关心和帮助他人，在平凡的工作岗位上为集体、为国家默默奉献。

公务员雷锋甘做"革命的螺丝钉"

1956年，我国农村正处于社会主义改造的大变革时期，国家号召具有高小文化程度的学生直接下农村去，支持社会主义新农村建设。雷锋积极响应号召，在合作化运动中带头将他土改时所分得的田土山林全部入了农业社，并主动交出自己的"土地房产所有证"，集中销毁，以表示坚决走农业集体化道路的决心。他将个人的命运与国家的发展紧密联系在一起，这对雷锋锐意进取、甘于奉献这一品质的形成有重要影响。

这一年，望城县委缺一位通信员。时任安庆乡乡长的彭德茂于是推荐了雷锋。笔者曾专访过的黄菊芳，就是当年招收雷锋到望城县委机关工作的考察人。黄菊芳说："当年，望城县委机关准备从农村招收一名工作人员，物色人选的任务恰好交给了我。经过多方调查，我了解到雷锋苦命的身世，也了解到他对党、对社会主义深厚的感情，于是建议录用他，并有幸与他共同工作了一年多。来到机关后，雷锋的工作很繁杂。但不管大事小事、分内分外，只要他知道的就会抢着去干，毫无怨言。他对党和人民的质朴真挚的感情，让我深深感动。"

16岁的雷锋在成为公务员之后，简直把单位当成家一样。一开始，县委办公室只分配他负责打扫县委书记张兴玉的办公室、负责会议室的卫生和打开水。

可是雷锋连同其他办公室和会议室的卫生和打开水全包了不算，还坚持天天打扫办公楼楼上楼下走廊的卫生。雷锋见到同事总是笑脸相迎，对谁都非常热情，机关里的人都很喜欢他。

张兴玉的女儿张杏芳讲：“我爸爸十分同情雷锋的悲惨遭遇，两个人有着相似的苦难家史，能够感同身受，因此非常关心雷锋的成长，外出开会或下乡调查时总是将雷锋带在身边，走路时、有空时就给雷锋讲革命故事、讲英雄模范事迹……他们俩朝夕相处，情同父子。雷锋人很纯，受到我爸爸的教育与影响。”

雷锋悲惨的身世使他对地主有着满腔的仇恨，为了使雷锋对阶级的仇恨由感性认识阶段上升到理性阶段，张兴玉有意识地引导他接受马克思列宁主义、毛泽东思想的理论教育，引导他常想想自己过去的苦，不要忘记过去的苦，不要因为自己已经翻身过上了好日子就忘记劳苦大众。

张兴玉在望城担任县委书记期间，除了自己身体力行，还经常要求干部深入群众，密切联系群众，关心群众生活，切实解决群众的实际问题。雷锋的榜样里有老书记的影子。有一次，雷锋跟着张兴玉下乡，看到一户农民生计艰难，张兴玉就掏出 15 元钱留给这户人家。雷锋一看，也掏出了两张 5 元钱。张兴玉说：“我给他就行了，你不用给了，你钱少。”雷锋说：“书记，您一家七口，平均起来还没有我多，我也要给！”雷锋从对张兴玉扶贫济困的举动“模仿”开始，学着帮助弱者，资助同事，最终形成了“活着，就是为了使别人过得更美好”的人生哲学。他以书记的言行为榜样，内化于自我之中。

雷锋在望城县的公务员经历，对他日后的行为有重要的影响。在县委机关大院内，能接触到领导又能接触到老百姓，使他的视野比一般的同龄人要更开阔，他拥有更多的学习和锻炼的机会。

1957 年 2 月，雷锋光荣地被发展为共青团员，同时还被评为“建设社会主义青年积极分子”，出席了团县委举行的首届建设社会主义青年积极分子表彰大会。

此时的雷锋最向往的是成为共产党员，他几乎向县委机关的每一个党员咨询过怎样成为党员的事情。

1957 年秋，雷锋陪同张兴玉去新康乡检查灾区恢复生产情况之后，回县里开会的途中看见有颗螺丝钉，不经意地一脚把它踢到路边。张兴玉却走过去捡了起来，抹去灰尘，装进自己的口袋。过了几天，雷锋要去县农机厂送文件，张兴玉从口袋里掏出那颗螺丝钉说：“小雷，把它一起送到工厂里去吧。咱们国家底子薄，要搞社会主义建设，就得勤俭奋斗啊！”张兴玉把螺丝钉放在他手掌中，拍着他的肩膀，语重心长地说：“一颗螺丝钉，别看东西小，机器上缺了它可不行呀！我们每一个同志，不也是整个革命这架机器上的一颗螺丝钉吗？就像这个公务员，虽然职务不高，我们的工作缺少了你也不行。”

张兴玉有关螺丝钉精神的教育，在雷锋心里刻下终生难忘的记忆，在党组织的教育下，螺丝钉精神得到不断升华。后来，他在日记里多次写到螺丝钉的作用，反复思索，终于形成独特的“螺丝钉精神”，成为干一行、爱一行、钻一行、精一行的精神写照。

雷锋到县里参加工作后，有了自己的收入，但从不乱花一分钱，不过订购书刊报从不含糊。他自费订阅了《中国青年》《人民文学》等，还买过《可爱的中国》《浮沉》《青年近卫军》《卓娅与舒拉的故事》《真正的人》《牛虻》等。当时雷锋看的书还有《怎样做一个共青团员》《毛泽东选集》《唯物主义和经验批判主义》，也有《刘胡兰》《董存瑞》《黄继光》《钢铁是怎样炼成的》《把一切献给党》等。他住的地方床上都是书，走到哪里也随身带着书，是个有名的小书迷。这些书是他的精神食粮，对他的人生观形成有极大的作用。雷锋的领导赵阳城曾回忆雷锋读毛著的情况说：“我们看第一卷，雷锋就看第二卷，我们看第二卷，雷锋就看第一卷，反正雷锋把这套书看得如宝贝一样，不但把里面的内容看得滚瓜烂熟，而且联系生活实际来学习，有了自己的思考和观点。”

《钢铁是怎样炼成的》是雷锋最喜爱读的书之一，从望城到鞍钢他还带着这本书。他曾立志要做“中国的保尔”，并用他的生命去实践。许多有关英雄人物的书，他都看过。英雄人物的事迹与精神引发雷锋的深思，并成为雷锋自我发展的一个内化了的推动力。他崇拜英雄模范人物，将他们的人生信仰、价值观念等作为自己努力的理想目标，同时又在日常交往与接触中反观对照他人的价值观念与行为表现，通过具体的工作实践践行自己的理想目标，从而将现实行为与理想目标更好地结合起来，进而建立与完善自身的人格。

雷锋成长的年代，是一个先进人物不断涌现的年代，雷锋从中受到激励，吸取养分，并最终成为他们中的一员。他身边有一群志同道合的朋友，相互支持与相互促进，这对雷锋品格的形成起着重要作用。当然，雷锋自己对人生苦难挫折的感悟与超然，自身不断反思与积极能动的作用有助于其伟大人格的塑造。

好人雷锋在善良淳朴的湘土文化中完成人格的塑造

雷锋在家乡望城的18年，其中9年生活在旧社会，由于天灾人祸，变故频生，5年内先后痛失祖父、父亲、哥哥、弟弟、母亲等5位亲人，家破人亡，沦为流浪孤儿。新中国成立后，翻身做了主人，读书当了公务员，生活注入了新希望。今昔对比，可谓天壤之别。

一方水土养一方人。作为个体的雷锋，其成长自然离不开传统乡土文化的浸染。可以说，雷锋在故乡就基本完成了他的人格定型，雷锋精神深受家乡地域群体人格与湖湘文化的影响。生长在这方水土的湖南人素有“淳朴重义”的性格，驱使着雷锋“毫不利己，专门利人”，走到哪儿，就把好事做到哪儿；这方水土倡导的“拙而诚”的理念，沉淀了他甘做“傻子”“钉子”，对事业的极度热诚和坚贞；这方水土饱含“心忧天下，敢为人先”的情怀，推动着他树立远大的理想，满腔热情地投身到建设和保卫祖国的大潮中；毛主席“为人民服务”的号召，更激励着他“把有限的生命投入到无限的为人民服务之中去”。

雷锋精神的核心内涵是爱国主义，而爱国主义也是湖湘文化以及中国优秀传统文化的一贯之道。湖湘文化自古就有忧国忧民的爱国精神。屈原就在湖湘大地留下了许多爱国诗歌，湖湘人“先天下之忧而忧，后天下之乐而乐”的爱国精神更是历千年而不朽。为了国家民族利益而不惜牺牲生命的湖南子弟代不乏人，特别是近代以来，湖南产生了众多爱国主义思想家和革命家。雷锋的爱国主义精神与前辈湘人一样浸润着湖湘文化的独特性格。

望城地属革命老区，在长期的革命斗争过程中，望城涌现了包括郭亮、刘畴西等在内的无数传奇式英雄人物。这些英雄人物，让作为望城人的雷锋深感骄傲和自豪。雷锋对这些故事稔熟于心，也常常给大家讲这方面的故事。这些英雄人物，成为雷锋心目中的仿效对象，他自觉地学习他们，向他们靠拢。

雷锋的父亲雷明亮在1926年曾参加过毛泽东发起的湖南农民运动，参加了农民协会，担任过自卫队长。成年后，雷锋对父亲的这一经历非常自豪，并自许要做他的革命继承人。在他后来的日记本中就有据烈士夏明翰就义诗点化而来的小诗：“砍头不要紧，只要主义真。杀了雷明亮，还有后来人。”当年，他常以革命继承人自居，革命文化对于雷锋自我境界的提升有着特别的作用。

自强不息、艰苦奋斗是雷锋精神的具体内容。湖湘文化历来崇尚自强不息的奋斗精神，湖南民众自古就有“吃得苦”“霸得蛮”的秉性。雷锋少年立志，血气方刚，身上秉承着湖南人的霸蛮血性气质，湖湘文化中自强不息的奋斗精神在这个湖湘子弟身上得到充分体现。比如他在日常生活中“勤俭节约、艰苦奋斗”，在学习工作上刻苦钻研、有“钉子”精神，在人生态度上不断求索和学习、不断成熟进步。这种精神是我们应该继承和弘扬的一笔宝贵的精神财富。

望城民风淳朴，当地倡导人们积德行善，乡土文化中的善心与善举内容与雷锋精神中的全心全意地为人民做好事等内容契合。望城人民心灵手巧，不少人擅长剪纸、陶艺、酿酒、制秤、糖果、小吃等，且远近闻名。雷锋的钉子精神，对专业技术精益求精的态度，也是望城人民长期以来专心于技术、踏实精进的文化气质的一个体现。

作为中国传统文化重要组成部分的湖湘文化是一种地域性的文化，身处这一文化地域中的湖南人，无不深受它的影响，接受它的洗礼，无论是思想意识还是性格情感，都打上它的烙印。作为湖南人的雷锋，正是以这样的湖湘气质演绎了自己短暂而光辉的一生。作为中国优秀传统文化与共产主义思想相结合的产物，雷锋精神并没有随着时间的流逝而逝去，带有浓郁湖湘文化色彩的雷锋精神在新时代显得尤为重要和可贵。

雷锋后来成了中国家喻户晓的全心全意为人民服务的楷模，然而鲜为人知的是冯健曾是雷锋生前的偶像。冯健和雷锋是1956年初冬在望城县委书记张兴玉家中认识的。冯健是湖南省有名的模范“养猪姑娘”，曾两次进京见过伟大领袖毛主席，她是雷锋崇拜、敬慕的先进人物。她比雷锋年长三岁，雷锋亲切地称她为“冯姐”或“健姐”。两人志趣相投，可谓无话不谈，以“姐弟”相称。1958年10月，冯健被望城县保送去湖南省农学院读书，雷锋特地赶到车站送行，离别前冯健送给雷锋一张

1958年10月，雷锋与望城县委领导合影（前右二为张兴玉、右三为赵阳城）戴杰　摄

照片。

雷锋参军后，两人一直书信往来，1961 年夏天，他送给冯健一张擦车的照片并在照片背面写有赠言：“冯健姐姐，我永远向你学习，为共产主义事业奋斗终生。——雷锋，1961 年 6 月 4 日。”在冯健印象中，“雷锋很阳光、很爱美、很活跃，有理想、有信仰，热情诚恳、乐于助人，热爱生活”。

冯健听雷锋多次说：“如果不是有了党、有了毛主席，不是解放了，我可能早就不知死在哪里了。中国共产党、毛主席来了，我这个孤儿不孤，有了家，有了亲人。”冯健曾回忆，雷锋对毛主席的无限热爱和崇敬之情，确实是用言语所难以形容的。“1955 年 9 月，我出席全国青年社会主义建设积极分子大会；1957 年 5 月，我出席共青团第三次全国代表大会——两次进京都见到了毛主席。雷锋十分羡慕，说我是‘最幸福的人’。他多次要我讲见到毛主席的情景，边听边问，一个细节也不放过。特别是我出席共青团三大回来后，雷锋一见面，就问我见毛主席的情景，打听得特别多、特别仔细。”雷锋曾多次对冯健说：“做梦都想见毛主席。”

雷锋，这位“对待同志像春天般温暖”“永远做一颗螺丝钉”的普通士兵，让人有了触手可及的亲近和温暖，或许我们也可以成为雷锋这样的人。1963 年，毛泽东有关“向雷锋同志学习”的题词让雷锋精神始终伴随时代的脚步与社会共进，不断得到传承和发扬。

岁月更替，精神不老。虽然 22 岁的雷锋离开我们半个多世纪了，但是雷锋家乡的人民和中国的亿万百姓却永远记得他，“向雷锋同志学习”的口号也将持续一年又一年，一辈又一辈，生生不息。

从“雷正兴”到“雷锋”的蜕变

1949 年，赵阳城随部队南下。新中国成立后，他留在南方，并于 1956 年至 1958 年任望城县委副书记、书记。

笔者曾采访过赵阳城，“我对雷锋的第一印象是小个子，机灵”。当初彭德茂将雷锋送到望城县政府，他俩背着行囊从安庆乡走了 40 里。刚进办公室，放下行囊的雷锋就提起热水瓶给赵阳城和彭德茂泡了两杯茶，赵阳城对这个机灵的小个子刮目相看。

1957 年，从治理黄河的三门峡工程到北京的密云水库，全国各地开始了大规模的水利工程建设。雷锋的故乡望城县也做出了治理沩水河的决定。“工地生活条件差，荒地上支起一些树枝就是工棚，四面透风。棚内没有床，地上铺一层芦苇，十几人甚至几十人挤在一起。”赵阳城记得，吃的没有油水，也很单调，餐餐是米饭加萝卜、辣椒、酸菜汤。

开始，望城县委考虑到雷锋年纪小，认为让他留在机关比较合适。但雷锋一连几次递交申请书，要求参加工程建设。雷锋多次找到赵阳城说：“旧社会，我被逼成了孤儿，讨过饭，晚上睡在人家的台阶上，什么苦都吃过。比起来，工地上算是幸福生活了。何况我还年轻，能够吃苦。”他又说，“共产党领导我们翻了身，让我读了书，现在又让我在县委机关工作。我只有多做工作，才对得起党和毛主席呀！”在雷锋的强烈要求下，望城县委同意了他的要求。当时，赵阳城正患疟疾，指挥部就安排他去做赵阳城总指挥的通信员。

雷锋当上了治沩工程指挥部的通信员，包揽了通信员、公务员、保卫员等工作，还利用送通知的时间，主动检查工程质量，找出了一些影响大堤安全的隐患，被大家称为“编外质检员”。

1958 年春天，望城决定在围垦起来的团山湖开办一座国有农场。决定得到上级的支持，还分配了一台拖拉机指标。当时，雷锋拿出省吃俭用节约下来的 20 元“巨款”，捐给农场购买拖拉机。时任望城县领导当即决定，让雷锋去学开拖拉机。

功夫不负有心人。只有高等小学文化的雷锋苦学了一个多星期，就可以熟练地开着拖拉机驰骋在田野上了。雷锋是望城第一名拖拉机手，这是当时万众瞩目的工作！

火热的生产劳动，激起了雷锋豪情万丈的情怀，激发了雷锋丰富的文学创作灵感。早在治沩工地上，爱看英雄题材小说的雷锋在同县委组织部的彭正元一起散步时，就认真地谈起了自己的作家梦。雷锋十分动情地对彭正元说：“如果你我能将人民群众改天换地的伟大斗争用艺术形式表现出来，那该有多好啊！”雷锋读过魏巍的《谁是最可爱的人》，甚至能够全文背出，研究过排比、设问等修辞手法在文章中的作用；他梳理过诗歌的种类、特点、手法，并做了诗歌札记；他向报纸编辑熊春祜请教如何写作……1958 年 3 月 16 日，他在《望城报》第一次发表了散文《我学会开拖拉机了》。此后，又创作了小说《茵茵》《一个孤儿》，诗歌《南来的燕子》《歌颂领袖毛泽东》《啄木鸟》《以革命的名义》等。从雷锋的文学作品中可以看出，他一直保持文学创作的敏感，虽然人在荒远农村，但精神却始终不曾落伍。他的文学梦里充满了对生活、新中国、共产党、毛主席的爱，他一直在倾诉、在讴歌，并把所有的爱都化作行动投身到社会主义建设的火热事业里。

后来，爱好文学创作并对生活和工作有着敏锐触角的雷锋获得部队推荐，分别于 1961 年 1 月和 7 月被《解放军报》和中央人民广播电台聘为通讯员。雷锋生前虽然没有在《解放军报》上发表过文章，但在他殉职不久，《解放军报》于 1962 年 9 月 7 日在第七版发表了雷锋日记摘抄。他的《雷锋日记》无数次被出版，长盛不衰，成为一代又一代青年学习的范本，曾被评为“共和国 50 年来最有影响的 50 本书”之一。

雷锋小时候天生嗓子好，六叔祖父是当地民间一位皮影全能艺人，六叔祖父外出唱皮影戏时，每次都要带上他这位可怜而可爱的本家小孙子，祖孙俩以此挣口饭吃。无论是外出唱皮影戏还是在家的闲暇时间，六叔祖父常给小雷锋讲皮影戏剧中的各种故事，什么《桃园三结义》《岳飞抗金》《武松打虎》《孙悟空三打白骨精》等，叔祖父讲得绘声绘色，雷锋听得如痴如醉，往往听完一个又缠着六叔祖父再来一个，几乎入迷。六叔祖父讲的那些戏剧故事，以及带着雷锋外出演出的那段特殊经历，使雷锋从小的“作家梦”渐渐升温，他在诗歌、散文、小说创作和写日记等文学领域中初露才华，对雷锋日后的成长产生了积极的影响。当然，他从小生活在一个皮影戏环境里，艺人们谨慎、随和、乐观、勤恳的生活态度对他的影响也是深远的，且恩报观念是皮影戏宣传的核心观念之一，知恩图报被当地视为基本的做人准则，这无不影响着雷锋的成长。

1958 年，全国大炼钢铁，鞍钢到望城招工，同时招工的还有湖南湘钢和湖北冶钢，很多人都报了后两家，不愿意去东北。但雷锋坚决报了鞍钢的名。就在报名表上，他将自己的名字改成了“雷峰”，取“峰”意在“勇攀高峰”。据赵阳城回忆，雷锋起初是觉得“雷正兴”这个名字不够“响亮”，于是想改成“雷峰”。赵阳城说：“你不是要去鞍钢嘛，跟钢铁打交道，又不是上山下乡，不如把‘峰’改成‘锋’。”雷锋欣然接受。

从雷正兴、雷峰到雷锋这三个名字，雷锋逐渐实现了从关注小我的家庭兴旺、自身的登高望远到争做社会主义建设的先锋的追求，完成舍小我到大我的蜕变，将自身融入集体当中，克己奉公，甘愿为社会主义建设奉献自己的青春，贡献自

望城团县委给雷正兴颁发的捐款纪念证书

（余玮　摄）

己的力量，将有限的生命投入到无限的奉献当中去。

赵阳城说，雷锋后来做了许多好事，对此他一点也不惊讶，因为在望城时，雷锋的生活节俭程度就已让他吃惊。“刚来我身边工作时，他带着一床棉被，上面满是补丁，有些地方棉花都露出来了。当时一斤棉花大概是五毛钱，我就劝他买一床新被子。他满口答应，但直到他后来去鞍钢还是带着那床旧被子。还有他的脸盆，底下破了洞，他也不换新的，用牙膏的铁皮自己补上。”赵阳城透露，雷锋在工作上也十分积极，“不论是分内还是分外的事，他都抢着干。当时县委经常有很多往来的客人，冬天特别冷，条件也很简陋，客人晚上上厕所不方便，雷锋就把尿桶都洗干净了，放到客人的房间里。”赵阳城感慨说：“这些本来都不是他该负责的工作，但是他却一个人承担下来了。”

“当时，望城县城不通公路，我送雷锋到湘江边望城码头。我对他说，这两年我身体不好，谢谢你对我的照顾。雷锋连连说：‘不要谢，这是我的本职工作。’我说：‘今天你就要离开生你养你的地方，也是你工作的第一站，你要走向遥远的地方，到鞍钢好好听党的话，向工人老大哥学习。’他说：‘我决不会给望城人、望城县委和您丢脸，我会像您取的名字那样，在前面冲锋。’在告别家乡之前，雷锋特意去韶山看了看毛主席故居——毛泽东是这位年轻人最崇拜的人。”赵阳城没有想到，送别成了永别。

1958 年 11 月中旬，雷锋从湖南望城出发，经长沙、武汉、北京，最后到达辽宁鞍山。连续几天的火车之行，是雷锋生命中最远的一次旅程。

离开望城以后，雷锋曾辗转给赵阳城寄来两封信。第一封是在离开望城去鞍山的路上，经过北京，雷锋在天安门拍下一张照片，并写信告知赵阳城，他已经到达了伟大的首都北京，在天安门给他寄来这封信。赵阳城则回复他，来信已收到。

雷锋到鞍钢工作后，用工资买了件旧皮夹克和手表，把穿着皮夹克的照片寄给老领导赵阳城。赵阳城看到后，回信批评了雷锋：“全国人民正在勒紧裤腰带，希望你艰苦奋斗，永不忘本。”雷锋读后非常惭愧，就把那件皮夹克收了起来，直到牺牲也没有再拿出来穿。

对孤儿雷锋倍加呵护的彭德茂，对雷锋人生起步具体指点过的张兴玉，与雷锋曾朝夕相处的赵阳城，雷锋身边的学习榜样冯健，等等，对雷锋自我的形成与人格完善产生了积极影响。据当年的众多当事人讲，20 世纪 50 年代，望城县委机关作风好，领导干部没有架子，同事之间、干群之间关系很融洽，县委领导们对雷锋非常关心，并且言传身教，其他同事也像亲人一样关心和帮助雷锋。他们认为，正是这么多好领导、好同事、好亲友的教育、指引、关爱、帮助，雷锋才一帆风顺地成长。

雷锋身边的人也深受雷锋的影响而向上、向善。1956 年，张建文与雷锋同在望城县委交通班担任通信员，曾与雷锋一起工作、生活。雷锋的精神对张建文的一生产生了很大的影响。雷锋牺牲后，从 20 世纪 60 年代开始，张建文就致力于雷锋精神的宣传，主动到各地义务宣讲了无数次，成了远近闻名的“雷锋精神宣讲员”。

离开家乡望城后，雷锋的精神世界得到进一步的历练、升华，渐渐由道德楷模成为励志标兵，由他人身边的好少年成为全国人民数代人学习的榜样。他的精神走出故里望城，走出湖南，像旗帜一样在全国各地飘扬。当然，源远流长的湖湘文化，总能在雷锋身上找到印记，当下的湖南精神中也能在雷锋精神中找到时代特征。雷锋精神像血液一样在家乡至今流淌着，像基因一样在不同的年代传承着，更像种子一样在全国各地生根、发芽、结果。

“好人基因”孕育和成长出更多的雷锋

1958 年 11 月，雷锋离开望城这座城市后，开始了短暂却波澜壮阔的人生旅程；当他再次归来，已经变成一座伟岸的塑像。

重新开放的湖南雷锋纪念馆，序厅前方是少年雷锋的塑像，背景墙以雷锋家乡的山山水水为主体，将湖湘文化发源地岳麓山、母亲河湘江、雷锋故居融入其中。而此前雷锋纪念馆的所有塑像是军人雷锋形象的塑像，笔者曾多次对雷锋馆的负责人建议过宜用早年家乡生活的雷锋形象为蓝本。如今，序厅所呈现的雷锋汉白玉雕塑，是以榜样为主题，以雷锋在望城的最后一张文艺青年的照片为底版，形象地刻画了雷锋面带微笑、斜挎黄书包、走在美丽的家乡路上的情景。

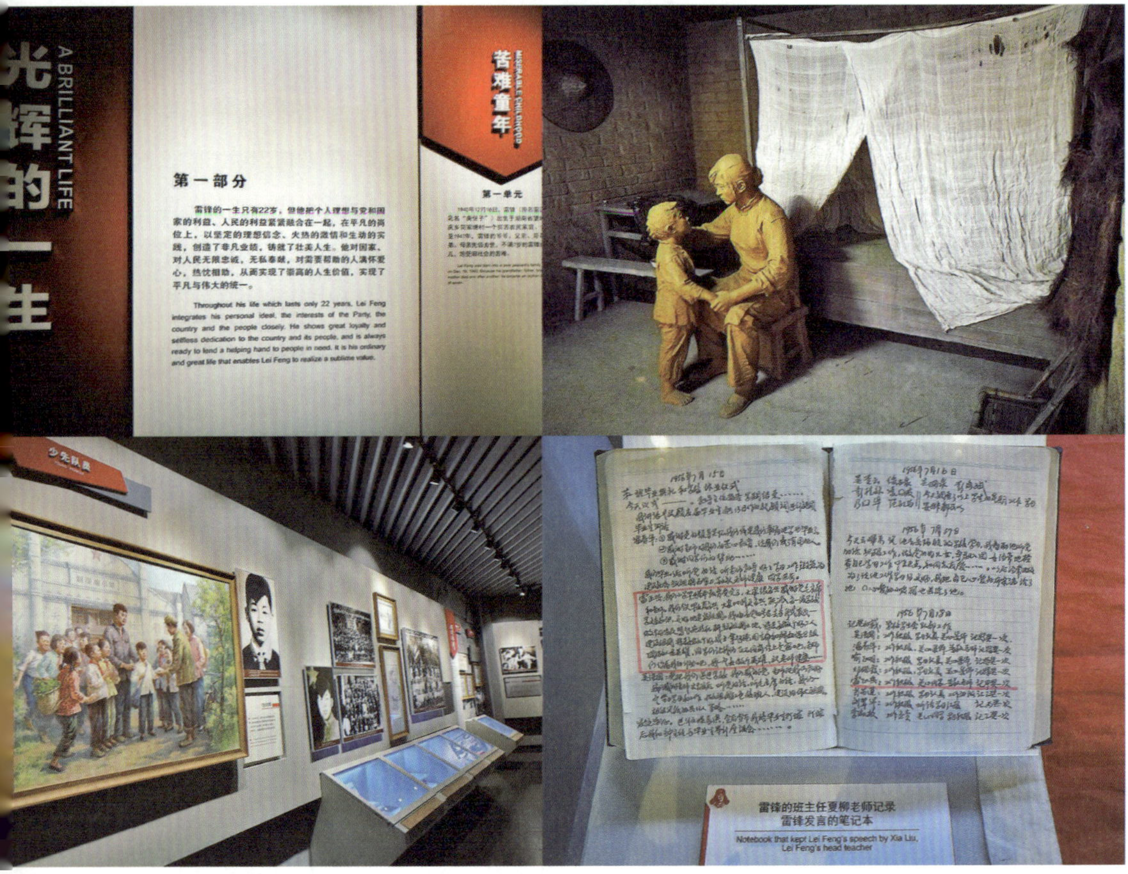

成为孤儿的雷锋，新中国成立后获得新生，他发自内心感谢党，感谢新政府

湖南望城，诞生和养育了雷锋。雷锋和以他命名的精神，用最质朴、最直接和最简单的方式滋养和回报着故乡的人们，成为精神的灯塔。

望城一次次扩建湖南雷锋纪念馆，修缮雷锋故居、雷锋生平陈列馆，人们到处可以看到用雷锋的形象、雷锋日记摘抄以及雷锋精神创作的标语和宣传画，而且，雷锋学校、雷锋大道、雷锋路、雷锋桥、雷锋镇、雷锋网、雷锋广场、雷锋图书馆、雷锋电影院、雷锋大剧院、雷锋超市、学雷锋主题文化公园、“雷锋580”24小时紧急救助热线……众多公共设施或品牌服务项目都以雷锋来冠名。每一个以雷锋命名的地方或机构或服务项目，都成了一面学雷锋的旗帜，成了宣传雷锋精神的“窗口”。雷锋，既是这座城市地理的坐标，更是信仰的方向。望城人带着深厚的感情在传颂着雷锋的故事、传唱着雷锋的赞歌、传承着雷锋的精神。学雷锋、当雷锋更是成为望城人的普遍共识和自觉行动。

自雷锋牺牲以来，望城活跃着一群人，他们或是倾毕生之力宣讲雷锋精神，实现对世人的教化；或是沿着雷锋的光辉足迹，描绘一个鲜活、真实的雷锋；或是孜孜不倦地探究雷锋精神的博大内涵与时代价值；或者用行动切实践行雷锋精神，点点滴滴的件件好事写满赤诚与爱心，乐做雷锋精神大厦上一颗颗永不生锈的螺丝钉。他们深信，不管社会如何发展，雷锋这个不朽的名字会永远留在人们的心间。因此，雷锋的精神在望城超越感动，成为让平凡提升平凡、让生活引领生活的阳光雨露，长久滋润着这里的每一寸土地。

在望城，一个个岗位，一个个社区，一家家企业，一所所学校……不同的人们以“雷锋岗”“雷锋班”“雷锋组”“雷锋车队”“雷锋窗口”等方式学习雷锋，弘扬传承雷锋精神，一位位“活雷锋”“新雷锋”，为推动这个时代前行注入正能量。

当地类似“相约雷锋故乡”“雷锋故乡行”“学雷锋、知雷锋、做雷锋”“学习雷锋精神，争做时代雷锋”等主题活动丰富多彩，引导民众自觉践行社会主义核心价值观，以实际行动为新时代的雷锋精神注入新的内涵，传播真善美，汇聚正能量。近些年来，望城经常会在全区范围内评选出助人为乐、见义勇为、诚实守信、敬业奉献、孝老爱亲的“雷锋之星”，他们的故事感动了雷锋家乡，他们的正能量传播至全社会。

“我是雷锋家乡人！”这是一句多么朴实而自豪的话。缘于此，在湖南开展学雷锋活动，总有着深厚的感情基础和广泛的人格认同，更有着丰富的形式载体和显著的活动成效。湖南省历任领导同志都强调，湖南开展学雷锋活动要走在全国的前列，雷锋故乡人要真正成为雷锋精神的传人，让雷锋精神在三湘大地上深深扎根。在长沙，学雷锋的“粉丝”有个昵称——“蜂蜜”，这也隐喻他们带给世间的甘甜。据悉，这个庞大的志愿者群体已达十万人。

“这是我应该做的！”这是雷锋生前经常说的一句话，已成为雷锋家乡人共同的心语。正是这种担当，让湖南人在前行中无数次地拷问：雷锋作为一个特定历史时期的精神符号，能否在新时期依然发扬光大，永远澎湃着青春的激情？怎样在当下挖掘雷锋精神的新意义，怎样才能使雷锋精神常驻身边，成为新老雷锋家乡人的精神家园？怎样才能让“雷锋家乡学雷锋”成为常态，引领全社会学雷锋的新风尚？对于这些，每一个雷锋家乡人去思考，去回答，去践行。

从某种意义上可以说，是湖湘文化孕育了雷锋精神，而雷锋精神又传承和发扬了湖湘文化。雷锋精神既是湖湘文化在特定历史时期的一种展现，同时又为湖湘文化的发展注入新的源头活水。

湖南人说，湖南是雷锋精神的根，守土有责是我们的本分。我们欣喜地看到，三湘大地正在发挥雷锋故乡的优势，充分发挥湖湘文化传统深厚、资源丰富的优势，将雷锋精神培育纳入国民教育体系，纳入精神文明建设过程，努力实现学雷锋活动的时代化和常态化，努力彰显学雷锋活动的群众性和实效性，使雷锋精神扎根湖湘大地，融入时代生活，走进群众心灵，引领社会风尚，让雷锋家乡成为培育雷锋精神的一方沃土、传承雷锋精神的一块高地、践行雷锋精神的一根标杆。

湖南雷锋纪念馆首任馆长雷孟宣在受访时说：“雷锋是个孤儿，没有家，但他不管在哪里工作，都甘心当革命的螺丝钉，他把单位当作了自己的家；雷锋出差一千里，好事做了一火车，他把社会当作了自己的家；他全心全意为人民，集

中华雷锋报
China Leifeng Newspaper
《中国青年》专辑究竟印了多少
学雷锋做雷锋 读《中华雷锋报》

《中华雷锋报》（余玮　摄）

体主义思想放光芒，他把祖国当作自己的家。我在雷锋纪念馆工作了一辈子，雷锋馆是我一生的家，雷锋精神是我的传家宝。如果大家都像雷锋这样，我们的大家庭就会更加幸福，我们的社会就会更加和谐，我们的国家就会更有力量！”

望城是雷锋的故乡，雷锋是望城的骄傲。“出了雷锋学雷锋，学了雷锋出雷锋”，这在“雷锋窝子”望城不是口号，而是流淌在望城人血液中的情怀和信仰，是这座“好人之城”的城市文化标签。今天，在雷锋的故乡望城，雷锋的故事在续写，雷锋的道路在延伸，雷锋的传人在壮大，雷锋的精神代代相传。

白淑湘：红舞鞋上的传奇

白淑湘档案盘点：

白淑湘，辽宁新宾人，芭蕾舞表演艺术家。1939年11月出生于湖南耒阳，1959年毕业于北京舞蹈学校。历任东北人民艺术剧院儿童剧团学员、演员，中央芭蕾舞团演员、演员队长、副团长等，当选为中国芭蕾舞学会副会长、中国舞蹈家协会主席、中国文联副主席、欧美同学会副会长、中俄友好协会副会长、中国和平统一促进会常务理事，系第五至十届全国政协委员；现为中国舞蹈家协会名誉主席、中国文联名誉委员。

1958年6月，北京天桥剧场。舞乐悠扬，纯洁美丽的“白天鹅”在舞台中央翩翩起舞……新中国排演的第一部世界经典芭蕾舞剧《天鹅湖》在此首次公演。

1964年9月，同样是北京天桥剧场。一群穿短裤、球鞋，舞刀弄枪的女兵走上舞台，起初还是立正稍息，很快竟变成了芭蕾舞的脚势。拿着刀枪的足尖舞在这里精彩表演，引起轰动。这就是新中国第一个现代芭蕾舞剧《红色娘子军》的演出现场。

中国芭蕾舞坛“起飞”的第一只“白天鹅”奥杰塔，就是现代芭蕾舞剧《红色娘子军》中首个“红天鹅”吴琼花。

除了《天鹅湖》中的白天鹅奥杰塔、《红色娘子军》中的吴琼花，还有《海峡》中的米多拉、《吉赛尔》中的米尔达、《巴黎圣母院》中的古都拉、《泪泉》中的扎列玛、《希尔薇娅》中的希尔薇娅、《沂蒙颂》中的英嫂、《草原儿女》中的母亲、《杜鹃山》中的柯湘……这些栩栩如生的舞台艺术形象，曾使海内外广大芭蕾舞粉丝大饱眼福，为中国芭蕾舞艺术殿堂增光添彩。

这些芭蕾舞剧的角色，共同指向眼前这位步履雅致、装束淡雅、谈吐优雅、举止高雅的长者。她就是曾任中央芭蕾舞团副团长、中国舞蹈家协会副主席、中国文联副主席的白淑湘。热爱她的观众记下了她那雅丽、抒情、浑身上下都能“说话”的舞姿。

简单的寒暄之后，我们切入了主题。“舞蹈艺术是美的艺术，大家都爱看芭蕾舞，就是觉得它非常美，但是它背后很辛苦，要付出很多……”平平淡淡的寥寥数语，让笔者对访谈有更高的期望，并在随后的采访中得到了印证。

不少领导人都曾观看过她的演出，对她鼓励有加。作为芭蕾舞剧中吴琼花的第一代扮演者，白淑湘自称是“开拓、奠基、铺路”的一代。很多人好奇当年《红色娘子军》是如何摒弃掉娴雅婉约的贵族气、让绑着腿的芭蕾女演员造就世界芭蕾史上独特的“战争美学”，很少人会想到这位新中国第一代舞蹈明星曾在特殊岁月被迫离开过心爱的舞台……

中国芭蕾舞坛“起飞”的第一只“白天鹅”

早在读小学时，白淑湘就是学校的文艺骨干。“1952 年，我不满 13 岁。这一年小学毕业，正准备考中学，在沈阳小有名气的东北人民艺术剧院儿童剧团招演员。我很羡慕那种集体生活，就悄悄地报名了。我一进东北人艺，领导就说，‘你现在参加革命了’。我从此就成了公家的人，每天练功、排练、学文化，然后演出歌舞、合唱和话剧。”正是由于个人爱好和天赋，小小白淑湘舞艺与日俱增，并担任剧团的小主角。

1953 年 10 月初，白淑湘荣幸地参加了时任西南行政委员会副主席贺龙率领的第三届赴朝慰问团，下设几个分团，每个分团都设有歌舞、曲艺、戏剧、杂技等文艺团体。当时的朝鲜，虽已宣告停战，但美、李（承晚）集团仍不断制造种种矛盾，不但在遣返战俘上耍花样，还经常派遣特务搞破坏、探军情、放冷枪。三年的战火，尤其美军飞机的狂轰滥炸，使朝鲜的所有城镇，很难见到一座完整的楼房，到处都是残垣断壁。志愿军虽有一套庞大的指挥、办公、通信、生活等地下工程，但若接待大批的文艺团体演出，确有很大的困难。为此，大部分文艺团体都化整为零，组成小分队，深入到各个团队做慰问演出。白淑湘在第三分团，同梅兰芳、程砚秋、马连良等艺术大师们一起分别到志愿军各部队、朝鲜人民军部队里进行慰问演出，向在朝鲜战场上的“最可爱的人”转达祖国亲人的问候，向朝鲜军民传达中国人民的深情厚谊。“那里的条件很艰苦，战争很残酷，我们在冰天雪地中坐着卡车，常常一到连队就在煤油灯下演出。”直至 12 月 18 日，慰问团圆满完成任务回到北京。在那样一个特殊环境里，白淑湘得到了锻炼，她被英雄的事迹所感动，受到了一次爱国主义和国际主义教育，这对她后来的成长产生了很大的影响。

1954年年底，新中国第一个专业舞蹈家的摇篮——北京舞蹈学校诞生，白淑湘被总政歌舞团招收到这个中国舞蹈界的第一所学府。“我和东北人艺的20多位同事成为第一批学员。我因为有舞蹈基础，就直接被分配到三年级，一年后进入芭蕾舞专业。我1956年才第一次真正地看到芭蕾舞表演，一下子就被迷住了，太美了！”虽然当时的条件很差，但老师教课非常认真，她如饥似渴地学习了中国古典舞、民间舞、外国芭蕾舞、宫廷舞、历史生活舞和文化课，各方面水平不断提高。

当年，苏联芭蕾专家奥·阿·伊莉娜、维·伊·查普林、彼·安·古雪夫等先后来到中国，应邀在此执教。他们的艺术修养很高，掌握着系统的专业知识，有很丰富的实践经验。不管是教师还是学生，都从他们身上获益颇深。那时的生活是紧张而又愉快的，大家亲密无间，互帮互学，那种如饥似渴的学习精神，那种刻苦勤奋的钻研劲头，白淑湘日后回忆起来，仍使她激动不已，备受鼓舞。先前与芭蕾“素未谋面”的白淑湘，一接触到就被其中的美迷住了，“很多学员除了睡觉、吃饭以外，就整天泡在教室里，学习劲头特别足”。就这样，他们在半年内奇迹般地完成了苏联舞蹈学校一至六年级的教学大纲，并全部通过了严格的考试。这时的白淑湘，渴望有一天能出演心目中的芭蕾主角。

“当时能演成《天鹅湖》，离不开古雪夫。”光阴荏苒，年过古稀的白淑湘难忘古雪夫和他的同行们帮助中国开辟了早期芭蕾教育之路。

白淑湘在芭蕾舞剧《天鹅湖》中的剧照

古典芭蕾孕育于意大利，成形于法国，鼎盛于俄国，从俄国走向世界，最终风靡世界。富有魅力的芭蕾艺术，在西方被奉为“舞蹈艺术皇冠之珠”。《天鹅湖》作为世界上经典的一部芭蕾舞剧，甚至成了芭蕾的代名词。到北京舞蹈学校后不久，古雪夫就开始指导中国首批芭蕾舞演员们排练大型舞剧，排练的剧目正是《天鹅湖》。慧眼识珠的古雪夫，从六七个主角人选中选择了白淑湘。其实，论身体条件，白淑湘的腰腿软度不够，身材也比较高大，这给她完成芭蕾

1958 年，苏联专家古雪夫指导白淑湘排练芭蕾舞剧《天鹅湖》

舞动作带来了不少难度。但是，她凭借顽强的毅力克服了这些缺陷。每天上完课，她还要加练一段时间，总是最后一个走出练功房。节假日，她放弃休息，在练功房整天单调地重复着同一个动作，陪伴她的只有那面练功的大镜子。

练舞条件很差，“那时没地板，地上坑坑洼洼的”。《天鹅湖》的服装设计也遭遇了难题，服装师后来回忆 :“除了样式，面料更是个大难题，天鹅白色的芭蕾裙，既要白又要轻还要挺。在当时，这样的面料不要说中国，连苏联也没有。”最后，他们决定用“豆包布”代替，“把它剪成一层一层的，在上头刷浆子。但那个料子，一下雨，裙子都塌下来了，演完以后就赶紧喷胶，让它又立起来。”

芭蕾似乎和脚尖画上了等号。一提起芭蕾舞，我们马上联想起女演员立起脚尖、轻盈欲飞的跳舞情景。芭蕾甚至赢得了“足尖舞”之称。“伏依得”(芭蕾术语)，世界古典芭蕾舞剧《天鹅湖》里规定的高难动作，是白淑湘扮演白天鹅奥杰塔与黑天鹅奥吉丽雅角色必闯的一道难关。该动作要求演员的一条“主力腿”以脚尖为圆心，在原地用脚尖脚掌起落，另一条“动力腿”离地甩动，带动身体做 360 度旋转，并且不是转三圈五圈，而是要连续旋转 32 圈，就是这个动作，不知使多少演员望而却步。然而，白淑湘却知难而进。那时候，连晚上做梦她也在练“伏依得”。梦醒之后，她又悄悄跑进排练厅，在灯光下一圈接一圈地练起了“伏依得”。练了一阵儿，为增强效果她又搬来几把木椅围了个圆圈，自己站在中间练。可这下就苦了，只一会儿工夫，她的腿和脚就被周边椅子磕碰得青一块紫一块，钻心地疼。就这样，这位姑娘终于征服了“伏依得”，不仅能从容地按要求旋转 32 圈，最多时还能连续转上 60 多圈。

机会总是留给有准备的人。由于练功勤奋，18 岁的白淑湘脱颖而出，被选作主角。“当时，《天鹅湖》中的服装、灯光、舞美对我来说全是陌生的，此前我连《天鹅湖》的原版电影都没看过。”白淑湘说，除了生疏外，在观念上也有障碍，因为当时许多人还看不惯这种穿得极少、男女相拥的舞蹈，“是古雪夫把我们引领到纯净的艺术天地中，教导我们怎样专心地去创作角色、表现美。”为有别于其他国家的风格，同时培养中国的编导和教师，古雪夫还特意组织李承祥、王世琦、栗承廉、张旭、邬福康等参加该剧舞蹈片段的编导和排练。

扮演《天鹅湖》中的天鹅的主角非白淑湘莫属了，新中国芭蕾舞台上一颗璀璨夺目的舞星诞生了！1958 年 6 月 30 日，北京舞蹈学校的《天鹅湖》在天桥剧场首次公演。帷幕拉开，舞台上白淑湘饰演的“白天鹅”奥杰塔完美、准确的动作，娴熟、优雅的舞姿，明快的节奏，矫健的身段，赢得观众经久不息的掌声。

18 岁的白淑湘成功了！中国从此有了自己的“白天鹅”！激动的观众潮水般涌向台前，将大把大把的鲜花献给演员们。观看演出的领导人和文化部的领导同志走上舞台，对她表示热情的祝贺和勉励。一位领导人亲切地表示，希望她不断地提高技艺，精益求精，成为这个领域里的行家。白淑湘默默铭记在心，并为之努力。

无论从艺术水平和芭蕾技巧的难度，还是从演出的规模来看，《天鹅湖》的上演都堪称新中国芭蕾舞艺术的一次“起飞”。中国“白天鹅”的腾飞，如果从开办舞蹈教员训练班算起，仅仅经历了 4 个春天。继《天鹅湖》之后，中苏两国芭蕾舞艺术家趁热打铁，又连续排演了《海侠》《吉赛尔》两部传统芭蕾舞剧，这两部舞剧都很快完成，白淑湘顺理成章地再次担当角色。

1959 年年底，经原文化部批准正式建立了新中国第一个专业性芭蕾舞团——北京舞蹈学校实验芭蕾舞团，承担繁荣中国芭蕾舞艺术，并配合舞校教学实习演出和培养演员的任务。

随后，白淑湘相继主演过《吉赛尔》《泪泉》。“就在排练《泪泉》时，中苏关系开始恶化。中国的芭蕾舞刚刚起步，但古雪夫等专家不得不撤走。他们对我们很有感情，舍不得走，但没有办法，实在太可惜了。幸亏中国的两个留苏学生蒋祖慧、王锡贤就在这时回国，接手了编导工作。”

1961 年，白淑湘等首次赴缅甸访问演出，第一次在国外演出《天鹅湖》和《海峡》。那里的观众将此次演出誉为“亚洲人的骄傲”，认为中国芭蕾“已接近世界水平”。她在艺术上渐入佳境，创作的空间越来越广。

后来，白淑湘在《巴黎圣母院》《泪泉》和《希尔薇娅》等 10 多部古典芭蕾剧目中都曾担任过主要角色。她的表演感情真挚、动作准确规范、风格明快。

1980年在菲律宾国际芭蕾舞节上，她与其他中国演员合作，共同获得集体表演一等奖；同年，被特邀参加第一届全国舞蹈比赛，表演《天鹅之死》，获优秀表演奖；1981年在原文化部直属艺术单位观摩比赛中获表演一等奖。白淑湘还曾赴朝鲜、缅甸、美国、法国、日本等许多国家访问演出。

洋气的“白天鹅”变身为红色的“吴琼花”

1963年12月，原文化部副部长林默涵召集舞蹈界知名人士座谈，讨论编演芭蕾舞现代戏问题。会议对艺术工作者提出了“革命化、民族化、群众化”的要求，林默涵在会上提出改编少数民族故事《达吉和她的父亲》，而芭蕾舞团团长李承祥则建议改编当时已经深入人心的电影《红色娘子军》。他在会上指出，电影中表现的女兵形象非常符合芭蕾舞的要求，电影中的歌曲也可以在舞台上继续沿用。他的建议得到了与会者的一致赞同，并推举李承祥、蒋祖慧、王锡贤负责舞蹈的编排工作。

《红色娘子军》从电影改编为芭蕾舞，改编者主要从两个方面入手：一是精减人物，二是浓缩情节。电影中的主要角色多达14位，而在舞剧中只保留了6个，即正面人物吴琼花、洪常青、连长、小庞，去掉了符红劳、阿贵、大姐，反面人物只保留了南霸天、老四，去掉了大管家、黄镇山、大丫头、陈旅长、胡营长。电影中的场景变化有44个，而舞剧把洪常青两次化装进南府改为一次。把吴琼花路遇红军一起投奔红军的情节，改为洪常青、小庞侦察中救起重伤的吴琼花，指引她投奔红区。

1964年2月，由编导、演员和舞美设计共10人组成芭蕾舞剧组主要人员赴海南岛深入生活。白淑湘在晚年还记得，剧组路过广州时，专门拜访了电影剧本原作者梁信，梁信得知自己的作品即将被改编成芭蕾舞剧时，表现出了十分的热情，主动写了一个舞剧的大纲供剧组参考。

“拜访了梁信，转而去了海南。先到湛江，然后坐船到海口，轮船颠簸，一路上吐得昏天暗地。”20世纪60年代的海南还是一个偏僻的小岛，路很不平。白淑湘一行坐了一辆中型吉普车，一路走一路颠簸，“颠得太厉害了！”

到达海南，白淑湘等剧组人员第一次看到英雄树、椰子树、榕树和秀丽多姿的万泉河，直观地感受到当年红色娘子军的生活环境。此外，还参观了当年开万人大会的广场，访问了经常掩护红军的革命老妈妈。在琼海县，剧组一行人见到了当年的“娘子军”连连长冯增敏等，听她们讲述当时海南妇女所过的悲惨生活，并收集关于当年“娘子军”的种种故事和人物原型的命运经历。在阶级教育展览会上，还亲眼看到了恶霸地主在新中国成立前家中的豪华陈设，以及残害群众所用的刑具：木枷、铁镣、钢针等。

《红色娘子军》仅用了两个月的时间就排练完毕。可是在试演时，一位领导认为：“气质不够。满台‘娘子’不见‘军’，手中拿着‘烧火棍’！”提出只有娘子气，军人的气质却不浓。作为吴琼花的饰演者，白淑湘心想，芭蕾舞从来都是表现王子、公主的，现在要求表现女奴、革命军人，这个跨度太大，延用软绵绵的动作怎么演得出这种新形象？于是，剧组决定让所有演员到部队去锻炼。

进入部队驻地和战士们生活在一起，立正、稍息、齐步走，射击、刺杀、投弹、急行军……负责教练的班长十分严格，一丝不苟，一定要演员们反复练习达到要求。其间，白淑湘认真观察军人的典型动作，并运用到自己的舞蹈动作中，反复实践。通过下连当兵，演员们锤炼了思想、受到了教育，培养了战士的气质和战斗作风，回到北京再进入排练场，思想面貌大变样，更加领会到“生活是创作的唯一源泉”的深刻意义。

要“破天荒”将西方芭蕾技巧与中国革命历史背景相融合，并非易事。“原先，我们生怕不像芭蕾舞，所以动作脱不开传统的程式。我们去了部队，和战士们在一起，体验革命军人的感觉。跟战士们一起摸爬滚打，回来后感觉果然大不相同。在舞蹈动作上也进行了创新。比如，吴琼花与狗腿子老四对打的一节，按旧式的双人舞设计，两人扶来扶去，哪里像是压迫者和反抗者的关系？改过之后，我们借鉴了中国戏剧和武术的程式，加强了对抗性动作。”白淑湘说，自己从演公主小姐到表现女革命者形象，心里有焕然一新的感觉，“把女兵变成了舞蹈演员。大家一看，短裤，但它不是时尚，在部队就是这样，而且是在海南岛，一个热带的地方。一堆女兵穿短裤、穿球鞋，形象非常漂亮。出来的时候还可以立正稍息，一挺起来，芭蕾舞的脚势，太有意思了。”

电影《红色娘子军》也是白淑湘取经的主要对象。电影里，吴琼花被南霸天关押在水牢里，演员祝希娟要在水中拍摄这一幕，而对于芭蕾舞台上的“吴琼花”白淑湘来说，这种情绪更要靠自己去体会。吴琼花从牢里逃出的场景，是芭蕾舞剧的第一幕。“这个跑步的动作，看起来是要中国式的、要有芭蕾的味道，有琼花的味道。”白淑湘回忆道，“对于我来说，琼花是活生生的人，琼花一跑出来，我的情绪也跟着出来了。”

经过一段时期采风和锻炼及练习，白淑湘在舞蹈中的表现力有了明显的提高，让人看到的是优美的足尖舞和军人阳刚之气的完美结合，白淑湘将中国民间舞蹈和戏曲舞蹈与西方芭蕾的风格完美地融为一体，成功地塑造出“苦大仇深、性格顽强、泼辣勇敢”的吴琼花形象。

《红色娘子军》中吴琼花与老四搏斗的双人舞（白淑湘与万琪武表演）

问及白淑湘最欣赏自己创作的哪一个人物，白淑湘淡淡地笑了：“应该说，我喜欢创作不同形象，甚至反差很大的人物，像吴琼花与奥杰塔我都同样喜欢。每当创作一个新的角色，最重要的是从形体到面部的表现都要努力做到生动、到位、感人。”

1964 年 9 月 26 日，芭蕾舞《红色娘子军》在北京天桥剧场首演。在天桥剧场演了三天后，紧接着就到人民大会堂小礼堂进行了演出。

在大多数中国人还不知道芭蕾为何物的时候，《红色娘子军》为世界芭蕾带来了一次革命。芭蕾中的主角，第一次由仙女变成了战士，芭蕾舞演员第一次在舞蹈中举起钢刀钢枪，表现得英姿飒爽，在西方有几百年历史的足尖舞就这样被大胆地颠覆了。同时，《红色娘子军》自诞生起，就成了中国民族芭蕾史上最成熟的现代作品。

舞剧《红色娘子军》共 7 场，连序幕和过场共 9 场，是中国当时前所未有的大型舞剧。这个舞剧继承了芭蕾的优秀传统，但又不拘泥于过去芭蕾舞的传统程式，独舞、双人舞等的处理完全从戏剧发展和人物塑造出发。剧中的几位主要人物吴琼花、洪常青、连长、小庞、南霸天、老四等，个个性格鲜明饱满，有血有肉，各有特点，互不雷同。白淑湘认为，剧中的“黎族少女舞”“五寸刀”“斗笠舞”和表现娘子军操练的大型群舞都是芭蕾领域的新创造，《红色娘子军》开创了中国民族芭蕾的先河，也是世界芭蕾舞中的一枝奇葩。后来《红色娘子军》还成为外交活动的重要内容。

1964 年 10 月中旬，芭蕾舞剧《红色娘子军》在广州秋季出口商品交易会上面向社会首次亮相演出。当时正在广州演出的古巴芭蕾舞团的演员看完后，都激动地跑上台，与中国演员拥抱在一起。在后来的座谈会上，古巴著名芭蕾舞蹈家阿丽西娅·阿隆索抑制不住内心的激动，连连称赞："在芭蕾历史上第一次出现了拿着刀枪的足尖舞，很精彩，你们太了不起了！"

说起阿隆索，白淑湘很是动情，有许多话想说："她的眼睛 19 岁时就几乎看不见了，但到 70 多岁还在舞台上又跳又转。如果不是把芭蕾舞当作至高无上的信仰，就不会这样做。她是世界上独一无二的舞蹈家，我很崇拜她。"

"我们的交情很深厚，在广州演出前我们已见过多次，早就认识了。"原来，此前白淑湘曾多次陪同古巴国家芭蕾舞团在中国各地访问演出。"阿隆索也很喜欢中国舞蹈，我教她们红绸舞，她教我们《胡桃夹子》双人舞。还有一点我印象很深刻，她认真地告诉我们舞蹈要怎样表达才更具表现力。"白淑湘说，阿隆索为当时的中国芭蕾带来了热情与灵感。

《红色娘子军》的出现，使中国芭蕾从此被习惯性地称为"红天鹅"。在《红色娘子军》上演之前，芭蕾舞在中国观众心目中只是"舶来品"艺术，而《红色娘子军》则以芭蕾舞剧的形式展示了中国革命的盛大场景。它一上演，就在当时社会上引起了轰动。由贵族化的"白芭蕾"进入革命化的"红芭蕾"，不仅是因为一种现实的需要，而且也是一种信仰的追求。而由白淑湘塑造的中国劳动妇女、女红军指挥员吴琼花感人的艺术形象，是那样光彩照人、深入人心。

电影《红色娘子军》被改编成芭蕾舞《红色娘子军》后大获成功，自此长演不衰。"红芭蕾"《红色娘子军》火了后，芭蕾舞团成为各地舞剧团学习的基地，芭蕾舞团一时间也被改名为"工农兵芭蕾舞团"，成立流动演出队，下乡、下工厂，为工农兵演出。1971 年，芭蕾舞《红色娘子军》被拍成电影作为"样板戏"在全国放映。

有一种精神叫"红色娘子军"

1931 年 5 月的一天，在广东乐会县（今海南琼海市）万泉河畔一个椰林环抱的小山村里，"中国工农红军第二独立师女子特务连"召开成立大会。全连三个排，共 120 人，除挑夫和号兵外，全为女性。这些出身于穷苦百姓家的年轻女子，在共产党领导下勇敢地拿起了枪，以叱咤风云的英雄气概，用血染的青春风采，走上了琼崖革命战争前台。这个“女子特务连”就是“红色娘子军”的原型。

许多人认为芭蕾舞剧《红色娘子军》中吴琼花的原型是女子特务连第二任连长冯增敏，白淑湘则认为该剧主人公之一的吴琼花是多个生活原型的合成——吴琼花和冯增敏的人生经历尽管有许多重合的地方，但是在吴琼花的形象中还可以找到许多其他女战士的身影。芭蕾舞剧《红色娘子军》编导、中央芭蕾舞团原团长李承祥说："白淑湘是历史上的第一位琼花，对这个角色的确立做出了很大的贡献。应该说，白淑湘个人的个性和琼花这个人物是比较接近的，她有一种天生的刻苦、抗争的精神。"

红色娘子军从1931年成立到1932年解散，存在了仅仅1年7个月，500多天。但是红色娘子军那种不畏强暴、不屈不挠、冲破桎梏，敢于奋斗、敢于牺牲、敢于胜利的精神，就是中国革命、民族自强、民族复兴的体现。在许多人的心目中，红色娘子军精神是一种时代的象征，一种精神信仰。过去，娘子军们对理想和信仰不懈追求和坚持；如今，物质富足了，精神不能匮乏，有的人在物欲横流中迷失自我就是因为没有这种精神力量。

在白淑湘看来，坚定不移的革命信念、自强不息的革命精神、不怕牺牲的献身精神都是红色娘子军精神的内涵。红色娘子军战士能从封建专制统治下的奴隶走进红军的行列，克服没有文化、没有军事知识和生活、生理方面的种种困难，在战争中学习战争，敢于创新，敢为前人之不敢为，成为威震全琼的女红军队伍，靠的就是精神。晚年，白淑湘曾多次赴海南红色娘子军纪念园寻访红色娘子军足迹，拜访健在的红色娘子军老战士王运梅等。

今天，《红色娘子军》这一流传了半个多世纪的红色经典再度升温，证明了红色文化经典经久不衰的艺术魅力和生命力，也彰显了红色精神的力量。在作为国家最高芭蕾舞艺术演出院团的中国芭蕾舞团，《红色娘子军》是一门必修课。从第一代“琼花”到第六代“琼花”，每一个人都要经历“娘子军”的洗礼，从一招一式到精神内涵。白淑湘高兴地看到，吴琼花的扮演者们仍在不断改进、突破。

白淑湘强调，她们那一代是开拓、奠基、铺路的一代。“舞台是我的生命。可是，‘文革’造成了一个断档，到1986年培养出冯英、张丹丹这批新人出来才接上我，中间差不多10年没有人，我充当的是一个铺路石的角色。那时候我们不计报酬、不计时间、不计辛苦、不计名利，也没有什么劳务费，每人只有7毛5分钱的误餐费，纯粹是集体创作的作品，一直传承到现在，影响激励了很多人。”

在很多人看来，“红色娘子军”是个名词，其实这是个形容词，是一种精神的象征，白淑湘则把“红色娘子军”当成了一个动词。白淑湘觉得，娘子军的精神就是不断向前、永远奋斗。革命时代，要用这种精神革掉不好的东西，而在社会环境复杂的现代，这种精神仍要传承。

“就像《红色娘子军》连歌中唱的：向前进，向前进，战士的责任重……中国人要有中国人的志气，要有中国人的骨气，那种精神、那种气质、那种气概，不只是战士的责任重，中华民族的每个人要有担当，这些精神什么时候都不能丢。未来我们也应该永远这样。”白淑湘说，“现在年青一代的演员还会通过这部作品传承这种精神。所以说，红色娘子军的精神是永存的。”

“当年，我是在 20 世纪 60 年代去体验 20 世纪 30 年代红色娘子军的生活，今天的演员是在 21 世纪去体验 20 世纪 30 年代的生活，时代不一样，现在的演员离那个年代更久远了，体验可能更难些，但是她们视野宽阔多了，艺术素养也有很大的提高，能有机会吸收很多东西或流派，我们当年没有这么多条件。”白淑湘认为，新一代演员虽然离“红色娘子军”的年代越来越远，但是要想演好，生活体验不能丢。

白淑湘感慨道：“现在社会多元化了，对艺术的标准，对价值的评判，对核心价值理解肯定有了变化……”白淑湘也希望：“我们还要坚定我们自己的核心价值体系，给年轻人一种正确的价值引导。我们脑袋里有越多智慧和文化的财富，我们才能更好地往前走。”

白淑湘认为，虽然我们的芭蕾学的是西方的，但终归要走自己的路，对自己的舞蹈要深入地挖掘。对国外的芭蕾舞，要研究其特殊语汇，找到同我们融合的关键点，而不是生硬照搬。“我们要看到自己的不足，不能盲目自喜，应该审时度势走自己的路，深入挖掘本民族的舞蹈资源，同时认真理解西方舞蹈形式下的文化理念，找准一个中西文化的结合点，在理解中消化，在消化中创新。”

创作有中国特色的芭蕾作品，一直是中央芭蕾舞团始终追寻的方向，打上“中国创造”的印记是中芭的骄傲。曾被评为“中华民族 20 世纪舞蹈经典作品”的《红色娘子军》成为中芭的旗帜性作品，在新时期率中芭人继续“向前进！向前进！胜利地向前进！”

“好些报道说我 50 岁那年离开了舞台，其实我一直演到了 65 岁才正式离开芭蕾舞舞台，但直到现在我都没有退休。”这么多年来，白淑湘对中国芭蕾舞事业的热爱与牵挂之情从未改变，并对中国芭蕾艺术的创新有着敏锐而深邃的思考。“跳舞是我的生命，但再辉煌也是要下台的。我的个人生活也很幸福，在 1977 年结婚。我先生是从事高科技的专家，他十分支持我，因为舞蹈事业，我们没有要孩子。当年我其实也想生孩子，条件不允许了，人才断档了啊，其他人已经有孩子上不了台，所以我只好咬牙坚持。一直觉得我先生挺亏的，幸好他理解我。业余我爱写写画画，练练书法，画画中国画。”

芭蕾舞是一种在艺术和体力上都要求很高的舞蹈。对于芭蕾舞者来说，只有严格的训练和全身心投入的状态，才能在舞台上呈现出美。芭蕾演员保持苗条身材的秘诀不是减肥，其实跳一场芭蕾所耗费的体力相当于一场马拉松赛。所以除了太过油腻的食物，芭蕾演员的食谱与普通人没有区别。常年穿着足尖鞋，脚趾变形、骨节突出、趾甲常常淤血……伤痛在所难免，但阻挡不了白淑湘作为芭蕾演员腾跃的脚步，因为她知道芭蕾舞是这样一个用倾情的挚爱和艰辛的汗水才能浇筑出的美丽艺术。

芭蕾演员的舞鞋都是专门定做的。中芭有自己专门的鞋厂，师傅根据每个人的脚，先量个鞋模，再做成舒适、合脚的舞鞋。鞋做好后，每只鞋都能立起来。师傅在每只鞋的鞋底写上名字以示区别。芭蕾舞演出出奇地废鞋，常常主要演员在一场演出结束后，鞋就不跟脚了，便会废掉一双。在职业生涯中，白淑湘不知穿过多少双舞鞋。不论男女芭蕾演员，都会缝衣、补鞋。中芭圈内常打趣道，“中芭出来的人都是贤妻良‘父’”。

“以前我们到国外更多的是进行访问性交流演出，而现在的芭蕾舞演员还要巡演、商演，这可不是安安稳稳的演出哪，而是这个剧场、那个城市地挪来挪去，流动性很强，他们很辛苦也很敬业。你看现在中国芭蕾舞演员在国际芭蕾舞比赛上频频获大奖，中国芭蕾舞的技艺水平已经得到了世界认可。”说起今天的中国芭蕾，白淑湘欣慰而骄傲。

“中西合璧的中国芭蕾舞，在增强中国在国际竞争中的文化软实力及提升国家形象方面，有着自身的优势。”白淑湘说，芭蕾艺术源于西方，但我们赋予它中国的民族特色和文化元素，因此中国芭蕾在国际舞台上就兼具中外艺术交流与传播中国文化的功能。

随着中外文化交流的加深，国外观众其实很希望了解中国文化更深层次的东

著名芭蕾舞表演艺术家白淑湘接受作家余玮采访后合影

西。“中国的题材丰富多彩，有很多资源可以挖掘，就看你怎么用芭蕾去表现了。”白淑湘认为，西方现代舞的样式、技巧、创作手法可以运用到中国古典或民族题材的剧目中，但最终要实现的是贴切、自然的融合，而不是生硬照搬或简单的结合和拼接。譬如，芭蕾舞剧《大红灯笼高高挂》将京剧与芭蕾紧密结合，是一部极具观赏性并有着深厚中国历史文化背景的舞剧；而芭蕾舞剧《二泉映月》则用芭蕾来诠释中国二胡名曲《二泉映月》的故事，将中国舞的韵律美与芭蕾舞的造型美融合得很好；芭蕾舞剧《牡丹亭》将芭蕾与昆曲相互交融，“这样的融合才能让中国芭蕾更好地走出去”。

花鼓灯是传播于淮河流域的一种以舞蹈为主要内容的综合性艺术形式，是一种比较完整系统的民间艺术形式，有歌有舞有戏剧，具有独特的艺术风格和最丰富的艺术语言，它的舞蹈动作刚健朴实、欢快热烈、动作洒脱，表演风格富有浓郁的乡土气息，它的音乐源自民歌，题材广泛，节奏多变，或高昂激越，或婉转纤柔，是汉民族具有代表性和震撼力的民间舞蹈之一。花鼓灯被誉为“汉民族的芭蕾”，白淑湘在谈及她初见花鼓灯舞蹈艺术时记忆犹新，20 世纪 50 年代末，在北京舞蹈学校花鼓灯成了学民族舞的必修课。1958 年，新中国成立后首次参加的国际交流，花鼓灯更是一跃成为世人瞩目的民族舞的代表。白淑湘作为中国舞蹈演出代表团成员之一，深深地为花鼓灯的激情和艺术魅力所震撼，同时为新中国有这样深受国际友人欢迎的舞蹈而骄傲。在白淑湘的芭蕾舞中没有使用过花鼓灯元素，但是她对国家级非物质文化遗产花鼓灯的传承、保护、发展不遗余力：“从学术上说，花鼓灯的历史是淮河流域汉民族文化的历史，是人类的历史，是社会发展的历史。花鼓灯不只是跳、蹦，还是文化。对舞者来说，传统的东西给我们一个可以高飞的翅膀，我们才能飞得更高。静下心来，韬光养晦。我们要将传统的东西表现得精致精到，保持各种流派风格的特质，元素的东西保持到位。让花鼓灯对民族传统文化起个旗帜作用，薪火相传。”她同时提出，花鼓灯是用故事情节打动人的，要传承传统的，创新、发展新的东西。

如今的芭蕾舞台上虽然不见了白淑湘深情的舞姿和灵巧的舞步，但这位“德艺双馨终身成就奖”获得者在担任多项社会职务的过程中，在更广阔的社会舞台上，发挥自身的优势，在为祖国的和平统一大业奔走着、忙碌着、奉献着。在白淑湘眼里，芭蕾是最美的、最富有魅力、最能让人心旷神怡的艺术。

龙梅、玉荣：草原姐妹花光环的背后

龙梅玉荣档案盘点：

龙梅、玉荣，辽宁阜新人，蒙古族，曾被内蒙古自治区党委授予“草原英雄小姐妹”的称号，被评选为“20世纪我心中的英模”。龙梅，1953年出生，1970年入伍，历任解放军253医院理疗科护理员、内蒙古自治区达尔罕茂明安旗旗委副书记，包头市东河区团委副书记、东河区统战部副部长、东河区人大常委会副主任、东河区政协主席等职。玉荣，1955年出生，1976年毕业于内蒙古师范学院，历任内蒙古乌兰察布盟教育局副局长、乌盟民族中学副校长兼党委副书记、乌盟团委副书记兼少工委主任、内蒙古自治区残联副理事长及内蒙古自治区政协办公厅副主任、副秘书长等职。姐妹俩曾当选为全国人大第四、五届代表，玉荣曾是团十一、十二大代表，中国残联一、二、三届代表，还获得全国扶残助残先进个人、自强模范称号，被评为“100位新中国成立以来感动中国人物”与“最美奋斗者”。

50多年前，一场罕见的暴风雪袭击了内蒙古达尔罕茂明安草原。所发生的“草原英雄小姐妹”的故事曾拨动了亿万人的心弦，激励千千万万的青少年。

龙梅、玉荣的故事，当年曾被无数记者和作家写过，也曾被被拍成电影、动画片，搬上过舞台，写进过小学课本。一切真的如当年艺术作品所演绎的那样吗？到底谁是第一个发现并参与抢救她们的？有关真相到底是什么？如今，她们又在做些什么？生活和工作还好吗？带着这些疑问，笔者走进内蒙古，走近这对姐妹。

生命中刻骨铭心的一天一夜

1964年2月9日（农历腊月二十六）早晨，内蒙古达尔罕茂明安联合旗草原上空飘着几片云，11岁的龙梅和9岁的玉荣代父吴添喜出门放牧。玉荣回忆说：“那天我们家的邻居叫爸爸来粉刷房屋。说是邻居，其实好远的，草原上不像你们那里，那里人家不多，都隔得远。当时我爸就答应了给邻居粉刷，我和姐姐就临时替阿爸阿妈放羊。”

吴家有 6 个子女，2 子 4 女，龙梅排行第三，玉荣排行第四。吴添喜离开家时，对龙梅、玉荣说：“阿爸去一会儿就回来，你们临时放一会儿。”龙梅说：“阿爸你就放心吧，我们也不是第一次放羊。”当然，她们只是在晴天放过羊，一般夏天才放得多。

“草原英雄小姐妹”龙梅（右）和玉荣

上午，10 点多钟，天色还好，风微微地吹，这时龙梅、玉荣赶着羊群出门。临行，妈妈对孩子说：“你们不要走远，一会儿你阿爸回来就接你们去。”

于是，龙梅和玉荣顺风赶着羊出去。前不久下过雪，雪把草埋住了，因为吃不上草，羊就往前跑。走了一两里，龙梅同玉荣商量：“妹妹，咱们再往前走一走，让羊好好地吃点儿草。”玉荣点了点头，姐妹俩就跟着羊群顺风走，渐渐地看不见家了。

中午时分，天气突变，低垂的云层洒下了一串串的鹅毛大雪，怒吼着的西北风卷起大雪漫天狂舞，刹那间吞没了茫茫的草原：暴风雪来了！

龙梅和玉荣急忙地拢住羊群，转身往回赶羊。但是狂风暴雪就像一道无形的墙，阻挡着羊群的归路，羊群顺风乱窜。在这关键的时刻龙梅对妹妹说：“这雪越来越大，你赶紧回家把阿爸叫来，把羊群赶回去。”

小玉荣听了姐姐的话，掉转头顶着风雪拼命地跑，没跑多远就栽倒了。她起来回头一看，姐姐一个人在暴风雪中，左手拿着羊鞭，右手甩着脱下来的皮袄左右拦挡，没有自己这个帮手，羊群越发乱了。心想：再说，离家还很远，如果把阿爸找回来，姐姐和羊群就找不见了。小玉荣顾不得再去叫阿爸，立即返回羊群，手里挥动着小皮帽嘴里不断地喊着。

龙梅和玉荣就这样拦挡一阵，跟上跑一阵。再继续拦挡，再跟着跑，不知拦了多少次，也不知道跑了多长时间。经过与暴风雪搏斗的第一个回合，龙梅和玉荣总算把散乱的羊群聚拢在一起。暴风雨都是一片弥漫分不清方向的，在狂风和寒冷中更显得恐惧和孤独，成人尚且如此，更何况孩童呢？

暴风雪到了晚上，似乎更加疯狂起来。她们凭借着地上积雪的映光，尽力识别自己的羊群，羊群照旧在风雪的呼啸中朝东南方狂奔着。在紧紧追赶羊群的时候，小姐妹俩怕在奔忙中散失，便机智地相互高喊着：“龙——梅”“玉——荣”，彼此关照激励着，羊群在她们的呵护下一直没有离开过。

因极度疲乏，姐妹俩找到一个稍避风的冰天雪地里休息。不知不觉，龙梅睡着了。深夜，龙梅冻醒一看，羊群、妹妹都不见了。她爬起来，一路走一路喊：“妹妹，你在哪儿？”其实，玉荣就在不远的几百米处放羊，尽管当时玉荣也看不到姐姐，但是能听到她的声音，于是跟着喊：“姐姐，我在这儿哪。”

喊了一会儿，两个人就会合了，又一起赶着羊群。龙梅埋怨玉荣说：“你走的时候怎么不叫我？”玉荣回答：“我没来得及叫你，想让你多睡一会儿，我把羊群拢回去。”

龙梅找到玉荣和羊群后，跟着羊群继续前进。同风雪搏斗了一天一夜，已走出了 70 多里。

第二天拂晓，她们离白云鄂博车站不远了。龙梅突然说：“妹妹，你的靴子呢？”冻得已经有些麻木的玉荣一愣，看了一眼自己的双脚，说：“那不是在脚上穿着吗？”龙梅细一看，哪是靴子，分明是脚上裹着雪，冰坨子。玉荣回忆说：“我的靴子早没了。雪特别深，一脚踩下去再抬腿时就掉了。但是那会儿已经麻木了，不知道靴子还在不在。羊顺风不停地走，我们就跟羊，如果不走的话，可能连人带羊都冻死了。”

草原上的暴风雪又称作“白毛风”。在这样的天气里如果迷失方向的话，非常容易被冻死和冻伤致残。龙梅回走了几百米，好不容易才找到一只靴子，可是怎么也穿不进去了。羊慢慢往前走，龙梅想背着玉荣走，玉荣不同意，说：“姐姐，你哪能背动我，我坐在这，你去把羊拢回来。”

于是，龙梅找了个山沟把玉荣安顿好，把自己的大衣也脱下来给玉荣，就走了。羊群要过鄂博车站的铁道了，就在这里，她遇到了救命恩人哈斯朝禄和他的儿子那仁满都拉。

当然，每个父亲都爱自己的孩子。达茂旗新宝勒格公社日光大队的老人说，当年吴添喜听说龙梅、玉荣找不到之后，就像疯了一样，留下一句“找不到俩孩子我也不会来了”，就不顾一切地冲进了暴风雪中。直到 2 月 10 日得知龙梅、玉荣被救之后，人们才在很远的一个蒙古包里找到吴添喜。

真相被掩盖21年之后才得到澄清

同样是在2月9日这一天早晨，牧民哈斯朝禄早早地起来为老同学特木尔高力陶做早饭。当时，老同学到他家已住上4天，临近春节，打定主意回家过团圆年，当天拟赶到白云鄂博。

也好，顺便到白云办点年货，再给儿子那仁满都拉理个发。哈斯朝禄心里盘算着，便牵着狗和儿子一起送老同学上路了。临行时，哈斯朝禄吞服了两片药，老同学哪里知道他还发着烧呢！

在茫茫雪原上走了半天，赶到白云鄂博火车站，已经是下午2点55分了，10多分钟后开往包头的客车就要发车了，而老同学曾随身携带的部分东西还寄放在达茂旗物资局办事处。那里距火车站约两里路，要翻过一座小山，取回东西就要误车了。看来，只好在白云鄂博留宿，等第二天再走。

时间宽裕了，哈斯朝禄便领着儿子那仁满都拉到街上去理发。腊月底，理发店里的生意特别好，耐心排队等到晚上10点多才轮到那仁满都拉理发。当天回不去了，这样哈斯朝禄父子俩也决定住下了。

第二天，风雪仍在肆虐，哈斯朝禄坐不住了，他惦念家里的那群羊，惦念放羊的两个年幼的女儿，于是告别老同学特木尔高力陶，带着儿子领着狗背着年货踏上了回家的路。这时已是上午11点了，正是西北大风，人侧着身子，狗耸着毛，一步步地往前顶。

横穿过铁道不一会儿，父子俩远远地望见铁路西的一道浅沟里有一群羊，黛青色的天空下如同一块块大鹅石挤在一起，偶尔传来几声羸弱的咩叫。哈斯朝禄的心忽地一沉：别是两个女儿冻坏了，羊群跑到这里来了？

父子俩跌跌撞撞地跑到那群羊前，这才发现不是自家的羊群。三四百只羊身上挂满了冰溜子，肚子瘪瘪的，在风雪中抖簌，紧紧地挤着不抬头。

“不管是谁的羊，咱们先把它们赶到桑布家，然后让他骑骆驼送到大队去。”父子俩顶着风赶羊如同逆水行舟，不论父子俩怎么吆喝、哄赶，羊群却一步也不挪动。这时哈斯朝禄才发现有3只死羊，对儿子说：“你在这儿看住羊群，千万别让它们顺风跑掉，阿爸把这3只死羊送到火车站暂存一时，听见了吗，孩子？”

哈斯朝禄背起其中那只尚未完全冻硬的公山羊，深一脚浅一脚地朝车站走。当时，他发烧还没有退尽，浑身软软的。晃晃悠悠终于把死羊背到火车站的扳道房门前，一个30岁左右的王某年轻人打开门，疑惑地盯着这位风雪中的蒙古族牧民。哈斯朝禄把羊放在窗户下边，气喘吁吁地解释了原委，并保证一两天内就会让大队的人来取。王某断然拒绝了，说怕给弄丢了。哈斯朝禄说："丢不了，谁要这皮包骨的死羊啊？"哀求了半天对方才答应暂时寄放，不过要求他在下午6点之前取走。

哈斯朝禄拔腿就往回跑，回到羊群时才发现还有一个小女孩和他儿子在一起。疑惑中，哈斯朝禄快步走上前去……

原来，哈斯朝禄走后不久，在迷漫的风雪里，这个女孩从西坡上向羊群缓慢走来。她两腮冻得青紫，毡疙瘩里灌满了雪，雪在里边融化成水后又冻成冰，围着脚脖子结成了一个圆形冰坨。她看见哈斯朝禄，咧了咧嘴，似乎要哭了。这个小女孩就是龙梅。

哈斯朝禄从龙梅口中得知，昨天她和妹妹玉荣放羊时，遭遇暴风雪，羊群被刮走了。她们一直跟着羊群跑了一天一夜，到现在还没吃一口东西呢。

"你妹妹在哪儿呢？"哈斯朝禄急切地问龙梅。龙梅举起鞭杆指着西北方向的山谷："玉荣在山里等我，她的毡疙瘩靴子也丢了。"哈斯朝禄已意识到龙梅的伤势，如不早抢救会有生命危险，赶紧说："我也是那仁格日勒大队的，快跟我到扳道房里暖和暖和，我再去寻妹妹。"说着，他一手拎起装有年货的麻袋扛在肩上，一手紧紧拉住龙梅，又招呼儿子，直奔扳道房。

远远看见王某举着红绿信号旗，站在扳道房前对他们连连摆手。一列客车就要进站了，车头喷吐着烟雾呼啸而来。哈斯朝禄怕耽误了救龙梅，当列车离他们还有200多米远时，他紧紧挽住龙梅的胳膊，奋力拽过铁道，这时，列车轰隆隆地从他们背后驶过。哈斯朝禄用胳膊挡住被列车卷起来的雪雾，看着那一闪一闪的车轮铿锵滚动，这才意识到儿子那仁满都拉还在铁道的另一侧。

哈斯朝禄把她带到火车站扳道房后，请求工人们去西山谷找玉荣，自己去邮局打电话叫救护车。从邮局出来，他又跑到矿区，一进传达室就喊："我们有两个人要冻死了，请你们去一辆车抢救。"矿区区长伍龙随即组织了10多个身强力壮的小伙子，叫来汽车、救护车向山里进发去找玉荣。

脱掉龙梅脚上的冰坨之后他们赶快用雪搓脚、搓脸，之后喂开水、面包。小龙梅总算醒过来了，因为她不懂工人们的汉话，全是靠蒙汉语兼通的哈斯朝禄当翻译。

不一会儿，一个工人怀抱着一个小女孩进来了，把她放在床上。只见她直挺挺的，没有知觉，靴子没有了，只有像靴子一样的冰疙瘩。她就是玉荣。

正在忙着抢救的时候，伍龙乘坐着小车来到这里，把两个小姐妹和耳朵冻伤的那仁满都拉送上了车，向矿山医院疾驰而去……

采访中，笔者了解到：哈斯朝禄1936年毕业于兴安盟陆军军官学校，1946年参加革命，1947年毕业于东北军政大学第九期，历任内蒙古自治运动联合会东蒙总分会内防厅、军事部秘书，内蒙古军区司令部参谋处军事研究委员会委员，长春市公安局《长春公安》杂志社编辑及内蒙古人民出版社蒙文编辑部编辑。

1958年，哈斯朝禄被错误地打成“蒙修特务”，被蛮横地开除了公职，且被下放到达茂旗新宝勒格公社“劳动管制”。当时，在未得到哈斯朝禄本人同意的情况下，就把介绍信、迁出证、粮食关系都办妥送到了他手里。哈斯朝禄强忍着不快，带着全家来到新宝勒格公社落户。救助龙梅、玉荣就发生他被“管制”期间。

1964年3月14日，《内蒙古日报》在头版发表了《草原英雄小姐妹》的长篇通讯。哈斯朝禄是在很多天后才读到这篇报道的，对于其中救助龙梅的几段文字，他读后很茫然：事情怎么变成这样子了？明明是我救了龙梅怎么变成了是扳道工发现救助的？

这之后，随着“草原英雄小姐妹”的动人故事在大江南北广泛传颂，包头市话剧团赶排出话剧《草原英雄小姐妹》，其中“偷羊贼”、反动牧主白音影射的便是哈斯朝禄。

哈斯朝禄没有料到，由于他救助了龙梅、玉荣，一下子便从“被管制分子”升格为“偷羊贼”“杀人未遂”者以及舞台上的“反动牧主白音”。这时，呼和浩特铁路局给王某等8名铁路工人授予“民族团结光辉榜样”的光荣称号，并做出决定，号召全局职工学习白云鄂博车站乙班职工在抢救蒙古族少年儿童过程中表现出来的阶级友爱和助人为乐的共产主义精神。不久，内蒙古自治区召开隆重的庆功大会给王某为代表的13名人员披红挂金。哈斯朝禄十分不理解。

20世纪60年代，龙梅（右）和玉荣被誉为“草原英雄小姐妹”

可是，1970 年锡林郭勒盟草原上的那场大火，给这个本来就多灾多难的家庭又一次带来了撕心裂肺的痛苦——那场大火夺走了 69 个鲜活的生命。哈斯朝禄的小女儿奥登就在其中！在这次草原大火中她却没有像当年龙梅、玉荣那么幸运，英勇牺牲了。这位在 6 年前暴风雪中救了草原英雄小姐妹的蒙古汉子，此时却不得不感慨：“苍天为何如此不公啊！”

他顾不得流泪，手里攥着女儿区区 300 元的抚恤金，继续踏上了寻找公正，恢复历史的征途。

直到 1979 年，组织上才为哈斯朝禄曾被打成“蒙修特务”平反昭雪，并为他恢复了在内蒙古人民出版社的工作。这一年，哈斯朝禄一家阔别生活了 20 年的草原，回到了呼和浩特市。可是，哈斯朝禄救助“草原英雄小姐妹”的壮举一直不能被承认。有关部门的负责人坚持让其“将功抵罪”，不予表扬。这自然深深伤害了哈斯朝禄这位老革命的心灵。

1979 年 4 月，一起救龙梅的小儿子那仁满都拉给《人民日报》撰文《谁是第一个抢救“草原英雄小姐妹”的人》。此外，哈斯朝禄和女儿赵玉容也曾多次上访申诉，提出：哈斯朝禄父子是第一个发现并参与抢救“草原英雄小姐妹”的人，要求调查处理并见报正名。

为彻底甄别核实，由内蒙古自治区区委组织部牵头，通过对当时的主要当事人进行调查，于 1985 年 1 月正式确认哈斯朝禄父子是首先发现并参与抢救龙梅、玉荣的人，表示由宣传部门通过适当的宣传手段消除有关社会影响，建议有关部门对哈斯朝禄给予一定的奖励，强调处理历史遗留问题要本着宜粗不宜细的精神做好各方面的善后工作。

迟到 21 年之久的处理意见，终于洗清强加在哈斯朝禄身上的不白之冤，使这位老人那颗受到痛创的心灵得到了些许的慰藉。40 多年过去了，虽然哈斯朝禄父子救人的事迹已经得到了澄清，然而由于当年各种政治环境及历史环境的局限，真实的历史事实并不为广大民众所知晓。

2005 年，哈斯朝禄去世，龙梅和玉荣姐妹说将永远铭记这位有救命之恩的老人。

当年的扳道工人王某老人接受媒体的采访，毫不否认是哈斯朝禄第一个发现并救了龙梅，又去通知救玉荣的事情。可是，王某毕竟成了当时的一颗政治棋子儿，这也是人之常情。为此，当年处境十分尴尬的王某找过哈斯朝禄，希望哈斯朝禄能表态自己也参与了抢救“草原英雄小姐妹”。哈斯朝禄当时对王某说：“报纸上不是登了你的英雄事迹吗？咱们相信党报吧，我这儿你不用担心，不会有任何人到我这里来问的，我还戴着‘帽子’呢！”可以想象，当年真正第一个发现和救助了龙梅、玉荣的幕后英雄有过何等激烈的内心冲突。

问起当年因为龙梅、玉荣而多次受到表彰奖励的实物和照片的时候，王某老人竟然提供不出一张纸来。问起原因，老人说在“文革”中被自己全烧掉了。是什么原因促使他这样做呢？自然是老人心底那些不愿被触动的真相。

在铁路工人陈长生家里有一张珍藏多年的奖状，就是因为参与上山救玉荣而获的奖。他是哈斯朝禄奔走召集的众多救人的铁路工人中的一个，有人说他是第一个在山上发现妹妹玉荣的人——对此龙梅和玉荣姐妹俩说现在自己也记不清楚了，毕竟那时她们并不清醒。

两代人之间难以释疑的困惑

2 月 10 日下午，龙梅和玉荣被送入了包钢白云鄂博铁矿医院。

在白云鄂博铁矿医院的工作总结上有这样两组文字记录：“患儿龙梅，入院时表情淡漠，不能言语，手指手背肿胀明显，触之冰凉而坚硬，无明显压痛；两脚尚在毡靴内，与鞋冻在一起无法脱下。初步诊断为：全身冻僵、冻伤性休克及肾功能障碍。”“患儿玉荣，入院时呈昏迷状态。双耳肿胀，有水泡形成；眼睑浮肿，瞳孔对光反应迟钝；两小腿自膝关节以下皮肤呈紫色，踝关节以下呈暗黑色，表面有冰层附着，足背两侧动脉消失。初步诊断为：全身冻僵，上下肢冻伤面积 28.5%，冻伤性休克及肾功能障碍。”

经过白云鄂博铁矿医院的精心抢救，龙梅、玉荣姐妹挣脱出了死神的怀抱。不久，这对小姐妹被组织上转送到内蒙古医院、北京积水潭医院住院治疗，国家派出了最精良的医护人员为她们治疗，并给她们使用了最先进的仪器和药品。但由于冻伤严重，龙梅失去了左脚拇指；玉荣右腿膝关节以下和左腿踝关节以下做了截肢手术，造成终身残疾。

1964 年 3 月 12 日，《人民日报》发表了长篇通讯《暴风雪中一昼夜》，详细报道了她们的英雄事迹。3 月 13 日，时任内蒙古自治区主席的乌兰夫亲笔题词：“龙梅、玉荣小姊妹是牧区人民在毛泽东思想教育下，成长起来的革命接班人。我区各族青少年努力学习她们的模范行为和高贵品质！”内蒙古自治区党委授予她们

“草原英雄小姐妹”的光荣称号。3 月 14 日,《内蒙古日报》发表了长篇通讯《草原英雄小姐妹》。

在她们治疗期间，乌兰夫专程到医院亲切慰问了这对“草原英雄小姐妹”。一时间，从中央到地方，全国各级各类传媒竞相把她们的英勇事迹传扬。

1965 年，上海美术电影制片厂出品了电影动画片《草原英雄小姐妹》。动画片按照写实的题材要求,导演采用接近生活真实的手法来塑造现实生活中的英雄,特别是片中细节处理非常感人。另外，动画片在人物造型上既考虑到动画艺术特点又兼顾民族地方色彩，丰富了人物性格特征。

“天上闪烁的星星多呀星星多，不如我们草原的羊儿多。天边飘浮的云彩白呀云彩白，不如我们草原的羊绒白……”这是动画片《草原英雄小姐妹》的主题曲《草原赞歌》，由巴·布林贝赫作词、吴应炬作曲。这首歌具有鲜明的内蒙古音乐的神韵。跳跃活泼的节奏，欢快爽朗的旋律，荡漾着勃勃朝气，在喜悦与自豪中展现了草原家乡的兴旺，表达了对敬爱的领袖和共产党的热爱。《草原赞歌》曾获全国少年儿童文艺创作音乐三等奖；2005 年 12 月入选“感动我们的 100 首金曲”；2009 年 9 月入选央视《歌声飘过 60 年——献给祖国的歌》。

1973 年，刘德海、王燕樵、吴祖强创作了一首琵琶协奏曲《草原英雄小姐妹》,“以蒙古族孩子玉荣和龙梅在暴风雪中保护公社羊群的动人事迹为依据写成”的——这是作者在总谱的扉页上写的说明。在这之前，有一部同名动画片在全国放映，已经引起了巨大反响，琵琶协奏曲的主旋律就是取自这部动画片的主题曲。乐曲首演于 1976 年，后曾于 1978 年和 1979 年两次在美国公演，受到了国内外听众的赞赏，这部琵琶协奏曲可谓是中西文化交融的作品之一，这首曲子被翻译为英文 *Little sisters of grassland*。

琵琶协奏曲《草原英雄小姐妹》采用中西乐器结合的方式编配，在西洋乐器的烘托下，充分表现琵琶乐器的独特魅力，为民族乐器的发展提供了更大的想象空间。全曲共分 5 个部分，不间断地连续演奏：草原放牧；与暴风雪搏斗；在寒夜中前进；党的关怀记心间；千万朵红花遍地开。协奏同时摘用了吴应炬作曲的电影动画片《草原英雄小姐妹》主题歌的曲调片段和阿拉腾奥勒所作的一支内蒙古歌曲的曲调片段，作为音乐素材。乐曲的引子，向我们展现了朝气蓬勃的内蒙古草原，这是作品的背景。简短的乐队序奏，引出了贯穿全曲的由琵琶演奏的体现“小姐妹”英雄气质的主导音调。

从内蒙古草原传遍大江南北，她们的故事被拍成电影、搬上话剧和京剧舞台，还被谱写成歌曲、编入小学课本，成为进行集体主义教育的好典型。很快，龙梅、玉荣这两个名字被人所熟知。

当年报道时，把姐姐的名字“龙衣”写错成“龙梅”，姐妹俩的姓也去了。玉荣说：“叫的人多了，也就这样了。有一次，我去台湾参加一个文化交流活动，因姓玉，海关人员还怀疑，百家姓中没姓玉的，后来我说是蒙古族，才过了关。”

小姐妹出院后，在政府关怀下，小姐妹回老家达尔罕茂明安联合旗开始读书，从此再没有放过羊。为了照顾她们的生活，组织上每月发给她们每人20元生活补贴，还安排了一位阿姨边照顾她们姐妹的生活边辅导她们的学习，直到中学毕业。

17 岁那年，玉荣还在读初中时就被任命为乌兰察布盟教育局副局长。“1972 年我被任命为教育局副局长，那时好像是‘军管’时期，任副局长只是挂个名儿，属于那种不脱产任命。”玉荣回忆说，“后来我从内蒙古师范学院毕业后才真正走上了教育局副局长岗位。”

采访期间，笔者注意到姐姐龙梅沉稳谨慎，妹妹玉荣开朗善谈。玉荣在接受采访的时候，龙梅会很认真地听，当玉荣为回答某个新问题而略有思索的时候，龙梅就会在她耳边小声提示，“得令”的玉荣心领神会，便又是一番滔滔不绝。后来，笔者真正了解到：龙梅的嘴因为当年冻伤以致长期说话不便，说话多了嘴唇还会发抖，于妹妹玉荣就成了“发言人”。

小说《陪读夫人》里有这么一段故事：身居美国的母亲为了让儿子学汉语，讲起了“草原英雄小姐妹”的事迹，当儿子听到小姐妹为保护公社的羊被冻成重伤时，他突然发问：“妈妈，她们这样做，公社会付给她们很多钱的，是吗？”“我们老师说，没有一样工作不该没有报酬呀。”母亲后来告诉儿子：“最好的奖励是全国小朋友都学习这两个草原英雄小姐妹，这能用钱买得到吗？”儿子最后明白了：“世界上还有一种工作是不能计算报酬的。”

谈及这个故事时，玉荣说：“当然，精神是不能用金钱衡量的。我们家是1960 年从老家辽宁阜新过来的，那时候是困难时期，自然灾害，过来以后第二年分到牧区内蒙古乌兰察布盟达茂旗新宝勒格公社那仁格日勒大队。因为是公社羊群，是集体财产，是我们牧民的命根子，所以我们全家人都很珍惜这群羊。我记得当时一只羊的价钱是两块钱，384 只羊死了 3 只，等于损失了 6 块钱。可是为了这 6 块钱，我落下了终身残疾。当时遇到暴风雪时没丢下羊群跑回家，第一个想法是害怕父母的责骂。姐姐有一次放羊时丢了一只小羊羔，阿爸硬是让姐姐摸黑把羊羔找了回来。集体的东西，丢了可咋办呀？当时想法很单纯。”

对于姐妹俩当年能斗暴风雪保护集体羊群，玉荣补充说：“那是我们家教严。阿爸总告诫我们：一定要放好公社交给我们的每一只羊，一只也不能丢。当时，雷锋精神也是深入人心。遇上暴风雪时，我们真的就是在想：要向雷锋叔叔学习。我当年的偶像就是雷锋、董存瑞、黄继光。我们生活的那个时代倡导着，人活在世界上，不只是为自己而活的。每个人都应该多想想国家、集体和他人，这样的人生也许更精彩。直至现在，这种思想仍比较牢固。如果现在遇到这种事，我想我还能像以前那样去做——我们姐妹从来没有后悔过当年的举动。”

不久，玉荣接着说：“草原上气候变化无常，因为放羊而致疾的牧民并不少见。我家附近的一个大队就有一户人家，也是在 20 世纪 60 年代，放羊时遇到了暴风雪，也是一天一夜才被救，那个牧民 10 个手指没有了，两条腿被截肢，他们也是为了保护集体的羊群，他们也是英雄，但没有宣传，没人知道。但我们却成了时代的英雄，我们是幸运的，可能因为我们俩当时年纪比较小，所以宣传得比较多。我们不过是普通牧民的孩子，是党和人民把我们培养成为大学生、国家干部，并给予了我们很高的荣誉。”透过这些朴实的话，笔者看到了一颗难能可贵的平常心。

玉荣有两个可爱的女儿：大女儿阿米拉乐，意为“生命的礼花”，汉语名为“乐乐”；小女儿格果日乐，意为“曙光”，汉语名为“朵朵”。玉荣经常对孩子说，你们现在条件好了，更应该严格要求自己。政治思想上，应该像“烈士”一样，工作上像“英雄模范”一样，生活上像“贫苦的人们”一样，这样心理会很坦然、很平衡。目前，女儿阿米拉乐在日本学语言，每天上午上课，下午打工，一个人打两份工很辛苦，每天要到凌晨一两点才能休息，但她从不和妈妈叫苦，自己的学费和生活费也基本可以自理。“我大女儿现在去了日本，我为啥让她背井离乡呢？我想让女儿走出去，开开眼界，也可锻炼一下她独立生活的能力。”

可对孩子的教育，玉荣曾一度困惑。朝克给两个女儿讲大姨妈和妈妈当年同暴风雪搏斗保护集体羊群的事迹，希望她们能向大姨妈和妈妈学习，做热爱祖国、热爱集体的好孩子。然而，孩子们不能完全理解她们的行为。小女儿格果日乐问：“妈妈，人比羊更应该受到保护，为什么为了救羊而把人冻坏呢？你们可以先回家，第二天再去找羊吗？”玉荣有些苦笑：“那是集体的羊。人的生命尽管比羊的生命重要，但集体的羊是国家的财产，如果你在那个年代你也会像妈妈那样去做。”格果日乐又问：“集体的羊和个人的羊不一样吗？”玉荣陷入了沉思：如今的孩子思想观念又大不同以前的她们。想要用一两句话来向孩子们阐明“为了集体利益有时需个人做出牺牲”这个道理是不可能的。她知道：对孩子的教育不是她一个家长一个曾经的英雄所能做到的，它需要的是全社会。

在龙梅、玉荣看来，虽然时代发展了，完全按照过去的标准去教育当代青年已经不大现实，但是过去的优良传统，爱祖国、爱人民、爱集体的传统还应该继承和发扬下去，这些都是中华民族的传统美德。玉荣对现下的追星也有自己的看法：“追星不是不可以，但应该更有追求，追求的不应该是明星那些光鲜的外表，而应该追求他们成功背后的精神。在这方面，父母更应该引导孩子。”

荣誉的光环下走过坦途历经爱情坎坷

当年各种宣传报道、各种社会活动、数不清的会议，让内向的龙梅迅速成熟起来，独立而又有主见。16 岁那年，龙梅如愿以偿地穿上军装，成为解放军 253 医院理疗科的一位白衣天使。第二年，即 1970 年，她作为学习毛主席著作积极分子出席了原北京军区四好连队、五好战士的“双代会”。

在“双代会”上，一个沉默寡言、长得文雅而秀气的精瘦小伙子闯进龙梅的视野。后来，她才知道，他是内蒙古军区驻西盟骑兵团的卫生员张平。龙梅凭直觉认为自己找到了这辈子可以托付终身的人。可是，张平面对闻名全国的“小英雄”龙梅，他根本不敢瞎想。于是，龙梅主动地向张平发起了“进攻”。3 天会议结束后，龙梅主动写情书和寄照片给张平，而张平觉得龙梅是著名的英雄，自己则是普通一兵，只得对龙梅的“进攻”采取“回避”战术。

1971 年秋，龙梅又一次在部队的培训班上见到了张平，再次热情地向他表示爱：递条子，约会。张平终于被他的真诚和坦然感动了，牵起了这位他一直不敢“高攀”的姑娘的手。

然而，两人没有想到，好不容易跨过身份悬殊的鸿沟，民族差异的难题又摆在面前。张平是汉族人，龙梅是蒙古族人，家里人都希望她找一个蒙古族的小伙子，连老同志也发话了：“蒙古族培养了你，你一定要找一个蒙古族的小伙子。”有人对张平说你找个英雄，将来还不是给人家带孩子、洗尿布，说不定人家地位高会把你蹬了。

那时，龙梅给张平的信也会悄悄地被别人拆掉，根本传不到他手里。龙梅于是只得给张平的朋友写信，委托他把信交给妻子，再由他妻子递给张平。每封信都辗转好几个人的手才交到张平的手上，龙梅笑言当年谈恋爱就像搞地下工作一样。

当时，龙梅家的亲戚积极为她另择蒙古族的“女婿”，有些领导也积极为她另择当官的“女婿”，但龙梅一概谢绝，她认定张平忠厚老实、勤恳能干，非张平不嫁。至于张平，受的压力也不亚于龙梅，张平的家人劝他三思而行；有些好心人奉劝她不要找名人为妻，否则自己的一切会被名人的声誉和光环所淹没，劝他慎之又慎。就这样，龙梅和张平的恋爱足足谈了 8 年，其间经历多少，只有龙梅和张平两个人知晓。

直至 1977 年，龙梅以“为了民族团结”为由向内蒙古自治区党委递交了报告，申请结婚，获得批准。经过八年的爱情长跑，两位有情人终于走到了一块儿。

然而，接下来是 10 多年的夫妻分居两地的生活。龙梅没有任何埋怨，也任由外面的流言蜚语在四处传播。龙梅倒是很豁达：“他们爱怎么说就怎么说，我不怕。”

后来，龙梅被保送进包头市医专、内蒙古蒙文专科学校学习。自 1976 年转业后，龙梅先后担任达尔罕茂明安联合旗旗委副书记，包头市东河区团委副书记、东河区统战部副部长、东河区人大常委会副主任，1999 年当选为东河区政协主席，并在换届中连任。龙梅对这份简历常常感到不安：“我和妹妹其实只做了一件很小的事情，而党和人民却给予我们这么高的荣誉和待遇。”龙梅也经常告诫自己：“要面对现实，把本职工作做好，不辜负党和人民给予的第二次生命。”

内蒙古乌兰纪念馆内有关龙梅、玉荣早期的报道（余玮　摄）

在东河区人大常委会任副主任期间，她分管群众信访、政法、城建和民族工作，工作琐碎而具体。为解决一个普通工人因住房引发的问题，她一次又一次骑自行车跑到有关部门，几乎把业余时间都赔上了。她还挺身而出，保护因揭发违法乱纪而受打击报复的群众，她说：

“我不怕丢乌纱帽，不论是哪个部门的领导，谁要‘整’群众，我就和他打官司。”有位工人感动地说：“不论大事小事，只要找上门来，龙梅主任都会热心帮忙。”

对政协工作，龙梅投入极大的热情。在她的带领下，东河区政协工作出色，被区委评为政绩突出班子。她曾牵头从温州引进8000多头奶牛，吸引5000多万的资金。“我没有利用我的名字作为便利条件来做广告、宣传，这项投资完全是一点一滴攻坚下来的，虽然很累，可是我很高兴。”龙梅说，抓好政协工作、发挥参政议政的作用外，她还要把更多的精力投入到为东河区、包头市乃至自治区的招商引资上。

张平当时在内蒙古包头军分区干休所当军医，20世纪80年代因研制出羊肠线穴位植入法，配合自制中药，治疗各种类型癫痫疗效显著，在国内医疗战线上颇有影响。

1999年10月的一天，突发的心脏病夺去了张平的生命。龙梅悲痛欲绝。“真好像是天塌下来一般！”龙梅把女儿送去陪老年丧子的公婆，把儿子送到部队服役，曾经欢声笑语的家一下子变得冷冷清清，龙梅索性住进了办公室。

这一住就是一年多。龙梅突然意识到她不能再这样生活在张平的阴影里了。“当时我哭了一宿，我也想不通，实际上我也不想找。但是不找，我还年轻，生活上也需要、生理上也需要有一个伴，所以我说小孩应该回来，起码得有一个家。”

2001年5月，经人介绍，龙梅与包头市公交公司内退职工张宝生组成了新家庭。在丈夫张宝生眼里，“龙梅是个普普通通的女人，是个顾家的妻子”。在外是女强人的龙梅，回到家是个地道的好媳妇，做饭、洗衣样样抢着干。她骨子里隐约透着一种努力、朴素和时时为别人着想的精神。

在感情上，姐姐龙梅似乎总是波澜不断，而身体上，妹妹玉荣的终身残疾却造成了难以弥补的遗憾。当年被送到医院之后，年仅9岁的玉荣还不晓得发生了什么事情，天真地问护士：“阿姨，我的脚呢？”大家都不忍心让这么小的孩子面对截肢的现实，哄她：“现在给你窝回去了，过几天才能放开。”没过几天，在换药的时候，小玉荣看到自己的脚没有了。

实际上，她的右腿膝下全部截去了，左腿保留了脚后跟，不得不装上了假肢。随着身体的成长，那一节节增长的假肢，记录了玉荣艰难成长的历程。“每换一次假肢都特别痛苦，创口处总要经历一次重新磨合，直到磨出肉茧，20岁出头才算稳定。”回想往事，玉荣感慨地说：“夏天最难熬，两条假肢护腿的材料既厚重又不透气，接口处的肢体常在汗水里泡着，走的时间一长，就又红又肿，有时还会发炎。”

玉荣一次次忍着剧痛，任由假肢在原来的皮肤上磨出血、磨出茧子，才慢慢适应了失去双脚的人生。身体上的残疾让开朗的她更加坚强起来，还学会了骑自行车，在车水马龙的人流中，没有人会注意到她和别人有什么不同。

然而在爱情上，她却步了。玉荣在中学毕业后被保送到内蒙古师范学院，成为一名工农兵大学生。她遇上了同班的一位朴实憨厚的蒙古小伙子朝克，和姐姐龙梅一见钟情、勇敢追求的方式截然相反，她迟迟没有向朝克流露任何自己的情感。玉荣想得很多，自己身体上的残疾让她自卑，而姐姐曲折的爱情经历也使她对自己的感情非常谨慎。

大学毕业之后，玉荣被组织安排到内蒙古集宁市，担任乌兰察布盟教育局副局长，而朝克也被分配到乌盟民族中学任教。和自己喜欢的人在一个城市，玉荣还是没有任何表示，甚至是顾虑重重。直到两年后，上天再次给了玉荣一个机会：她下放到民族中学锻炼，在这所学校任副校长兼党委副书记，和朝克在一起工作。在朝克心中，玉荣与其说是位英雄，不如说是位通情达理、聪明善良的好姑娘。

朝夕相对的两位老同学心中早已暗怀情愫，谁都没有捅破这个事情。朝克质朴真诚却不善言辞，平时，他总是主动帮着玉荣做许多体力上的活儿，还默默地帮玉荣修理过假肢。玉荣也渐渐地体会到，也许朝克也有思想的包袱。他自小是孤儿，跟着养父母长大，整个背景就与玉荣差了一大截。

1979 年 10 月，玉荣被派到北京中央民族学院进修，两人见面不能说出来的话，却在往来的书信里互诉了衷肠。回忆当时的情景，玉荣说：“当时我在北京进修，不知怎么，脑子里总是闪现着朝克的影子，我当时实在控制不住自己的情感就给他去了封信。我从来没有这么大胆地挑明两人的关系，在信中，我写道：‘咱们俩是同学，相互毕竟了解。如果你要是同意的话，咱们作为终身的朋友。’当然，我也要朝克仔细考虑我的残疾问题，不勉强他做任何决定。”

信寄出好多天没回信，玉荣有些着急，觉得自己太唐突、太草率，开始有点后悔。20 多天后，在她即将离开北京到重庆、南京实习时，收到了朝克表明心迹的回信。朝克一下回了七八页纸的书信，他忘情地告诉玉荣：“你虽然是残疾，但这不是天生的，是为了保护集体的羊群而致残的，我不嫌弃。”朝克的话很简单，很朴实，让玉荣再次感动了好久。

回到内蒙古后，组织上一次问玉荣个人问题考虑了没有，玉荣一听：机会来了。

就把自己和朝克恋爱的事向组织上做了汇报。于是组织上对朝克做了考察，告诉玉荣："这后生还不错！"

1981年的五一劳动节，玉荣和朝克顺利地结婚了，与姐姐龙梅经历过的坎坷不同，她的终身大事很快得到了组织上的认可和父母的赞同。婚后这些年来，无论是在工作中还是在生活上，玉荣和朝克总是相互支持，相互理解：如维修假肢，拧拧螺丝，添添黄油，都由朝克承包；朝克调自治区广播电台蒙语专题部任编辑后，工作十分忙，买菜、洗衣、做饭——玉荣总是抢着做，尽量减轻朝克的负担。朝克的文笔特别幽默，颇受广大听众的欢迎，玉荣也为他骄傲。

玉荣先后出任过乌盟团委副书记、内蒙古自治区残联副理事长等职。每年的高考，几乎都要出现残疾考生分数上了录取线，有时却录取不了的问题。经过了解，玉荣发现造成这种状况的原因有二：一是考生报考的志愿不适合残疾人，二是校方不愿接收。玉荣就一方面利用简报等宣传形式，向广大残疾考生宣传哪些专业残疾考生能报，哪些不能报；另一方面和校方取得联系，多方做工作。一次，赤峰有位一只眼失明的考生，因报错了专业而被校方拒收，在玉荣的协调下，这位考生进入了内蒙古大学学习。

后来，玉荣调任内蒙古自治区政协办公厅副主任、自治区政协副秘书长。

姐妹俩曾当选为全国人大第四、五届代表，玉荣曾是团十一、十二大代表，中国残联一、二、三届代表，还获得全国扶残助残先进个人、自强模范称号。1969年国庆节时，她们还到北京参加了国庆20周年庆祝活动。在庆祝活动中，龙梅、玉荣在中南海里住了15天，还一同出席了国宴，一同登上天安门城楼参加国庆大典，一同受到国家领导人的亲切接见。龙梅还去过法国、日本访问，玉荣去过罗马尼亚、韩国等访问。的确难以相信眼前这对普普通通的妇

2007年8月13日晚，龙梅（右）和玉荣（左）与内蒙古籍艺术家在一起同贺自治区成立60周年（余玮　摄）

女，就是昔日名扬全国、震撼了几代人心灵的英雄姐妹！

英雄的魅力是永恒的。不管英雄身上烙上哪个时代的烙印，但她们身上所体现出的精神和品格不会因时间的流逝而减弱它特有的价值，也不会因为社会的变化而磨灭它内在的光辉。1998 年 9 月 27 日，北京朝外大街引来无数热切的目光——街道两侧的灯箱广告上，赫然映出 50 位英模的图像，“草原英雄小姐妹”列于其中。2001 年 4 月，在和煦的春风里，《中国青年报》迎来 50 岁的生日。在这一天，他们迎来了一批尊贵的客人，这些人是《中国青年报》50 年来重点推出的 18 位典型人物。在那天，当龙梅、玉荣一走进会议室，等候多时的青年们一眼便认出了她们，竞相上前握手致意。就这样，龙梅、玉荣一次次走出草原，走向全国。“英模聚津门”，她们双双赴会，被评选为“20 世纪我心中的英模”。

前些年，龙梅和玉荣将“草原英雄小姐妹”这一名称作为注册商标在国家有关工商部门登记注册，以防他人抢注，并希望日后能在教育与旅游方面好好利用这一独特的品牌优势，为回报家乡做些力所能及的事。采访结束时，龙梅和玉荣送上一盘由上海美术电影制片厂新录制的动画片《草原英雄小姐妹》VCD，并慎重地分别签上名字。

岁月的长河，总有带不走的一串串熟悉的姓名，总有无法磨灭的一段段感人的事迹。他们的事迹与精神如丰碑般永驻人心，为人们导航引路。英雄绝不会过时，永远是一道亮丽的风景。从草原深处诞生的“草原英雄小姐妹”，几十年来，用她们的事迹一次又一次感召着人们。

卷三

少小见证

伏明霞：并不奢望在生活上也是冠军

伏明霞档案盘点：

伏明霞，世界著名跳水运动员，曾有“跳水皇后”美誉。1977年8月出生于湖北武汉，1984年进入武汉市体校体操班，后转项学跳水，1986年入选湖北省跳水队，1990年进入国家跳水队，1996年奥运会后从国家队退役，1998年复出，2001年告别跳水，2004年毕业于清华大学经济管理学院。曾获“全国游泳十佳运动员”“中国奥运十佳运动员”“新中国体育五十星”“亚洲十佳运动员”“世界最佳女子跳板跳水运动员”等荣誉称号。

甜甜的微笑，随和大方的举止。美国曾有媒体甚至认为，中国姑娘伏明霞具有“世界上最迷人的笑容”。13岁即获世界跳水冠军，从而以“最年轻的世界冠军”载入吉尼斯世界纪录，奥运会上3次参赛4次夺冠，并成为跳台跳板的双料冠军。对于当年的“跳水皇后”伏明霞的成绩，很多人如数家珍。然而，这位体育明星的成才之路及亲情故事，却少有披露。她是如何走上跳水运动这条路的？与家人相处时，少年成名的伏明霞是不是也有着普通女孩的女儿情怀？

“爸爸，您陪我学，我就学。”

一个高高的跃起，一串眼花缭乱的翻腾，伏明霞轻盈如燕，银针般刺入水中，动作优美，水波不惊。

伏明霞好像是为了跳水而来到这个世界的。她出生在一个普通的电力工人之家，父亲伏宜君是湖北省输变电公司车队的钣金工，母亲林杏娥也在车队工作。7岁以前的伏明霞是只“旱鸭子”，不仅不会玩水，还怕水，连小河小沟都没去过。她与水的缘分全是因爸爸伏宜君而起的。

伏宜君年轻时，是一个生龙活虎的小伙子。他体格强壮，热爱体育运动，特别喜欢游泳。每年夏天还不到，他就迫不及待地邀请伙伴们一起跳入波涛汹涌的长江中畅游。有时约不到人，他就一个人去游。雄伟壮丽的长江从武汉市横穿而过，这种天然的地理优势给酷爱游泳的伏宜君创造了良好条件，横渡长江成了伏

伏明霞在奥运授奖仪式上

宜君常年的运动项目，这种运动带给他巨大的身心愉悦。

伏宜君认为体育运动可以强身健体，给人带来身心快乐，练好了还可以为国争光，给祖国带来荣誉。所以，当两个女儿出生后，他便经常带着女儿玩，培养她们的运动兴趣。

1982 年春节前的一个周末，全家人从奶奶家吃完饭往家赶。伏宜君蹬着自行车，突然发现一根电线杆上贴着武汉市业余体校招收体操运动员的招生启事。他赶紧停下来，招呼家人下来看看。“哎呀！还不收费哩！”伏宜君喜出望外，两个女儿身材都比较娇小，练体操还挺适合，就算是去锻炼锻炼也行啊！和妻子一商量，妻子也非常赞同。后来，大女儿伏明燕在他的“逼迫”和“哄诱”之下，走上了体操之路。可二女儿伏明霞那时才 4 岁多，太小，做动作她都不太会，教练没有收下她。伏宜君想，进不了体操队，那就跟自己学游泳吧。谁知霞霞见到水就害怕，伏宜君只好作罢。

大女儿进了湖北省体操队，每次回家，伏宜君要求她把动作要领讲解一遍，示范给妹妹看。小小年纪的霞霞对大自己两岁的姐姐羡慕不已，常常跟着姐姐一招一式地练起来，也常常在绿茵上做些翻跟头、竖蜻蜓之类的简单动作。渐渐地，伏宜君见霞霞做的体操动作也像模像样，便又送她到武汉体育馆体操班培训，希望她能像姐姐一样入省队。一个月下来，体操教练胡德美认为伏明霞力量特别好，是个搞体育的好苗子。但搞体操有点晚了，发展前途不大，建议她改学跳水。

这下，伏宜君可犯难了：霞霞生来胆子小，从未下过水，怎能学跳水呢？他跑到跳水教练那儿去请教，教练告诉他：每个跳水运动员，一开始都是害怕跳水的，克服了心理障碍，加上正确的训练方法，就可以做好这项运动。得到教练的指点，伏宜君心里有了底。回到家，他把教练的话传达给女儿霞霞，并“添油加醋”地做了许多解释和鼓动工作。边哄边导中，伏明霞才把一张哭丧的脸舒展开，从紧抿的小嘴里挤出一句话：“爸爸，您陪我学，我就学。”伏宜君生怕夜长梦多或自己一言不慎女儿改变态度，虽然她还附带了一个条件，但就算是提一百个，只要办得到，他都会答应。

那时的小明霞才 7 岁，根本没见过游泳池这种专业训练基地。曾经参加陪同毛泽东主席畅游长江活动的爸爸，为了克服她的恐水症，让女儿熟悉水性，首先牵着女儿的小手一起下水。但没过多久，他发现，这样不行，只要一下水，霞霞就抓住他不放。经过几天的思考，他“发明”了一种“土方法”：在女儿腰上拴一根绳子，另一端缠在自己手上，让女儿在游泳池里“扑腾”。这样既可以保证女儿的安全，又可以让女儿得到正常的训练。

跳水运动，最需要的是胆量。刚开始的时候，小明霞在游泳池边战战兢兢，不敢往下跳。伏宜君自己先跳到池里去，大声叫：“霞霞，勇敢点，不用怕，爸爸在这保护你呢！”小明霞犹犹豫豫地走近水面，伸脚一探，“扑通”一声掉进了水中，刚好落到爸爸的臂弯里。几个回合下来，小明霞有了安全感，也就不怎么怕跳水了。没几个星期，就学会了游泳。

后来，伏宜君带着女儿去考湖北省跳水学校，考试的最后一关是跳台跳水。教练要测试小明霞的胆量，只要她敢跳 10 米台，就算录取了。那天，小明霞站在 10 米高的跳台上，看着下面碧绿的一片，腿有点发抖。伏宜君站在池边，看着女儿这副模样，着急了。他大声地鼓励：“女儿，勇敢地往下跳，有爸爸在哪！”可小明霞还是不敢跳。伏宜君干脆把话喊得更明白：“霞霞，你一跳下，爸爸就立刻把你捞上来！”小明霞这才颤颤巍巍地闭起双眼，像支冰棍一样，斜插在池水中，激起了高高的浪花。果然，在小明霞入水的瞬间，伏宜君飞快地随之跳入水中，将已喝了几口水的女儿抱上池畔，骄傲地朝教练喊：“我的女儿合格了！”

小明霞进了跳水队，伏宜君的担子并没轻松下来。他经常找教练了解女儿的情况。得知女儿身体素质太差，他心一横，将烟酒全戒了，省下钱给女儿买营养品。每天清晨，他还陪女儿练长跑。一天，父女俩向体育馆跑去，途中伏明霞一扭头发现爸爸骑在自行车上尾随着，便撒起娇来：“爸爸，您骑车我跑步，我才不干呢！我不跑了！”伏宜君对女儿向来是很慈爱的，他一心一意想让女儿在体育事业上有所成就，凡是女儿对他提的有关体育运动方面的要求，他几乎是有求必应。于是，他跳下自行车，招呼女儿：“好，我们现在一起跑！”便和女儿一同跑了起来。从那以后，伏宜君总是推着车子陪女儿跑到体育馆，然后再上班。即使伤风感冒，也从不耽误“陪跑”。

“比赛的那个晚上，母亲梦见我高烧”

在跳水队，小明霞进步很快，一年后就超过了那些比她先进跳水队的队员，这一点连教练都感到惊奇。知女莫若父，伏宜君知道自己的女儿是个不愿服输的孩子，给了她一个舞台，她就会有所作为。从此以后，伏明霞的跳水生涯伴着一个又一个冠军头衔，“用天使般的笑容征服了世界”，水中的丑小鸭变成了高台上的白天鹅！

她是否能像美国的洛加尼斯一样，成为夺得最多奥运跳水金牌的选手？当人们正在期望时，伏明霞退役了。由于身体的发胖和想去上学，伏明霞离开了跳水。但 1998 年她复出。她说，这是因为在她身体瘦下来后，朋友认为她还有能力跳水。她思想斗争了半年，终于回到她深爱的跳池，并且状态迅速回升。终于在 2000 年悉尼奥运会上再次夺金。要知道，有“梦之队”之称的中国跳水队人才济济，她复出后只能去掉一切光环，从头开始。无论在心理还是在技术上，对她都是一个至高至极的考验。只要是她想争取的，她的父母总是全力支持，“只要你认为自己还行，还喜欢跳水这项运动，你就继续吧”。

女儿赴悉尼之际，父母到北京为女儿送别。在机场父母对女儿说：“霞霞，那边冷，小心莫感冒了。”伏家父母回到武汉，就被一帮人秘密地转移到武昌的大女儿伏明燕家。这一帮人是武汉电视台、香港亚洲电视台、北京电视台的老记们。香港亚洲电视台在赛前和赛后做两次直播。万里之外的悉尼，在展开新闻大战，武汉同样是一场新闻大战，各媒体的记者只差动用公安局的警力寻找伏家亲人了。当那些记者请伏宜君做做预测时，他说：“关键是临场发挥。预赛完了后，从伏明霞对中央电视台的记者说的话和表情来看，她有把握。另外，预赛比的是自选动作，半决赛比的是规定动作，决赛又是自选动作。伏明霞自选动作要好于规定动作。”

当年的体坛明星伏明霞

2000 年 9 月 28 日，北京时间 18 点

伏明霞与郭晶晶在悉尼奥运会女子3米跳板跳水领奖台上

15分，随着伏明霞近乎完美的一跳，不待悉尼奥运跳水馆的电子记分牌显现成绩，人们“哗”地鼓起掌来，位于武汉东湖之滨的湖北省电力大院沸腾了。伏明霞悉尼的夺冠之路是崎岖的。女子单人3米板决赛第二跳过后，郭晶晶388.02分，伏明霞仅得377.19分，与第一名的差距拉大至近11分之多，而与第三名的优势只剩下了1分！

伏明霞的前两个动作跳得不是太好，林杏娥的手不知该放到哪儿，时而压在腿下，时而双手合十，时而捏拳头；伏宜君则非常沉稳；伏明燕在旁边摄像。第三跳开始，轮到伏明霞出场了，她的母亲林杏娥双眼紧盯电视屏幕一动不动，而她父亲伏宜君则不由自主地拿来烟放在嘴角却忘了去点燃。好一个伏明霞，稳健的踏板、起跳、高高地腾空，优美转身翻跳，随后像箭一般穿入水中，这时人们发出山呼海啸般的呼喊：“成功了！”果然裁判给出了74.70分的高分，与第一名的差距缩小至不到6分。这时伏宜君点燃了香烟，兴奋地发表“高见”：“霞霞跳板就是稳定。”

第四跳，最后一个出场的伏明霞以她近乎完美的表演，夺得了全场最高分80.10分，第一次超出郭晶晶1.68分！林杏娥说：“不管是霞霞拿还是郭晶晶拿，只要是中国拿就行。不过，最后一跳比的是心理。”随着伏明霞极其稳定的一跳，伏家像被众人的欢呼抬起来了一样。在伏家采访的香港亚视记者激动地说：“快准备香槟！”再看伏明霞的父母，已由先前的紧张转为激动兴奋。

第五跳，也是最后一跳，伏明霞又得到了一个77.43分的高分，伏宜君高叫“成功了！”而林杏娥则泪流满面，一时说不出话来。就在跳水3米板决赛之前，伏明霞的母亲还跟邻居说：“昨天我整晚都没休息好，还做了一个梦。梦见霞霞发高烧（因为她看电视得知悉尼天气很冷），不晓得她今天比赛会怎么样？”记得在 1996 年亚特兰大奥运会时，林杏娥也是在伏明霞 3 米跳板决赛前夜做了一个同样的梦，那一届伏明霞得到了两块奥运跳水金牌。难道这是巧合？！

比赛刚结束伏明霞就从悉尼打来电话向家中报喜：“妈妈，我成功了！我得到金牌了！”“霞霞，谢谢你拿到了金牌，你为国争光了，给湖北又增加了一块金牌。”随后，林杏娥询问起女儿的身体状况，“霞霞，你身体好吧？”得到肯定回答后，林杏娥笑了。伏明霞接着又问：“爸爸呢？”林杏娥笑着回答：“他高兴得还在那里哭呢。”是啊！伏明霞的梦想倾注了父亲太多的心血和希望，如今复出圆梦，这怎叫爸爸不欣慰、不激动万分呢？在那一块块金灿灿的奖牌背后，有两位老人默默为女儿鼓劲、助威的真情与关爱。

“把练跳水的劲头用在学习上，父母的话给我力量。”

2001 年，伏明霞脱下战袍后，穿上潇洒的休闲装，背上双肩书包，来到清华园做了一名普通的清华学子。许多人对她突然退役，进入清华大学不甚理解。

伏明霞从小就离开父母，离开校园，她的生活主题就是跳水，每天陪伴的是一池清水。她一步步走向成功与辉煌的时候，也一步步走进人生的青年时代。这时，一个问题就摆在了她和家人的面前：功成名就了，下一步应该怎么走呢？父母就此与伏明霞商议再三，最后全家人达成共识——告别跳水，退役上学。

伏明霞骄人的战绩和完美精湛的技艺不得不让世人惊叹：她，简直就是一个跳水的精灵！然而，太多的伤病，长时间太艰苦严格的训练，使她渴望着过一种常人的生活。她还渴望着读书、学习。1996 年亚特兰大奥运会后，伏明霞就向时任国家体委主任的伍绍祖表达了想去上学的愿望。翌年，伏明霞梦想成真，清华大学经济管理学院给她发来了录取通知书。接到通知书，兴奋不已的伏明霞立即给家里打电话：“我要上学了！”全家人都为她能被清华录取而欣喜不已。本来，父母一直担心她长期在跳水队训练，没有接受正规文化教育，现在拿到国家著名学府的录取通知书，他们悬着的心总算是放下了。

然而，旧愁才去，新忧又来。在跳水方面，伏明霞可以说是一个成功的人；可在文化学习方面，伏明霞面临的是巨大的挑战，她需要从基础学起。清华大学是中国顶尖的高等学府，能进去的大都是各省市的高考“状元”“榜眼”等，基础都相当扎实，起点都很高。进校园后，伏明霞背上了沉重的思想包袱，她越学越觉得自己不行，认为自己学不好，不如别人。这时，老师、父母都开导她，说“你不能跟人家比，人家都学了十几年；你要和你自己比，把不懂的搞懂，就是学好了”。慢慢地，伏明霞安下心来，把当初练跳水的劲头用在学习上，如饥似渴地汲取知识。

课余时间，伏明霞与于芬一起担任起了清华大学跳水教练。起初是为了减肥，练了一段后，觉得自己还行。伏明霞有意无意地开始多跳多练，以至于只要提及奥运会，她就会怦然心跳。她终于明白了自己的奥运梦并没有泯灭。1998 年暑假，伏明霞毅然宣布为参加悉尼奥运会而复出，实现蝉联三届奥运冠军的梦想，创造奥运史上的又一个奇迹！

刚进学校时，同学们都对她这位大名鼎鼎的体育明星感到神秘、好奇。每当伏明霞开着自己的大奔驶进校园，就有人对她驻足观望，大家都想目睹昔日驰骋赛场的天之骄女卸下征衣之后是怎样一个模样。对此，伏明霞开始不太习惯，但她既已选择远离辉煌，就当以平常心对待这些。于是，大家眼前看到的是一个清纯自然的伏明霞。在学校良好风气的熏陶下，伏明霞自身也悄悄地发生着变化——一个气质优雅、举止大方的现代女性脱颖而出。

在为中国跳水夺取一连串辉煌后，伏明霞说她已告别了跳水馆，全身心投入到学业中。虽说学的是经济管理专业，但伏明霞感觉自己的性格不适合做商人，以后不一定进入经济界。对未来她确实有好多选择机会，但是她还不想过早确定，因为那样只会给自己增加压力；而且，她也不敢保证自己以后做什么都像跳水一样出色。

“家人无私的爱，伴随我走过许多沟沟坎坎。”

以前，伏宜君夫妇二人都是拿低工资的普通工人，家里的生活也较清苦。但伏宜君从小就教育两个女儿要上进，要成才，要健康地成长。夫妇俩因为爱好体育，省吃俭用供两个女儿从事体育事业，所喜的是两个女儿也在各自的领域各有成就。伏明霞从 13 岁起就获得一个接一个冠军头衔，这令父母又高兴又担忧——高兴的是女儿这么争气，为国家赢得荣誉；担心的是女儿这么小就得到这么多赞誉，未必是件好事。夫妇俩反复告诫女儿要戒骄戒躁，不要在成绩面前翘尾巴。1990 年亚运会，伏明霞失利，只得了个第三名。一向顺风顺水的伏明霞面临这种局面，情绪波动很大。伏宜君与妻子每天给女儿写一封信，语重心长地教给女儿做人的道理，鼓励女儿重新树立起信心，指出女儿今后应加强心理素质的训练。他们还一次次地买来世界冠军和革命英雄成长故事的书籍寄给女儿看。

父母的关怀与鼓励，伴随着她走过运动生涯的沟沟坎坎。父母给了伏明霞无私的爱，她回报父母的是一颗纯洁的心。不管去参加什么比赛，也不管身在何处，伏明霞都会通过电话把自己的行踪及情况告诉父母；平时更是注重与父母的沟通，让父母随时知道她的思想及状态。就算是在某些问题上与父母有些分歧，伏明霞也会慢慢与父母交流，试着让父母接受自己的想法或同意父母的观点。

中国的体育明星在商业广告中扮演主角已经渐成时尚。三届奥运会女子跳水金牌得主伏明霞，也加入时尚先锋的行列。仅 2000 年，关于伏明霞接拍广告的酬金高达 500 万元之多的新闻热炒，使这位备受瞩目的“跳水皇后”又多了一个“广告天后”的头衔。2000 年年底，伏明霞和父亲应邀为一个品牌的食品做了电视广告。广告片中，迷人笑容演绎着父女深情，真实的情感流露打动了许多人。

2001 年 7 月 15 日，跳水皇后伏明霞同梁锦松在美国夏威夷檀香山举行婚礼，这无疑给海内外各大报刊在同年 3 月以来热炒的“松霞恋”画上了一个句号。最早知道真相并深感惊讶的，是伏明霞家人。据伏明霞的好友透露，伏家父母原先也只认为是普通的社交。听女儿说起悄悄话时，父母还以为女儿在开玩笑，确认事情真实之后，只得表示“尊重女儿的选择”。伏明霞也曾向传媒坦言，不在乎别人怎么说或怎么看，在赛场上是冠军，但她并不奢望在生活中也是冠军，只要活得开心点，自在点，也就够了。

成功并不容易，成功之后同样不容易。伏明霞父母也企望女儿能回到普通人的角色上，这样她便可以有自己的喜怒哀乐，就允许有自己的小毛病，也就有了自己正常的生活，包括爱上一个从个人财富到社会地位都出类拔萃的人物。

毕彬彬：驰骋棋场的“小棋王”

毕彬彬档案盘点：

毕彬彬，1986 年 1 月出生于湖北赤壁（原蒲圻），7 岁学棋，9 岁参赛，曾在 1994 年和 1995 年分别荣获湖北省青少年运动会象棋赛银牌与金牌，1996 年获全国象棋锦标赛第三名；2000 年获全国象棋赛第一名；2001 年、2002 年、2005 年、2006 年获全国农民象棋赛冠军，2004 年获全国女子象棋大师赛第三名。

象棋斗争是古代战争的缩影。在军事家看来，棋盘象征着战场，棋子犹如千军万马。每一步棋都是一次战斗，关系到战役的成败。在鄂南山区有这么一位驰骋棋场的姑娘，她叫毕彬彬。

误入棋途的 6 岁小姑娘

一天黄昏，两个小孩在摆盘对垒，下一步眼看小孩甲要把小孩乙绝杀，小孩乙正在苦思冥想，但无论如何也挽回不了败局。这时，小孩甲扬扬自得地说：“这盘棋你输定了，就是把毕彬彬请来也挽回不了败局。”“谁说的，毕彬彬够神的，死棋也可下活。”小孩乙挺不服气地反唇相讥。

毕彬彬，1986 年 1 月 20 日出生于湖北省赤壁市（原蒲圻市）神山镇宋河毕家畈白龙村 5 组。爸爸毕声明是个孤儿，小学毕业后种过田、挖过煤、当过兵，1981 年退伍后被组织照顾而安置在羊楼洞茶场砖瓦厂。1983 年毕声明与同厂临时工王运生相识并结婚，生下小彬彬与小敏敏两个姑娘，靠微薄的工资收入养家糊口。

在羊茶老街，工余饭后，邻里总爱搬出小方桌和小圆凳，或就地在石头石阶上摆摆棋，交兵对弈。他们常常杀得难解难分，有时饭都顾不上吃了。自然，小孩被吸引过去了。大家围而观之，看着那棋盘上的马炮争雄，议论一番，说说笑笑，使得安静、古朴的老街增添了不少生机。在那围观的众多孩子中，只有一位小女孩，个子矮矮的，她竭力钻过围观的人群，站在最前边，目不转睛地、好奇地看着棋盘上黑子和红子的走动。她似乎看得入了神，别人问她懂不懂，她摇摇头；问她会不会下，她摆摆手。

这个小女孩就是毕彬彬。从这时候起，象棋便闯进了她的心田，无形中她和 32 个棋子建立起一种特殊的感情。

富裕的人家总爱给孩子买大刀、大枪、大炮及变形金刚之类的玩具。生活拮据的毕声明，哪里有钱给孩子买这些玩意儿呢？不过，他哄孩子也有自己的一套方法。见小彬彬对象棋出奇地迷恋，每当她哭闹时，便抓几个棋子放在女儿面前。棋子，成了小彬彬最好的积木玩具，她用棋子搭小房子、垒高高，越玩越欢。常常是爸爸在棋场上厮杀，小彬彬不是在旁观战，就是用爸爸吃了对方的棋子摞在自己面前。她说：“摞得越高，爸爸就赢得越快。”

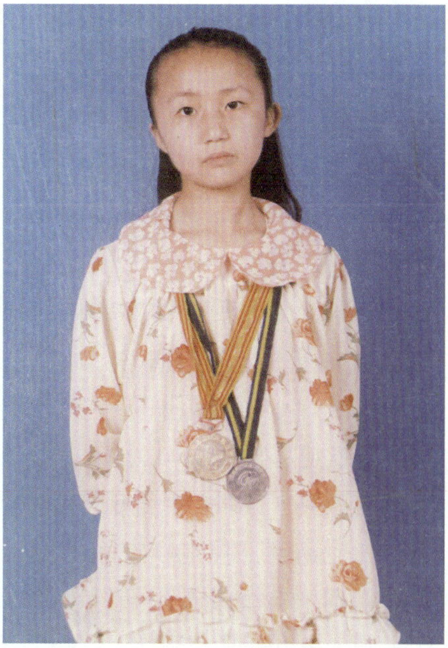
“小棋星”毕彬彬

大凡棋迷，十有八九没有时间观念。毕声明下起棋来，不知道天长日短，直到妻子王运生找来了，这才忽然想起是吃饭的时候了。有一回，王运生抱起小彬彬就转回家。小彬彬突然放声大哭起来，她挣扎在妈妈的怀抱中，哭喊着：“我不走，我不走！我要看爸爸下棋，我要‘摞高高’！”“一个女孩看什么棋，丑！”妈妈执意要小彬彬走，但女儿说什么也不走。

见她有这个特别爱好，只要有人下棋，小彬彬总是目不转睛地盯着棋盘或在旁“摞高高”——毕声明便开始教小彬彬简单的象棋知识。这一年，她才 6 岁。

学象棋，对于其他的孩子可能是娱乐，可对于小彬彬却成了“功课”。她家里穷，又是农村户口，上不起学，同龄的伙伴在幼儿园里念“ɑ、o、e”，她整天面对的是“车马炮”。既然对那些飞来飞去的“车马炮”有着浓厚的兴趣，她爸爸头脑里油然而生一种念头——何不把小彬彬培养成一名棋手？于是，白天她被反锁在小屋子里背爸爸教她的“象飞田、炮打隔、马走斜、卒子过河不回家”，晚上又被带到自己的摊子上观摩，看自己与他人下棋。她不识字，学棋谱就记图解。爸爸对她十分严厉，小彬彬由于从小就缺乏营养，身体十分差，加之白天要背棋谱，晚上要看棋，免不了要打瞌睡。一次在外看棋看到凌晨4点多，不觉坐在椅子上睡着了，回到家后，爸爸不准她上床，罚她坐在椅子上睡觉。

学棋一个多月后，爸爸把她带出去，与别的大人走。因“下士”一步走昏，让别人打了个“闭宫”，将死了。第一次和别人下棋，错下一着输了棋，本算不了什么。回来后，爸爸抄起木板一顿臭打，还毫不仁慈地对她说：“你不努力，将来就别想有出息！”

如此3个月后，小彬彬再与叔叔伯伯对垒，情形就不再相同了。这一次她首开纪录地赢了一个伯伯的一盘棋，得到了那位伯伯的5角钱奖励。用自己劳动得回的报酬，小彬彬买回了一支雪糕，不知吃得多开心。要知道，这还是她长这么大第一次吃雪糕。

转眼到了1994年新年。除夕的傍晚，蒲圻城爆竹声声，沉浸在欢乐的气氛中。小彬彬应邀到一位老棋友家下棋，当时两人旗鼓相当，战幕拉开不久，小彬彬很快被带到了一个没有硝烟的小战场，双方在无声的战斗中比棋艺、比勇敢，扭杀在一起。几个回合后，两人走成“中炮对反宫马”的布局，求胜心切的小彬彬本想奇兵制胜，不料，弄巧成拙，反而使对方占得先手。时间悄悄流逝，一个小时过去了，对弈在继续进行着。妈妈见女儿还没回家找过来，见战事正酣，便轻声说：“彬彬，回家过年去。”小彬彬厮杀得正激烈，好像根本没听见，并说：“你走！”妈妈以为女儿赶她回家，本就等得不耐烦了的妈妈不高兴地吼道：“我偏不走！你不回去过年，一家人也不过年。”小彬彬原本是请对方走子，没想到妈妈错认为是赶她回家。因此，妈妈话音刚落，便引起了围观者一阵哈哈大笑。

又过了一个多小时，战事转入平和。外面鞭炮声高潮迭起，空气里充满硝烟味。妈妈故意问女儿：“小彬彬，外面鞭炮响成一团，你坐得住吗？”小彬彬也笑笑：“外面再热闹，也比不上棋盘上的棋局热闹。”不知不觉时针指向11点钟了，对方见战况持平便求和。在旁的妈妈见女儿难磨也求和，可小彬彬坚决不同意。于是，一直下到第二天大年初一凌晨近1点，小彬彬才松了口气——困住了对方“老将”。太累了，不多会儿便迷迷糊糊的，回家的路上妈妈背着小彬彬。

靠棋摊闯江湖的“小擂主”

“吃雪糕”的“嘉奖”，让毕声明微微觉察到好梦成真了——小彬彬可通过下棋谋生。当时，夫妻两人的工资加起来不过200元，一家四口人怎么过日子？他们只好全家来到蒲圻城租了间小屋开始做起小生意来。本来想赚些钱过日子养孩子，没想到就是和钱没缘。实在没办法，借钱买了张小棋桌，像守株待兔一样在街头摆起象棋摊，让小彬彬与他人对弈，谁败在她手下谁掏 5 角钱的“失败费”。一些象棋爱好者好奇，小女孩上街摆摊设点坐庄下棋，纷纷找上门来较量较量。小彬彬也根本不知道什么叫怕输，反而愈发斗起了她的一颗好胜心，谁来就跟谁对弈。

小小孩童，大人起初是不肯与其对弈的，小彬彬往往只能和大自己一点的小孩下棋。象棋似乎有一种特有的魅力，32 枚棋子占据了一颗童心。小彬彬进步很快，没过多长时间，蒲圻大街小巷的孩子中再也找不到对手了，这才引起大人们的注意，都想找她试一试。对弈中，小彬彬留心每一盘棋的对局，自己为什么输了，别人怎么走的，她总要暗下里琢磨出些道理来。在大人与她轮番对弈的时候，实际成了她向别人学习的好机会，棋艺益发有了明显的提高，渐渐地她把不少老辈棋手杀得大败。蒲圻出了个“小棋手”，很快在蒲圻城传开了，声名鹊起。

人出名了，找上棋摊来“叫阵”的棋手多了，小彬彬赢多负少。于是，一天下棋也能挣上 20 多元钱，对全家来说是一笔不少的收入，这也乐坏了爸爸毕声明。

下了一年多棋，小彬彬闹着要上学。爸爸、妈妈用她下棋积攒下来的钱送她到市实验小学读书，读了一个学期，由于交不起 400 元的建校费，爸爸、妈妈又将她转到条件差但收费低的民办启慧学校。她白天读书，晚上和星期天就在街上下棋。以前她下棋是为了学棋，现在下棋是为了练棋和赚钱，支付学费，补贴家用。

大凡闯江湖的棋手，必须得有一套“生财之道”的手段。他们往往让子或摆设一些江湖残局作为诱饵，使顾客上钩、中套，方能赚一点钱。小彬彬摆棋摊与别人不同，她说下一盘棋要有一盘棋的收获，这收获不是要多少钱，主要是练棋长本领。小彬彬不喜欢巧设棋局，布下陷阱，骗人上当，而是老老实实地打“阵地战”。要是一天碰上几个高手，就要多花费许多时间，常常弄得筋疲力尽，方能赢得一顿饭钱。要是半天一盘棋，有时弈成和棋，或是输给对方了，只得挨饿。这时，她说 ：“值得，钱虽没挣到，又长了知识。”为了使肚子不挨饿，每与人下一盘棋她都要全力以赴，小心翼翼地应战。她棋路稳健，行棋四平八稳，缠绵如抽丝，使人难以找出漏洞。而一旦被对手缠住，她用练就的一种“磨功”，会把对方的攻势一点一点地“磨”掉。此时，对于小彬彬来说，已远远超出了棋艺的较量，她面前的棋盘上，饥饿与温饱在激烈地拼搏。

寒暑假，小彬彬到过临近的嘉鱼，湖南的临湘、长沙、湘潭、株洲，广东的广州、东莞、深圳。每到一地，就在当地的火车站、公园、街头巷尾摆上棋桌。面对一个小小的女孩子，有的出于好奇，有的出于关心，以 1.5 元每盘的代价纷纷争着与她下，大多都败在她手下，能赢她的人都是棋艺较高的人，也乐意指点她。

在外摆棋摊，除了棋艺不断长进外，她每天能赢 30 ~ 40 元，除了支付全家人的食宿费外，还可赚回下学期的学费。然而，他们付出的是常人难以想象的代价。小彬彬平均每天要下 60 余盘棋，早晨 6 点起来，晚上 12 点多才能睡觉。吃盒饭、睡地板是常事，夏天待在密不透风的人群中，冬天坐在寒风中的冷凳上。“在家千日好，出门时时难。”在外面人生地不熟，他们经常被赶来赶去，也常常被人欺负。1994 年暑假在广州市街上下棋时，由于围观者多，派出所以为是在赌博，差点儿将妈妈王运生抓起来。1995 年暑假到湖南株洲，下火车已是晚上了，爸爸毕声明找住宿的地方被拉客的带到了一个黑店，店主敲诈他，由于身上没多少钱，被关了一夜。在火车站，小彬彬的妈妈用棋桌当铺板，让女儿睡，自己一边在担心中等着丈夫，一边用扇子为女儿驱赶蚊子。母女没想到他已身陷黑店。快开学了，他们急急返回家，一踏进门大吃一惊——家被人洗劫一空，唯一值钱的一台 14 寸黑白电视机及旧电风扇被贼偷走了。

在特殊环境中成长的“小棋迷”

人，一旦被某种东西所迷，就会如痴如醉，像是着了魔。小彬彬对象棋入迷时，脑子里背的是象棋，嘴里念的是象棋，如影随形，走到哪里，象棋也跟到哪里。一般小学生的书包装得鼓鼓的，其中不少是弹弓、扑克牌等这些好玩的或巧克力、糖、水果等好吃的。而小彬彬的书包却并不“丰满”，除了上课用的东西，就是那副心爱的硬纸壳象棋，走到哪里就带到哪里。家里很困难，起初没给她单独再买象棋。她找来一张硬纸板，用圆规画了 32 个小圈圈，一个个剪了下来。剪技不高，剪下的圆片远远超过了所画的轨迹，那“车、马、炮、将、士、象”往上写时，尽管是那么认真，一笔一画地用刻刀往上刻，还是歪歪斜斜。但对小彬彬来说，却是一副最好的象棋。每个子上，凝聚了她的心血与创造，也倾注了一颗童心对中国象棋的无限热爱。从此，这副棋一直跟着她，她敝帚自珍，舍不得丢弃。时间长了，象棋子上的字迹摩擦得看不清了，她用笔描一描，小彬彬日积月累，对弈棋棋道大有心得，棋艺迅猛提高。也正是这 32 个小小圆片及家中那副真正的棋子，使小彬彬艺冠一方，成为鄂南“小棋王”。

深夜钻研象棋是小彬彬的癖好。有时尽管在外跑了一天很累，夜晚总还是要摆棋。一不摆棋，手就发痒，睡不好觉。有一次午夜梦回，突然想到一着好棋，即刻披衣而起，铺开棋盘摆一摆，打开本子记下来。家里省吃俭用给她买了50多本《象棋》《象棋研究》《象棋大师争战谱》等书刊，夜里她一本一本地看，一局一局地练，棋艺日益提高，棋理逐渐精明。

冬天，严寒封住了每家每户的门窗，人们早已钻进热乎乎的被窝里熟睡了，只有小彬彬的房间还依然透着晕黄的灯光。灯下，她的手冻麻了，脚冻木了。然而，一颗追求的心却越来越火热。手冻疼了，她用嘴“哈哈”热气暖一暖；脚坐麻了，她侧侧身子活动一下。打棋谱的落子声，时起时停。不小心影响了妹妹睡觉，妹妹有时不耐烦：“夜猫子，半夜三更不睡觉，又起来折腾。”夏天，在汗水浸透了每一个毛孔的酷热下练棋，豆大的汗珠扑扑落在棋盘纸上，小彬彬仍在不停地练棋谱。她常常为自己达不到所企望的目的而苦恼，手中拿着棋子，久久放不下，面对着棋盘发愣,有时一直“愣”到凌晨。“女儿怎么痴了,呆了？”爸爸害怕了。“小彬彬莫非中了邪了？”妈妈着急了。小小棋子上倾注了小彬彬多少心血与汗水啊！一个小女孩，能忍耐生活的寂寞和枯燥而献身于象棋艺术，这需要何等坚强的毅力！

下棋找高手，弄斧到班门。一个人在家埋头看书、打谱，是远远不够的，必须经常与高手对弈，磨炼自己。几年的摆摊设点中，小彬彬的棋艺在“小鬼，这步棋该这么走”的教导中，渐渐提高了。可以说正是这种让人难以接受的学棋方法，磨炼了小彬彬，使她见多识广，熟识各路棋风、多派棋艺。

后来，凡是跟小彬彬下棋的人，虽说不上个个身怀绝技，但棋艺却都不一般。在这样几乎靠下棋“行乞”中，小彬彬懂得了各种行兵布阵，“偷学”到不少棋路套套。每次与人对弈，对方是如何走的，有什么好着，又是怎么输的，她都留心观察，默记心中。当然，其间的苦无法用言语计量。

小彬彬每次在闹市摆设“擂台”，棋手们纷纷参战，人头攒动，熙熙攘攘。内行看门道，外行看热闹，也吸引了不少“棋盲”们。一天，一个小伙子挤进来见是一个黄手丫头，不屑一顾：“小朋友，我让你双马，你摆子吧。”不一会儿，小彬彬按位就线把双方的棋子摆好了。对方要让双车，她谢绝了；对方又提出让双炮，小彬彬还是不干，最后无奈她也让双炮对阵。双方一交手，便厮杀得异常激烈。几个回合后，棋盘上“车辚辚，马啸啸”，仿佛把人们带进了古战场。蚊子叮泥菩萨——错认了人。小伙子错误地认为小彬彬只是刚下河的“绒毛小鸭”的一般象棋爱好者。而小彬彬平时熟读棋书，兵来将挡，水来土掩，攻防之法俱已背得娴熟。小伙子出此让双炮的大言，岂能不输？大败后，小伙子怎肯甘心，急于想扳回败局，于是两人摆棋又下第二局。结果，不多时小伙子又是以失败告终。这一下，他拱手称道：“了不起，小女孩！”

1994 年 5 月 5 日，小彬彬随妈妈到湖北秭归，代表咸宁地区队参加了湖北省第九届全运会女子象棋比赛。在比赛中，因年幼好多字不会写，只好靠画图做记录。没想到只有 8 岁多的她却战胜了那么多的大姐姐和阿姨，积分与另一名阿姨并列第一，最后因她轮空一盘而被排为第二名。

同年暑假，在广州打工的毕声明特意回家把女儿接到了广州，并一如往昔地在广州文化公园内摆上了一个象棋摊。偏巧有一天，象棋特级大师许银川和庄玉衡来文化公园内指点专业棋手。为了能有机会让特级大师指点一下小彬彬，毕声明找到公园负责人，说是从湖北来的，想让大师指点一下，不想却被那位负责人一口回绝了。毕声明不得不拿出身上女儿的那块省九运会上夺得的银牌，公园负责人看了看银牌又看了看眼前这个又黄又瘦的小姑娘，摇了摇头又情不自禁地点了点头，最后他还是同意了。

按照事先的安排，一个大师负责与 10 个棋手对弈。没想到庄玉衡来到小彬彬桌上后，竟成了一对一，一盘棋走了整整一个小时！最后到底是庄玉衡艺高一筹，但他赢下这盘棋后却不由得大为惊讶，便忙问小彬彬是哪个学校的，叫什么名字。一旁的毕声明替女儿报出了两个名不见经传的名字，并告诉他是从湖北来的。听后，庄玉衡便特意叫来一个戴眼镜的男孩，对毕声明介绍说：“这是广东少儿冠军。”接着他便让小彬彬与之对阵，结果两局战毕，小彬彬胜一局和一局。庄玉衡高兴地鼓励小彬彬要奋发学习，还专门为她写了封推荐信，让她回去找湖北象棋大师柳大华，请对方指点迷津。

广州摆摊设“擂台”期间，小彬彬也拜访了象棋大师许银川，并得到大师的言传身教。广州某官员见小彬彬是一个棋坛奇才，便“怂恿”她落户广州大都市，并为她办好了某些迁移手续，可蒲圻市政府得到情况后怎么也不同意让土生土长的“棋苑孔雀”东南飞，远走异乡。毕声明说：“我也不同意女儿走，那么做太对不起蒲圻的父老乡亲了。市委市政府对小彬彬的帮助很多很多。”

棋艺与心理的较量

7岁那年，在学校举办的一次象棋赛上，小彬彬虽然刚踏入校门，但面对高年级的同学，她却毫不手软，五战五捷，并获得了两支钢笔和一叠练习本的奖品，从而成了轰动全校的“明星”人物。小彬彬从8岁开始在中国的棋坛上大显身手——1994年5月以8胜1和获湖北省第九届全运会女子象棋银牌；1995年10月勇夺湖北省第二届农运会女子象棋金牌，成为全省年纪最小的冠军得主。

1996年8月12日，刚刚立秋，但“秋老虎”更可恶，气温十分恶劣。坐在武昌开往广州的列车上的小彬彬，穿一身妈妈给她飞针走线赶制的连衣裙，两手托腮，望着窗外的世界陷入了沉思。此时，在她眼里好像整个田野就是一方风起云涌的大棋盘，一块一块的农田也都像变成了棋盘格格；她脑子里考虑的是如何让车、马、炮具有更强大的威力，直捣神州，问鼎华夏。这是她第一次参加全国大赛，心情自然格外地激动与不安。

第二天赶到广东乐昌市，既没有多少钱，更没有情趣逛大街。父女二人住在一家简陋的旅社里，一天到晚陪伴小彬彬的只有一尺见方的棋盘和32个棋子。饿了舍不得吃饭，啃几口上路时妈妈准备的几块干粮，渴了舍不得喝饮料，嘴凑上自来水管咕噜喝个不停。服务员问她买不买进餐券时，小彬彬把深思的目光猛地从棋盘上收了回来，向服务员笑了笑说：“谢谢，我们不饿。”

8月15日，“漂流杯”全国少年象棋锦标赛在乐昌摆下了战场，棋坛各路小小英雄豪杰纷纷登台较技。群雄聚会，必有一争。谁将夺魁呢？赛前，业内人士免不了要预测一番，甚至把名单都列好了“座位”。面对小彬彬，只字不提，好像根本无人知道这个名字似的。这届全国锦标赛，确也隆重，仅女子组便有26名选手报名参加，分9轮比赛。首轮小彬彬与韶关的陈莹交手，开始未免有些拘谨，处处小心，严加防守。小彬彬后来胆子渐渐大了起来，见陈莹一时难以突破自己的防线，便由防守转入进攻，主动出击，以多变的战术迫使陈莹转入防守。陈莹一子先失，处处受制，小彬彬一着得势，更不放松，频频猛攻。尽管对方竭力想谋和，但小彬彬胜算在握，驱动小兵，闹得对方九宫内风声鹤唳，防不胜防。最后，以稳健、细腻的棋术战胜了陈莹。当陈莹含笑认负时，台下顿时响起了一阵叫好声。

随后，小彬彬一路雄风，先后战胜陕西的党因莹、湖南的李冉、四川的唐冬梅，积分一直名列前茅，人们不得不一次次刮目相看。然而，棋盘争锋，变幻莫测。在第 6 轮与广西的周熠争夺时，起初有些不太适应对方的“怪辣”之着，经过几个回合的较量后，已是摸得对方的棋路，也便找到了应对的方法。小彬彬正准备用自己的“锉功”把对方的攻势“挫”掉时，突然头发晕，扑倒在赛台上——原来因营养不良，加之用脑过度，旅途劳累，严重贫血而晕倒。最终以 14 分而少冠军唐冬梅 1 分，屈居第二，获得亚军，并荣获“体育道德风尚奖”。

站在高高的领奖台上，身高才 1 米多一点的瘦弱的小彬彬，捧着灿灿的奖杯，面对中央电视台及广东电视台的摄影镜头，她情不自禁地呜呜哭起来，眼泪顺着消瘦的脸庞往下直流。是呀，这全国奖杯对她来说实在是来得太难了啊！

1997 年 4 月，在江西宜春举行的全国第七届“新宝杯”农民象棋锦标赛上，小彬彬力克群芳，再次夺得女子组亚军，在进军国家队的征途上竖起了第二座里程碑。

1997 年 7 月中旬，全国“台商杯”少年象棋锦标赛在四川成才燃起了战火，分预赛、初赛、决赛三阶段进行。对弈是一种理论上的战争，小小棋盘如同烽火连天的战场，一个好的指挥员，战前须缜密对敌我双方的力量和战前形势做一番分析，以决定作战大计。经过预赛、初赛的洗礼，小彬彬更为成熟了。决赛前的晚上，灼亮的灯光下，她恰如带兵打仗的指挥员紧盯着棋盘，进行认真的“运筹帷幄”，连续“解拆”几盘棋，确定决战计划。

决赛时间终于到来了，两雄相搏，真是一场好戏。这里，虽没有球场上的龙腾虎跃，也没有战场上的剑拔弩张，但却在进行着一场异常激烈的搏斗。对弈的人，既是比棋艺，更是比心理、比意志。下棋有人说是棋盘上的“钩心斗角”，在双方实力相当的情况下，固然较量的是棋艺，可在很大程度上又是斗智斗勇，用计谋、设圈套，使对方上当。棋盘旁，两人时而找腮沉思，时而频频出手走子，精彩处会令人目不暇接，激烈处扣人心弦。开始几回合，各有胜负。10 分钟后，棋盘上局势突变。“糟了，看来‘小湖北’快顶不住了。”在场的看客无不哗然，都在为“小湖北”毕彬彬暗暗捏一把汗。然而，小彬彬没有紧张，反而镇静得出奇，一次次提醒自己，给自己打气：“要善于战胜自己。”只见她不慌不忙，不急不躁，表情自若，时而瞪目视盘，时而闭目沉思。铁一般冷静、心平气和的小彬彬如同进入了一个“超脱”的境界。此时，对于她来说除了自己和面前纷繁的棋局，世界上其他一切别的东西好像都不存在了。经过一番深思，小彬彬连走妙着，弃炮进车抢攻，很快打开局面，全盘棋子活跃起来。如同“轻舟已过万重山”，顺流而下，越战越勇。对方贪吃一炮，却陷入“葫芦谷”中而“马失前蹄”，“半壁江山”被牵制住，处处被动挨打，逼得节节后退，进而也就难以招架了，苦守到68个回合，终于落马，不得已在记录纸上签字认负。

从棋摊上走出来的全国象棋少年冠军毕彬彬
在家乡赤壁成了家喻户晓的小明星

这是棋艺的交锋，更是一场激烈的心理战。弃子进入杀局而获胜夺得宝座，显示了小彬彬这小棋手锋芒毕露，敢于冷静挑战的胆识。

“中国象棋少年冠军打过了长江！”消息不胫而走。小彬彬家乡赤壁市的街头巷尾，也无处不传递这一喜讯：12岁的毕彬彬以小分88、大分17的总成绩创造纪录，获得中国象棋协会举办的一年一度全国象棋少年锦标赛女子冠军，并取得参加全国象棋个人赛的参赛资格。

“一马当先”的“小棋王”也是学习上的“排头兵”

小彬彬是1985年阴历腊月十八来到这个贫穷家庭里的，因为父母均为临时工，工资待遇低，彬彬母亲坐月子时，连面汤都喝不上，更谈不上有人参、天麻、乌鸡或者鲤鱼等补养了。因此，小彬彬生下后没有奶吃，只有靠仅仅有点甜味的糖水喂养。在这样的情况下，小彬彬身体发育不正常，两岁还不会走路，说话也只像别人家10个月的孩子咿咿呀呀，口齿不清，看上去就像个痴呆儿。很多人说这个孩子将来是无用的残疾儿。

一晃，小彬彬到了入园年龄。眼看别人家的孩子上幼儿园，小彬彬却只能在不到20平方米的小房子里转圈。一直到小彬彬7岁，她的父母迫于无奈，才东拼西凑，让小彬彬启蒙上了小学一年级。没上幼儿园也没上学前班的孩子，成绩当然不及别人，尤其是拼音过不了关。孩子成绩差，老师不喜欢，家长也受累。小彬彬的爸爸得知后太生气了，小时候邻居就说小彬彬长大没出息，好不容易筹

靠摆棋摊闯江湖的湖北女孩毕彬彬

钱让她上学，现在成绩居然这样差，能不生气吗？

为此，颇有骨气的小彬彬不止一次在心里暗暗发誓：自己一定要刻苦学习，赶上别的同学！为了能过拼音关，小彬彬在课间的十分钟时间内向别的同学请教；放学后，又在路上向队友询问；回到家里后，不怕别人说自己是一年级学生，悄悄跟比自己小、还在上学前班的别的孩子一起练发音写字母。有时，不吃不喝一直到晚上 10 点。回家后，一个人又悄悄盛碗凉饭，泡上白开水吃。有时回来晚没饭了，她就饿着肚子到天明。俗话说得好：“功夫不负苦心人。”一年级下学期，小彬彬的成绩果然进入前 10 名，但她的身体却越来越差了。

那 32 枚棋子，如同 32 粒金种子，深深埋藏在小彬彬幼小的心灵里。那方方正正的棋盘也好像一块强磁铁，把小彬彬的心紧紧吸住了。每当与人下棋，她宛如进入了一个硝烟弥漫的古战场，进行着一场兵嘶马鸣的激烈拼杀。小彬彬下棋是“小棋王”，读书是“学习迷”。小时候，下棋时常常棋子被吃光，棋盘上只剩下一个老王，可小彬彬就是不“缴械投降”，并能从失败中认识到许多道理。下棋是这样，读书也是这样，她把下棋那股不服输和争强好胜的劲头也用在学习上。下棋训练了她的脑子，思路敏捷，因而她也是学习的好苗子。

小彬彬的学习方法很独特，上新课之前，她首先自学，不弄懂弄通不罢休。每周坚持写两篇作文，作文虽然从不打草稿，但文理通顺、流畅，有一气呵成之感，也常常把妈妈讲的故事及时用文字的方式记录下来，并养成了记日记的习惯。每次参赛耽误的课程，她都是靠自学补上，她说：“我爸爸要我把下棋放在第一位，读书放在第二位。我不同意，我应该把读书放在第一位，下棋放在第二位。尽管我爱下棋，但我不能小小年纪丢了文化。”

小彬彬喜欢读书，家里没钱给她买书，她就将每天早饭钱节省下来买书。学习成绩在班上一直名列前茅，年年被评为三好学生，并被同学们选为班长，在全市小学生作文竞赛中获过第 1 名，在被市教委授予“优秀少先队员”的同时，1998 年 6 月 1 日被咸宁地委少工委、地区教委、人事局联合评定为“全区十佳少年”，且荣获我国九年义务教育阶段唯一的国家级奖学金——教育部授予的第三届“宋庆龄奖学金”，成为全国 69 名小学生获得者中的一位。

棋途漫漫　路更迢迢

1998 年 7 月 21 日，毕彬彬从上海浦东参加“光大杯”全国少年象棋邀请赛返回，大赛中她技压群芳，荣获女子组冠军。在赤壁市委、市政府为她举行的欢迎会上，小彬彬流着热泪说：“感谢各位领导，你们筹钱，甚至把自己家里的钱给我去参加比赛。没有你们的资助，我无法去参加比赛，更谈不上得冠军，谢谢你们。”

面对小彬彬在象棋大赛中取得一连串好成绩，许多象棋大师感到惊奇不解——别的孩子都是在名师引导下一步步走上棋坛的，唯独小彬彬不是，她爸爸的象棋水平只够得上带她入门，她是靠自己一步步向前走，像一只过河的“卒子”顽强地向前拱。用她爸爸的话说：“小彬彬是在一种特殊的教育和特殊的环境中成长的。”

渴望改变现状的父母把希望寄托在小彬彬身上，因而对她的教育严格而苛刻。从小就不让她玩，不准她偷懒，逼着她用功学棋，用心读书。一次，小彬彬和同学一起玩，其中一个女孩将妈妈的化妆盒偷出来在脸上涂涂抹抹，也帮小彬彬搽了脸，抹了口红。回到家后，爸爸骂了她一顿，并要她写下“不和同学玩耍，不与别人比吃穿，用功学棋，勤奋读书”的保证书，贴在床头的墙上。在这种苦难生活中和严厉的教育下，小彬彬比同龄的孩子更懂事、更发奋。6 年来，她熟读了 50 多本象棋书，能记住数千个棋谱，并经过了数万次的实战，做到了融会贯通、运用自如。学习上阅读、写作能力与日俱增，学识突飞猛进，读书也“一马当先”，成了班上的“排头兵”。

1997 年年初的一天，小彬彬突然大量流血，晕倒了过去。父母急忙把她送进医院。虽然抢救过来了，却还必须大量输血。没有钱，是不可能输血的，迫于无奈，小彬彬的爸爸找到时任蒲圻市委副书记胡建华。胡书记出面担保，医院才给可怜的小彬彬输血，把她从鬼门关拉了回来，并为她免去了 1500 元医药费。如今，小彬彬看上去仍然是脸色蜡黄、眼睛暗黄、头发灰黄，一瞧便知道是一个

靠摆棋摊闯江湖的湖北女孩毕彬彬

缺少营养发育不良的孩子。

为了鼓励小彬彬继续取得好成绩，在她获得“台商杯”冠军后，1997年7月26日上午，蒲圻市委、市政府专门在体委为她召开了欢庆颁奖会。市委市政府领导亲自把1000元资金发给小彬彬。

早年在接受采访时，小彬彬的父母还不无深情地叙述了许多让他们终生感激的事情：1995年暑假他们在湘潭摆棋摊时，年过半百的棋迷史为民每天免费为小彬彬送饮料、提供服务，分别时他还硬塞给小彬彬100元钱做路费；参加“96漂流杯”全国象棋少年锦标赛时，咸宁地区行署副专员张感山亲自为小彬彬解决了1000元资金；因流血不止住院，市委副书记胡建华出面又解决了她的近2000元医疗费；1997年参加全国象棋少年锦标赛，市体委在资金极度紧张的情况下，替她安排了1500元钱。怕不够用，副市长金燕又从自己家里拿出500元钱给她。小彬彬所在的启慧学校也对她特殊照顾——她家里无力负担两个孩子的学费，熊仁明校长全免了小彬彬姐妹俩的学杂费；小彬彬生病了，学校的全体老师与全班同学拎着肉、鸡蛋去看望她；小彬彬每次比赛回来，学校都为她举行欢迎会，几次共为她发奖金1600元，参赛前还给了不少路费。1997年7月，市委市政府又替小彬彬解决了农转非问题，金市长还亲自把小彬彬带到医院做了身体全面检查；市政府还召开了专题会议，研究解决小彬彬的家庭困难。这次接到上海参赛通知却没有路费去，赤壁市南方公司得讯后捐赠了1500元做盘缠，才得以如愿以偿。《咸宁日报》记者龙良卿采访时，深有感触，个人捐赠了500元。象棋特级大师、“楚霸王”柳大华对小彬彬所下的每一局参赛棋进行了认真评点，发表在《象棋》杂志上，并赠书勉励她，亦多次上门为小彬彬指点迷津。

在社会各界的关心、支持与帮助下，一个连参赛路费都凑不起来的小女孩次次登上全国象棋棋坛的宝座。1998年这一年又获全国少年中国象棋赛银牌、湖北省十运会及第三届农运会中国象棋女子组金牌，1999 年获全国少年“宝达杯”中国象棋金牌和“道德风尚奖”，2000 年获武汉市首届社区体育运动会中国象棋金牌及全国第四届农运会第五名等。赤壁市市长办公会上，决定将她定为“市管拔尖人才”，享受“市管政府津贴”，并吸收为业余体校学员，给予生活补助；赤壁书画棋苑聘请小彬彬为该苑“业余象棋辅导老师”。

毕彬彬在某些单位或个人的赞助下，先后在赤壁市启慧学校、市一小、市一中、武汉青山武术学校就读过。后在咸宁市体育学校学习，学习期间在河北承德举行的第十届全国农民象棋赛上再展风采：来自全国 23 个省、自治区、直辖市的 12 支女子代表队的运动员参加了比赛，经过四天七轮的激烈角逐，按积分排列，毕彬彬名居首位而再次登上冠军的领奖台。

有人说人生的道路上，姑娘看到的是鲜花，老人看到的是坎坷，志士看到的却是无限伸展的大道。毕彬彬看到的不只是鲜花，坎坷的棋路让她收获很多，对她日后的人生也一直影响着。当年这位从棋摊上走出来的全国象棋少年冠军，今天依然追逐着自己的梦想。

苏明娟："大眼睛"的"希望"

苏明娟档案盘点：

苏明娟，"希望工程"形象代言人。1983 年 9 月出生于安徽金寨，2005 年 6 月毕业于安徽大学职业技术学院金融专业。曾获"全国向上向善好青年""全国希望之星"等。现任职于中国工商银行安徽分行，系共青团安徽省委副书记（兼职）、共青团十八届中央委员会委员、团十八届中央常务委员会委员。

回顾 40 多年来的中国改革开放岁月，会有许许多多照片留在人们的记忆中，但无论以哪种方式来选择，有一张照片肯定不会被遗漏，这张照片就是解海龙拍摄的"大眼睛"的小女孩。这张照片早已成为"希望工程"的标志，而以这张照片为标志的"希望工程"已经发展成为中国历史上最大的社会公益事业并载入史册。今天，"希望工程"进入新的发展阶段，中国青基会推出了"希望工程"远程教育计划，目的是缩小城乡"数字鸿沟"，力争在尽可能短的时间里让全国贫困农村小学都建起远程教育网站。

苏明娟求知的眼神打动每一个有爱心的中国人（解海龙 摄）

当年的主人公"大眼睛"手握铅笔"我要上学"，而今长大后的苏明娟手握鼠标"我要上网"，再次成为希望工程的"形象大使"，成为"捐建希望网校，实施'希望工程'远程教育计划"倡议的代言人，掀开了"希望工程"新的一页。

苏明娟本是"希望工程"的救助生、受益者，而今随着能力的增强灿然华丽转身，成为"希望工程"的代言人、感召人、捐资人。滴水之恩、涌泉相报的中华传统美德，在苏明娟的身上得到了非常生动完美的体现。

我要上学

1983年，苏明娟出生在安徽省金寨县桃岭乡张湾村一个普通的农家。父亲叫苏良友，母亲叫钟业珍。大别山区自然环境恶劣，经常发生洪涝灾害，父母靠打鱼、养蚕、养猪和种田、种板栗为生，一家人过着俭朴的乡村生活。

1990年冬天是一个特别寒冷的冬天。北京的摄影爱好者解海龙与几位朋友相约到太行山区采风。在一个偏僻的山村里，他正四处猎取拍摄景物时，蓦然回首，发现一面墙壁上写了这样一幅标语：“再穷不能穷教育，再苦不能苦孩子。”当时，过早辍学的解海龙愣了，呆呆地凝视着那一幅标语，心里顿然升起一种无法言状的情怀，觉得自己应该为农村孩子们做点什么。回到北京后，他就给单位打了一个报告，决定用一年的时间对中国农村基础教育现状进行考察。

山区教学条件很差，孩子们求学十分艰苦。苏明娟清晰地回忆起她当年就读的张湾小学：教室低矮破旧，冬天窗户没有钱装玻璃，蒙上塑料布又怕光线不好，所以只好任寒风呼啸着灌进教室。他们经常冻得缩成一团，仍然坚持读书。

1991年4月6日，张湾小学一年级学生苏明娟抬头望向黑板时，那瞬间的眼神被解海龙的照相机捕捉到了。“跑了十几个村庄，最后来到张湾小学发现课堂上的苏明娟，一双特别能代表贫困山区孩子渴望读书的‘大眼睛’摄入我的镜头。那眼神有着很强的穿透性，能够进入到人们的心灵里。”解海龙由此成名。在回顾那灵感激发的一瞬时，他不无喜悦。这幅画面为一个手握铅笔头、两只大眼睛直视前方对求知充满渴望的小女孩、题为《我要上学》的照片发表后，很快被国内各大报纸杂志争相转载，成为中国“希望工程”的宣传标志，苏明娟也随之成为“希望工程”的形象代言人，苏明娟的命运也和“希望工程”紧紧联系在一起。

苏明娟说：“那时，我家全年的收入仅仅够全家吃3个月，父亲每天起早贪黑，上山砍柴、下河抓鱼，用换来的钱，买点口粮，维持生计。1990年9月，我上学了。当父亲把在手中攥得紧紧的100多元学费交到老师手里的时候，我心里很不是滋味，我不知道以后父亲是否都能给我拿出钱来交学费。”

20世纪八九十年代，我国农村贫困地区每年有超过百万儿童因贫困失学。这样严峻的事实，引起社会的高度关注，激发起公众的同情和爱心。随着“希望工程”在全国的升温，“大眼睛”迅速被海内外亿万人们所熟悉，所关注。人们总认为“大眼睛”苏明娟是一个家境贫寒、几度辍学的贫困女孩，许多不知道苏明娟家庭地址的人，直接将汇款寄往“希望工程”，在汇款单上特别注明捐助给“大眼睛”。

“山区消息闭塞，当时我并不知道有这张照片。直到 3 年后，在湖南军校读书的李万叔叔，将一份刊登这张照片的报纸和一封信寄到我们学校，说要找照片上的人，愿意资助到小学毕业，我才看到这张照片。”苏明娟说。

李万是资助苏明娟上学的第一人，他将自己微薄的津贴攒起，每学期都会寄给苏明娟 100 元，一直到小学毕业。“读中学时，很多好心人都给予过我帮助，有的小朋友把零花钱寄来了，有的大学生把业余时间的打工钱也寄给了我。天津一名退休老人从我读初中到高中，每年过节都给我寄糖果和生活用品。”回想起这些，苏明娟充满了感激。

苏明娟的父亲苏良友和母亲钟业珍都是初中毕业，虽然文化程度不高，但都是非常纯朴、善良的人，他们有一手捕鱼捞虾、编制竹器的好本领，凭着自己勤劳的双手盖起了 4 间大瓦房。他们深知文化知识的重要性，平时省吃俭用，努力供苏明娟和小她 7 岁的弟弟上学。人们的爱心使苏明娟和她的父母深受感动。苏良友总是说，我们家并不富裕，但全国还有比我们更困难的家庭，全国人民的钱是给那些不能上学的“大眼睛”们的。于是，他们多次把钱转给了“希望工程”。“‘希望工程’给我的帮助，不仅仅是物质上的，更多的则是精神上的，它让我懂得了爱的意义。”

全国第一所希望小学、第一所希望中学、第一所希望职业中学均设在苏明娟的老家——安徽省金寨县。可以看出“希望工程”和苏明娟之间有着难以割舍的感情。那些年间，苏明娟和所有接受“希望工程”捐助的学子一样，受到了社会方方面面的关爱，她接受“希望工程”的捐助完成了从小学到中学的学业。后来，苏明娟被金寨一中文科班破格录取，高中期间不仅学习努力，还是班上的团支部书记、校团委的宣传委员、校学生会主席和共青团十四届中央委员会最年轻的候补委员，并被评为安徽省优秀学生干部，还被评为“希望工程”的“全国希望之星”。她乐于助人，同学遇到难题也爱向她请教，她总是热心讲解；得知有同学病了，她就会陪着去医院，跑前跑后帮忙挂号、找医生。外校的一个学生得了白血病，学校发动捐款，苏明娟把身上所有的钱都捐了出去。“我家乡的学校基础设施早已得到了改善，农村也早已实行免费义务教育，因贫辍学的现象已经大大减少。但是，消除贫困依然需要相当长的一段时间，我期望能有越来越多的人关注贫困群体，投身于‘希望工程’这项社会公益事业。”

苏明娟说，有好几年，她看到相机、摄像机就想躲，“压力太大了，感觉有一种束缚”。上高中的时候，是她最排斥媒体的时期。“面临高考，我自己的压力已经很大，媒体来访无形中给我的压力更大，每天都睡不好觉。”从那时候开始的很长一段时间，她刻意远离媒体。

我要自立

2002 年 9 月，苏明娟如愿考上大学，被录取为安徽大学职业技术学院金融专业学生。这一年，她当选为团中央委员。这对于苏明娟来说，无疑是人生一个新的开端。跨入大学校园，意味着苏明娟多年的“希望之旅”画上了一个圆满的句号。与录取通知书一起寄出的，当然还有收费通知单。苏明娟在安徽大学第一年的学杂费，一共是 5150 元。为了给孩子筹措学费，苏明娟的父亲苏良友在金寨县城开了家小面馆，母亲也忙着在家乡桃岭乡张湾村收购板栗，但整个家庭的年收入仅 1000 多元。这意味着如果没有外来资助，那苏明娟仅依靠父母根本无力支付几年里大学的学费。

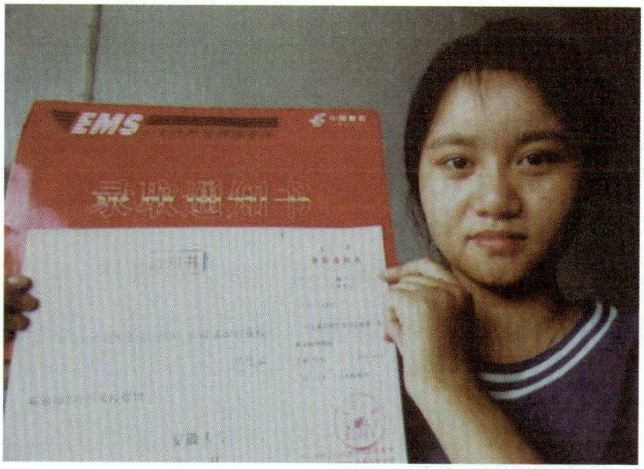

2002 年，希望工程“大眼睛女孩”苏明娟考上了大学

然而，苏明娟上大学的消息一经披露，社会各界的热心人士纷纷捐款资助，她终于圆了大学梦。很快，苏明娟适应了大学生活。学习之余，苏明娟回顾多年的求学历程，深感自己的幸运和“希望工程”事业的神圣。于是，她诚恳地向中国青基会提出：请求中国青基会停止对作为“希望之星”的她所给予的在大学期间的相关资助，将这部分钱转给更多需要帮助的贫困学生。苏明娟在信中写道：“多年来，我受‘希望工程’的关怀和帮助，实现了自己的大学梦。进入大学后，我应当学会自立自强，通过自己的努力去完成学业。而这笔捐助款应当用到更需要它的贫困学生身上。”当年接受采访时，苏明娟说，上了大学后，她发现有些同

学家庭生活条件同样艰苦，而她至少有“希望工程”援助学费，所以想在生活方面节约一点，把省下来的钱捐给其他同学。

问及苏明娟从什么时候开始产生这种想法的，苏明娟说，从一本杂志上看到北京师范大学有个学生给青基会写了封信，表示自己已经在大学里勤工俭学能够养活自己，所以要退出援助计划。看后，苏明娟心里也不能平静下来了，她想了几天后，一天晚上，她在教室里上晚自习，就提笔给青基会写信。本来她以为这件事没有人会知道，没想到……

接到中国青基会转来的信件后，青基会的有关同志专程赶往安徽大学，就此和苏明娟进行了一次交谈。苏明娟十分恳切地说：“当年是解海龙叔叔的镜头选择了我，从而改变了我的人生。进入大学的我应当靠自己的努力来完成学业，将来还要回报社会。我只是‘希望工程’的一个个体，希望大家能关注千千万万和我一样的贫困学生。”大学里，苏明娟积极参加学校组织的各种活动，同时还担任了安大职业技术学院团委组织部副部长、班团支部书记。最后，青基会根据她的实际情况，一如既往地向她提供援助，直到她毕业后有独立生活的能力为止。在大学，苏明娟积极通过做家教或其他社会实践活动来锻炼自己，实现自我。

这么多年来，伴随苏明娟的不仅仅是幸运和感激。可以说，自解海龙按下快门的那一刻起，她的生活就注定了不会再平静，其衣着打扮、学习成绩、工作选择等一举一动都被公众所关注，一些言语和行动还可能会被放在显微镜下“放大”。一定程度上讲，很多别的孩子可以说的话、可以做的事情、可以犯的错误，苏明娟不能，因为一张“希望工程”的标签贴在了她的脑门上。“说的每一句话，做的每一件事，都必须经过仔细思考”，“因为是‘希望工程’形象代表，很多人把更多的目光放在了我的身上，好像我的成功就代表所有‘希望工程’那些孩子的成功，我身上背负着很大的责任”。

从一个面临辍学的小女孩到万众瞩目的形象代表，一切都来得太突然，最初的新奇过后，苏明娟不得不接受很多改变，沿着一条看起来是设定好的轨道前行：接受一个又一个采访，出席一场又一场公益活动。“刚开始的时候我还是说的家乡方言”。许多人认为这是理所当然：“大眼睛”就是旗帜，就是希望，这是你的责任。“我愿意承担责任，但太累了，我也只是一个普通的小女孩。”面对采访时，苏明娟一句话流露出压在心底的波澜。当时，连她的发现者解海龙也发出了“苏明娟需要的是一份平静”的呼吁。

2003年暑假，苏明娟和几个同学一起到合肥市一家房地产公司做售楼小姐，卖出了几套房子，赚了几千块钱。这一信息被媒体报道后，一些人认为苏明娟被利用了，还有一些人认为她是在利用自己的名气和"希望工程"的招牌来赚钱。现在谈起此事，苏明娟还是认为自己去做售楼小姐的行为没有任何不恰当之处："这次售楼是挣得最多的一次，大学三年我靠勤工俭学大概挣了一万块钱，我用挣的钱还捐助了别人，诚实辛苦的劳动没有错。"

我要接力

曾经，苏明娟是爱心接收人；
如今，她是爱心广播者

"当年，我参加高考后，有的高校表示愿意破格录取我，中国青基会的叔叔还为我联系安排进入部队院校，但我还是选择上了我自己考上的安徽大学。毕业时，又有热心人士为我安排工作，中国青基会也欢迎我去工作，但我还是选择了凭自己的能力应聘的中国工商银行安徽分行工作。'希望工程'给了我经济上的资助，更给了我助人自助、自强不息的精神动力。大学期间，我组织同学回家乡义务支教；参加工作后，我把第一个月的工资捐给了'希望工程'。"苏明娟说，在有能力的时候去帮助他人，那些身处困境的孩子才有希望，我们的社会才能成为美满和谐的大家庭。"今后的路还很长，不管遇到什么困难，我都会以当年那双纯洁的'大眼睛'去看待社会、看待生活、看待人生，把今天的感恩化作明天对社会、对他人的关爱，把爱的接力棒永远传递下去，让'希望工程'的爱心火炬薪火相传。"

小时候，她是关爱的接收者，也是关爱的传递人；长大了，她是爱心捐赠者，也是爱心呼唤人。大学毕业后，苏明娟开始捐助阜阳师范学院的一名大学生。"我是在安徽省'希望工程'办公室看到她的材料，后来还专门到她六安的老家走访了一次。她父母身体都不好，以前家里一共三个孩子，她是最小的，后来她哥哥姐姐都去世了。她当时上大三了，学习成绩也不错，我们经常电话联系，看到她一天天成长起来，我挺开心。”苏明娟说。更大的变化来自“大眼睛”这一角色的转变。“在全社会的关心爱护下，我从一名山村的贫困孩子，成为一名对社会有贡献的普通劳动者，播撒爱心、回报社会是我义不容辞的责任，我愿意尽最大的能力，把爱心加倍回报给社会。”

从被捐助者到捐助者，从被动到主动，从接受到给予，角色的转变使苏明娟有了更多的感触。她认为，接受好心人的帮助，不是一件丢脸的事，被捐助者不要有太大的负担，应把别人的帮助化作自己更加努力的动力，只要学习期间用心读书、毕业之后好好工作就是对社会最好的回报。

2005 年 9 月，苏明娟经过笔试、面试，考入工行安徽省分行。苏明娟说，自己努力做一名“对社会有贡献的普通劳动者”。她起初在银行的机构业务部工作，后在工行安徽省分行档案中心工作。“刚进行里的时候，同事们手把手教我，领导和同事都关心爱护我，我要做的是踏踏实实做好自己分内的工作，保持一颗健康向上的上进心。”她坦陈，只要有机会，她愿意参加一些公益活动，为帮助更多的人尽自己的微薄之力。

曾经，她是爱心接收人；如今，她是爱心广播者。苏明娟作为全国“希望工程”形象代言人，积极推动希望工程公益事业的发展，同时也为工行树立一个有责任、有担当、有爱心的企业形象做出自己的贡献。

2017 年 12 月 15 日，共青团安徽省第十四次代表大会选举产生共青团安徽省第十四届委员会，苏明娟当选为共青团安徽省委副书记（兼职）。“非常荣幸能担任共青团安徽省委副书记（兼职）这个新职务，这让我有一个发挥自身优势的新平台，我一定不负组织的信任和大家期待，更好地服务青年。职不对应行政级别，不用到团省委‘打卡’上班，我的人事关系仍在原单位。兼职副书记旨在为团组织注入新鲜血液，建立一支‘专兼挂’相结合的干部队伍，是群团组织改革的需要。不希望个人受到太多关注，希望大家把关注焦点放在‘希望工程’上来，关注儿童和青年的成长，大家共同凝聚力量，共同投身服务青年的事业中来。”

2018 年 6 月 12 日，苏明娟来到安徽省青少年发展基金会，设立了“苏明娟助学基金”，并拿出 3 万元家庭积蓄作为助学基金的启动资金。目前，“苏明娟助学基金”已参与援建了多所希望小学，救助了上百名大学新生。到 2020 年基金池扩大后，将用于留守儿童教育、基层优秀教师奖励及农村学校基础设施建设等诸方面。她用实际行动诠释了新时代中国青年的无私品格和青春风采。

现在，苏明娟已有了一个幸福的家庭，做了妈妈，有了可爱的孩子。“我爱人是金寨人，是高中校友。我们上高中的时候就认识了，到大学以后才谈的。当时我在合肥，他在外地上学，工作以后他就回合肥了。我们很幸福，生活很平淡。”

1999 年，一个题为“摄影在我们的记忆中”的大型调查，在摄影圈内评选。在过往百年的照片中，摄影家们普遍把“希望工程”的“大眼睛”排在了首位。几乎同时，中央电视台也面向全国观众做过一次类似的调查，有 93% 的被调查者表示知道“大眼睛”，同时也知道由这双眼睛所代表的“希望工程”。

2006 年 11 月 23 日，在北京华辰秋拍会上，“希望工程”的这幅标志性影像，拍出了 30.8 万元。解海龙当场宣布，将拍卖所得的全部钱款用于在西藏捐建一所希望小学。“有许多人认为，是城里人帮助了‘大眼睛’，但我认为是‘大眼睛’教育了我们城里人。是这双眼睛唤醒了更多人的关爱和责任心，也让我们看到了更多的希望。”解海龙说，“只有‘大眼睛’看到了希望，我们这个社会才有希望。”

“帮助别人是一种美德，回报社会是一种义务。”苏明娟多年来一直积极参与公益活动，回报社会。苏明娟笑言，自己 1/3 的时间，都投入到了各类公益活动之中。“凡是‘希望工程’的大型活动，我都义不容辞，这是我的荣誉，更是一份责任！大眼睛，现在不仅仅属于我，我只是众多受助者的代表，我们既是受助者，也会将希望的接力棒，一直传承下去！我会是‘希望工程’一辈子的志愿者！”

从捐钱捐物建学校让贫困地区的孩子们“能上学”，到为乡村教师提供培训帮助孩子“上好学”，再到通过素质教育让孩子们“学得好”，伴随传统慈善向现代公益的理念转变，公益也开始从“捐赠”走向“赋能”。从全面完成普及九年义务教育的战略任务，到向农村义务教育阶段贫困家庭学生的“两免一补”，再到脱贫攻坚中保障义务教育在内的“两不愁三保障”……我国的教育政策不断完善，教育事业发生了翻天覆地的变化。进入 21 世纪，特别是国家全面实施“两免一补”政策后，“希望工程”将资助对象扩大到高中（职业教育）和高等教育阶段的学生，将“救助”模式拓展为“救助—发展”模式。党的十九大以来，“希望工程”聚焦教育扶贫，积极参与脱贫攻坚，开展“‘希望工程’助力脱贫攻坚 10 万 + 行动”，将“三区三州”等重点扶贫地区的建档立卡贫困家庭学生作为主要资助对象。“希望工程”实施之初解决的是家庭非常困难的孩子入学问题，在经济不发达的年代弥补了政府教育经费不足的困境。现在，随着政府教育投入的不断加强以及越来越多的社会力量加入，受捐助学生的范围早已不断扩大，帮扶

如今，苏明娟也活成了别人世界里的一束光

政策也越来越普惠。在苏明娟看来，“希望工程”更像是一场广泛、持久、深入的公益意识启蒙。

2019年，教育部宣布，中国已建成世界上规模最大的高等教育体系，高等教育毛入学率达到48.1%，高等教育即将进入普及化阶段，这意味着将有近一半的适龄青年可以接受高等教育。在此背景下，新时代的希望工程如何转型，为新时代教育事业助力，是投身教育公益事业的人们共同思考的问题。如今，在一所所希望小学里，孩子们已经有了通过学习知识改变命运的机会，而苏明娟等公益者也同时期待，孩子们有追求自我、实现梦想的可能，每个孩子都能享有公平而有质量的教育。

“因为自己淋过雨，所以想为别人撑把伞。”苏明娟就是如此。对苏明娟来说，善良，好像就是从上一代人手中接过的火种。别人曾借它点亮过苏明娟的人生，如今，她也活成了别人世界里的一束光。或许我们没有过和苏明娟一样的经历，但我们每个人都和她一样手持火炬。

江珊：因一场大洪水而改变命运

江珊档案盘点：

江珊，九八抗洪小英雄。1992 年出生于湖北嘉鱼，2014 年 6 月毕业于铁道警官高等专科学校侦查专业，2019 年 7 月加入中国共产党。现为襄阳公安处应城车站派出所副所长。

1998 年夏天，留给很多人的最深印象是那一次百年罕见的特大洪水。由于洪水水量大，受灾范围广，持续时间长，无数人流离失所，无数人抱头痛哭。天灾面前，军民一心，众志成城，共克时艰。江珊是这场天灾的受害人之一，因为这场灾难，年仅 6 岁的她失去了一个完整的家。

关心九八抗洪救灾的中国人，也许还记得 1998 年特大洪水中抱着树枝在洪水中坚持了近 9 个小时最终获救的小女孩江珊。当年，这个中央电视台新闻中频频出现的令人揪心的镜头、歌曲《有个小姑娘》的主人公江珊，在惊涛骇浪中是如何求生演绎生命奇迹的？这么多年过去了，这个在洪水中失去家园的农村小姑娘的命运如何呢？

惊涛骇浪中的六龄女童难灭求生欲望

1998 年，从 6 月中旬起长江就进入汛期，但这一年的雨水似乎特别多，竟没有停止的迹象。大人们愁眉苦脸唉声叹气地抱怨这一年的收成又泡汤了。不过这对孩子们来说并没有什么影响，他们依然热衷于雨中的游戏。

这年 8 月 1 日晚饭后，江家孩子在院子里嬉戏。正玩得高兴就见妈妈和奶奶从屋内冲了出来，妈妈一手拉起江珊的小弟一手拉着大弟，并喊着一家人就往院子外跑。江珊与二姐江黎也被奶奶一把拉着跑了出去。

原来，就在这天 20 时 30 分左右，湖北嘉鱼电视台中断正常的电视节目，播音员告急：“簰洲大堤魏家码头出现溃口，大家迅速就近就高转移！”很快，村喇叭里广播员也在广播：“大坝出现溃口，请大家就近前往高地转移！”不多时，电停了。全被洪水淹没的垸内，黑茫茫的一片。哭声、呐喊声以及由远及近的洪

铁路警察江珊

水的轰鸣声搅拌一起，任谁在这种环境下都会感到既紧张又害怕。

江珊的奶奶一行人刚走过一段田埂，就听到堤上大呼小叫的声音和江水滚滚的轰隆声。奶奶见情况不好，就一手拉着江珊，一手牵着她的二姐江黎跑起来。江珊的妈妈和大姐一起跑，两个弟弟紧跟在后。不大一会儿，江水就冲上来了，水漫到了江珊的腰身，强大的水流把她的妈妈、大姐和弟弟卷走了。奶奶只是因为就近抓住一棵小树，祖孙仨才没有被浪头席卷而去。心爱的亲人不知去向，江珊不免哭出声来。当年有的亲历者如是说："洪水来得太过迅猛，好些人还没有撤到安全地区大水已经铺天盖地地追了上来。"当年的有关报道也曾报道："水越涨越高，冲倒了好几座房屋，洪水像一头凶恶的巨兽，吞噬着一切。"

洪水越涨越高，看来小树不能再长久保护自己了。她们便想蹚着水走，可60多岁的奶奶怎么也走不动了。不想拖累孙辈，奶奶对她们喊："快跑，孩子，莫管我……"这时，有个战士闻声游过来，将她们分别带到两棵小白杨树上，并嘱咐抱紧树，接着又去救其他的灾民群众。

奶奶与江珊一块儿抱着的一棵树不大，这赖以生存的救命树经不起大水一遍遍冲刷，被连根拔起。水，此时已漫到奶奶的颈部，幸亏江珊会踩水，奶奶边摸着走，边拖着踩水的孙女找高攀的树。好不容易，总算找到了一棵可停靠的树。洪水把奶奶的身体冲撞得晃来晃去，奶奶踮着脚，把江珊向树上顶了顶，说："孩子，你往上爬一点。快！快爬树，抱住了莫松手，莫睡觉，等红五星的叔叔来……"又一浪头使劲打来，江珊就再也看不见奶奶了。她不由得大哭，边哭边喊。可她再也唤不回奶奶了。

夜黑黑的，伸手不见五指，只听得洪水的咆哮。水流越来越急，江珊抱着的小树被冲得左右摇晃，吱吱作响。她感到害怕，平时她爬很高的树、抓红眼睛的蛇、夜晚走坟地都没这样害怕过。黑暗中，她"哇"的一声又哭了起来。

随后，水又涨高了，到齐颈了，江珊又向上爬了爬。好几回小树干从手中滑脱，她在浪流中直呛得连喝了几口水。几经挣扎，她终于找到了一棵稍大的小杨树，一把一把地往上爬，用双脚踩在上面，总算可以歇歇气了。

在这个漆黑的夜里，脚下是犹如猛兽一般滚滚而过的江水，溅起的波浪时而拍打着她小小的身体，仿佛野兽要将她扯下吃掉。江珊不明白平时温润清澈的江水怎么会这样可怕，她蜷缩在树上已经不会哭了，双手双脚仍然紧紧地纠缠着树干。心中唯一的信念便是奶奶被冲走前的一句话："抱住了莫松手，莫睡觉，等红五星的叔叔来。"

不知过了多少时间，江珊感到肚子饿了，便摘了两片树叶含在口里，味好涩好涩，她只好吐了出来。很累很困了，上下眼皮不停地打架，但不敢睡，奶奶的话也一直回荡在耳畔。这样，江珊始终趴在树上，水涨多高，她就往上爬多高。

孤独、恐惧、绝望，不满 6 岁的小孩子无法用语言准确地表达出当时的心境，她只能不断地在心中重复奶奶的话。直到第二天破晓时，麻木的孩子终于听到隐隐约约的人声，那会是头带五角星的人吗？

凌晨 5 时许，武警湖北消防总队王明华正带着战友营救落水和被困的百姓。他的 2 号冲锋舟已经搭载了 10 余名群众，就在回程的途中王明华透过蒙蒙天色，突然隐约看到不远的一棵树上似乎挂着什么东西。起初他以为是衣服，可仔细一看发现那竟然是个小孩，孩子三分之二的身体浸泡在水中，裤子被洪水卷走了而下身赤裸着，双眼微睁。王明华大声呼叫战友救援。可此刻水流湍急，虽然直线距离只有不到 100 米，但王明华多次尝试竟然都不能靠近孩子所在的树。

眼看着孩子就要支持不住，这一撒手想要再救回来可就难了。王明华急得红了眼，与战友们拼了命将冲锋舟向孩子靠去。船上的群众也都大声喊话鼓励孩子再坚持一下。

冲锋舟终于逐渐靠近，王明华抓住机会伸长手臂一把抱起孩子抱到了船上。这个被营救的四肢已经僵硬、有的伤口还渗着鲜血的小孩，就是在惊涛骇浪中浸泡了近 9 个小

1998 年，洪灾中抱树获救的小江珊

1998年，小江珊灾后与家人团聚

时的江珊。

救援的画面，被搭乘冲锋舟随行的记者拍摄了下来。拍摄者向培凤，当时是湖北电视台的一名记者。他用镜头记录下小江珊获救的过程，以此素材编辑而成新闻特写《生命之舟》。这一报道，荣获了当年的中国新闻奖；随着报道的广为传播，江珊也逐渐被人们所熟知。

被救起10多分钟后，江珊才“哇”的一声大哭起来，一想起自己已失去了奶奶、妈妈、大姐与两个弟弟这5个亲人，便哭得更伤心。从此之后，这颗红星伴随着责任心和使命感就深深地烙在了这个孩子的心上。小江珊在危难面前所表现出来的强大意志力，让很多成年人都自叹不如，她也因此被人们称赞为“抗洪小英雄”。

洪水中的救援，就是与时间赛跑。小江珊，是众多的获救者之一。当时的媒体报道显示：1998年8月2日，有150多艘各式轻舟进入簰洲湾内救人，共救起受困群众17000多人。簰洲湾人痛定思痛，在随后的4年之内累计投资1.8亿元，将41.5公里的大堤普遍加高、加宽、加固，并投资2640万元在溃口处修起了长达994米的新堤，采用先进的土膜袋技术，经过1999年大汛的检验，成功抵御了31.40米的洪峰。簰洲湾人从此告别了担惊受怕的历史，进入了安居乐业的休养生息时期。

王明华说：“‘九八抗洪’是我人生中最难忘最可贵的一段经历，虽然我现在已经转业，但我始终记得当年和咸宁人民一起战斗在抗洪抢险一线的情景，现在回想起来依然觉得非常光荣。看到大家的日子越过越好，我真心高兴。因为保家卫国，就是军人最大的幸福。”

如今，行走在嘉鱼簰洲湾，曾经的民垸溃口之处，已是草木葱茏，处处青绿。

2016年7月7日，反映1998年抗洪中湖北消防官兵营救小江珊的雕像在咸宁市公安消防支队嘉鱼大队正式落成。雕像以一比一的比例，采用纯铜制作。雕塑以当年的冲锋舟为载体，既有抱在树上惊恐万分的小江珊，又有冲锋舟冲过激流抱起小江珊的精彩一幕，还有其他官兵前赴后继、勇者无敌的感人瞬间。据嘉鱼消防大队教导员介绍，“九八抗洪精神”一直是推动嘉鱼消防建设的精神动力，是嘉鱼消防的党魂、军魂和队魂的生动体现。也正是基于这种原因，才建成了湖北消防营救小江珊的雕像，它不仅是嘉鱼消防人的骄傲和自豪，也是湖北消防人代代相传、不断发扬光大的宝贵精神财富。

“野”孩子缘何能演绎生命奇迹

江珊的家所在地湖北嘉鱼簰洲湾中堡村，面对长江，背倚四邑公堤。笔者当年作为某应急小分队队员，参加了那场抗击长江百年不遇的大洪水“战役”，也亲历了闻名全国的簰洲湾抗洪抢险。其间，无不为成千上万的灾民生活境遇所忧虑，也无不为小江珊的英勇事迹所打动。这个被搭救的六龄女童江珊，在中央电视台不久主办的“我们万众一心”义演晚会上露脸后，亿万观众无不为之动容。

江珊的父亲江其新是中堡村 7 组村民，对种地不感兴趣，开放搞活的政策给他提供了外出务工的机会。他走过许多地方，都没找到顺心的职业，却在名剧《天仙配》的发祥地黄梅县幸运地娶到了一个美丽的妻子。

江珊小时候经常一个人到处“野”，一野就是一天。两岁时，就开始在荷塘里玩水，会打鼓球（俗称狗刨式游泳）、仰泳、踩水；她爱爬树，门前的一棵槐树的树干被她爬得滑溜滑溜的，有时她甚至躲在树上让奶奶找不着自己。一到夏天，她便光着脚丫，到处捉鱼、掏鸟蛋、抓蝴蝶，脸上晒得黧黑，肩头皮肤烤得露出了粉嫩嫩的细肉。一年四季，她的脚没少割伤，身上没少划伤，手没少挫伤，但她不怕，很少像别的孩子哇哇叫痛。爸爸江其新看她这样爱玩爱动，毛手毛脚，像个男孩子，又因为她是猴年出生的，就给她取了个小名叫“猴子”。由于江珊的脑瓜子很灵活，村里的大人也叫她“小精怪”。

当时，江珊的父亲和爷爷为了让家人生活得更好便进城务工，因而没有遭遇洪水。江珊在洪水中获救后，被送往武汉市江夏区范湖福利院暂时收养。其间，她意外地遇到了二姐江黎。爷爷江哲明闻讯后，被送到福利院与两个孙女住在一起。在武汉市打工的爸爸江其新得知消息，立即赶到福利院。劫后重逢，悲喜交集，4 人相拥而泣。

早在 1986 年，刚成家不久的江其新就到汉正街当“扁担”，一干就是 22 年。有一年夏天，姐姐曾带着江珊一起到武汉看父亲，才知道“扁担”讨生多么艰难。当时汉正街道路狭窄泥泞，人流量大，何况要挑重担。挑一副担子二三百斤，只挣个两三元。一天跑个10来趟，挣二三十元。有一回，江其新扛的包被人偷了。江其新赔了货主800多元，那一个月全白干了。但那时候，家庭负担重，不做没有办法，一家全靠一根扁担维系生计。

1998年，江珊在激流中浸泡了近9个小时，终于获救，幸免于难，这不能不说是生命奇迹。之所以出现这个奇迹，一说缘于她奶奶在关键时刻把她推上了水中的小树，并告诉她不要慌，等人来救；二说由于武警官兵及时发现了她，把她救上了冲锋舟；三说江珊会游泳、爬树，有了在洪水中自救的技能；四说江珊有非凡的毅力——在洪水激流中挣扎了9个小时，很多大人都坚持不住，她却挺住了——这种毅力，是很多城市小孩与独生子女所不及的；五说江珊机灵敏捷，及时抓住了小树，并死抱不放；六说平时父母对她少溺爱，锻炼了她独立活动的能力。众说纷纭，不一而足。

曾担任过中堡村党支部书记的张联炳认为："穷人的孩子早当家。像江珊这样的孩子，从很小起就什么事都得自己做自己干，较早地锻炼了他们的独立能力和生存能力。现在有些娇生惯养的孩子，十四五岁还依靠父母，要是碰上突发的困难和灾害，就无力对付了。"江珊的爷爷如是说："猴子"在遇到武警之前，大难不死，多亏她的这个"猴子"劲，还有平时我们生活艰辛、艰难，使她有胆子、本领、有毅力——"猴子"要是个衣来伸手、饭来张口的伢，她早就完了。

是的，江珊能死里逃生，更重要的是缘于她自身的"野"。尽管江珊的父母没有请过家教对她进行特殊训练，江珊也没有机会进夏令营、冬令营受过专门的"磨难"教育，但生活的磨炼使她"自学成才"，学到了一般孩子少有的本事。别小瞧那些诸如爬树之类的小本事，正是这些小本事在那次遭遇洪水时发挥了大作用。试想，那些"柔"性有余、"野"性不足、吃不了苦、受不了累的"小太阳"，连小挫折与小摔打都经不起，离开家庭与亲人就缺乏适应社会与自然的能力，更不用说遇上百年不遇的自然大灾害。看来，有时不妨让他们"劳其筋骨，饿其体肤"，这样他们将来就有可能担当大任。当然，孩子有时候可能"野"得出格，也用不着害怕。孩子终究是孩子，关键是得善于引导，使他们的"野"得到"良性发展"。至于对孩子一味放纵，对他们顽劣、乖张的行为不加制止，反而鼓励赞扬，使孩子"在门内或门前是暴主，是霸主"（鲁迅语），这也是不可取的。人们应从小江珊在洪水中努力求生、创造生命奇迹中得到家教的启发。

曾传言"小江珊2岁时就学会了游泳，在北京读书后，还接受了专业游泳训练，曾立志要当一名游泳健将，成为中国的‘菲尔普斯’”，江珊在2011年曾回忆：“这完全是误传。直到现在，我都不会游泳。在圣陶学校时，我确实经常去游泳池学游泳，但一见水就害怕，所以也没学会游泳。”

1998年，特大洪水袭来，全国29个省（区、市）遭受不同程度的洪涝灾害，累计受灾面积达3.18亿亩。流经三楚大地的千里长江到了湖北咸宁地区的嘉鱼县境内时，突然拐了一道大弯，远远望去，就像上帝的大拇指倏地伸进了长江腹心。这便是“万里长江第一湾”——簰洲湾。滚滚长江流经簰洲湾，形成41.5公里长的呈“C”形三面环绕，然后直奔武汉关。簰洲湾是武汉长江防洪的天然屏障，自古即有“簰洲弯一弯，武汉水降三尺三”之说。后据报道：1998年8月1日晚，湖北嘉鱼簰洲湾镇等由于民垸发生管涌而溃口，狂澜咆哮，以7米落差冲向30多个村庄、8万亩良田、6万多群众……繁华的街市、20多座工厂、无数的房屋，瞬间成为废墟一片。危急关头，广空高炮某团225营168名官兵把生的希望让给群众，把死的危险留给了自己，高建成等19名勇士在抢险中不幸遇难，另有20多名（一说22人，一说25人）群众被洪水吞噬。经历了1998年8月那惊心动魄的一夜，小江珊也瞬间长大，变得十分懂事。她跟随着爸爸一起找到了恩人王明华道谢，并且在之后多年每年去看望王明华，直到他工作调动联系不上。

簰洲湾，尽管是荆楚古镇，其建制溯及1700多年前，因区位优越，交通便利，工商繁荣，渔农兴旺，素有“小汉口”美誉，但这个原本在中国地图上很难找到的地名，却因一场洪灾永远和高建成等英雄的名字一起被刻在了1998年的抗洪历史纪念碑上，印在了人们的心里。为纪念那一段不能忘却的历史，湖北省咸宁卷烟厂曾精心设计出品过“簰洲湾”烟标，多个版本，其中印有“众志成城”和“1998”字样的直卡烟标，以红、黄底色为主，烟标的正副版图案均是由军民与洪水英勇搏斗的经典画面组合而成的，真实地再现了当时惊心动魄的抗洪抢险场面，再现了我国军民舍生忘死的壮举与不怕困难、顽强拼搏的抗洪精神。为纪念“抗洪英雄”高建成等19位烈士等，兴建有抗洪烈士陵园、抗洪烈士纪念碑、九八抗洪纪念馆。每次回老家，江珊都会前往为英雄扫墓，并参观纪念馆。

因饱受洪水之苦而怀揣感恩之心

1998年，江珊经全国各大媒体的宣传，特别自中央电视台《焦点访谈》及赈灾晚会出现，这个六龄女童成为当年抗洪抢险大决战中最受世人牵动人心的小灾民。不少全国各地的小朋友给她写信，称赞她的敏捷、顽强，并给她寄了不少文具用品及部分钱。在“我们万众一心”晚会上，叔叔、阿姨们主动给她捐款 2600 多元；北京有线电视台《有线观察》栏目的工作人员也汇款 2170 元献上自己的爱心；家住湖北宜都的一位小朋友周璐砸碎心爱的储钱罐，通过嘉鱼妇联为江珊姐妹寄来 200 元硬币……

江珊姐妹俩的不幸遭遇，受到了社会各界的广泛关注。全国 10 多所学校也纷纷与嘉鱼县民政局联系，愿意免费助学江珊姐妹俩，并供养成人。最后，该县民政局选择了北京市圣陶实验学校。这年 8 月 31 日，备受人们关注的江珊和她的姐姐江黎，在嘉鱼县民政局领导与从洪水中救起江珊的武警官兵的护送下，踏上了北去的列车……

在北京市圣陶实验学校上完小学后，江珊在北京密云县水库中学上过半年初中。由于在北京上学，以后高考还得回原籍考试，江珊和姐姐在北京学习生活了 7 年之后，又转回湖北嘉鱼继续读初中。

据了解，江珊在北京学习期间曾获第 3 届全国少儿美术书法摄影大赛优秀奖、第 5 届全国少儿美术书法摄影大赛美术一等奖。回家乡鄂南后，江珊就读在嘉鱼县博才学校，时任班主任还清晰地记得她来报到的情景：“高挑个子，样子挺白净，人也热情开朗，进门来一口京腔‘老师好’，感觉很有礼貌。稍稍一交谈，你就会感到她的独立与懂事。”江珊说：“我是一名农家孩子，是一名苦命又幸运的孩子。1998 年的洪水改变了我的人生轨迹，但我知道，命运只能靠自己来改变。我有一个梦想，长大后能走出簰洲，走出嘉鱼，我期望能用知识改变命运。”

从北京回家过暑假的江珊和姐姐江黎在家中完成暑假作业

“1998 年洪水后，我的妈妈、大姐、两个弟弟，还有奶奶被洪水冲走，我与姐姐、父亲相依为命。2009 年 4 月，父亲因肺癌去世。2010 年年底，在嘉鱼参加一次公益活动时，我与嘉鱼县公安局政治处民警李安福叔叔相识。李安福的女儿与我年纪差不多，李安福叔叔很关心我并主动提出，将资助我上学，认我做了干女儿。”江珊说，她早就下定决心，一定要感谢所有关心过、爱护过她的人，无论这个人是公开还是暗中资助过她。江珊的邻居、时年84岁的熊福山婆婆说：“江珊这伢特别懂事。每次回家时，都会挨家挨户到村里各位长辈家串门，祝福长辈们身体健康。”

有这样一则寓言：几只刚出生不久的小狮子，被猎人带回家中精心喂养。小狮子从小无忧无虑，有吃有喝。一天，一只小狮子从笼子里跑了出去。后来，猎人外出再也没有回来，留在笼子里的小狮子都活活饿死了。那只当年跑出去的小狮子，虽然在野外吃了很多苦，却顺利地活了下来。江珊说她要做那只跑出去的小狮子。在一次班会的发言中，江珊说：1998洪水过后，爱的呵护为我遮挡了许多风雨，但我不能像温室里的鲜花，总靠政府的救济生活，经历风雨才能长成大树，我要靠自己改变命运，用才干回报社会。

2008年汶川地震，初三学生江珊省吃俭用为灾区捐了200元钱。在普通人看来，这200元不过是一餐饭，一瓶酒。可对于江珊来说这就意味着未来几个月她都要跟青菜做伴。但她不觉得委屈辛苦。能帮助别人，哪怕只是微不足道，哪怕只是绵薄之力，她的心中都觉得安定踏实，喜悦满足。“我曾眼睁睁地看着奶奶和母亲被洪水吞噬，但那场灾难也让我学会了坚强，学会感恩。看到那么多孩子失去家园、失去父母，埋在废墟底下，我感到特别难受。我明白灾区人民在困难中的那种无助和绝望，他们现在最需要社会的帮助，所以我希望他们今后能幸福地生活。”

这一年秋，江珊以550多分的好成绩考上了嘉鱼一中。然而，就在这年9月23日，江珊的父亲江其新被诊断出肺癌。“因无钱抓药，所以没有吃过一剂药，父亲一直干熬着。我们恨自己无能，不能给父亲救治！”10年前，失去了妈妈等5位亲人的江珊现在害怕再失去相依为命的父亲！“家园破碎时，我们都没有这样绝望过。可那时，真的非常无助。我最大的希望是父亲有钱治病，我要尽全力为父亲呼救。”

2009年江珊的父亲因病去世。弥留之际，他向女儿表达希望她能够从军从警的愿望。而这一次已经读高中的江珊在父亲的病床前郑重地许下了承诺，她愿意投身警校，成为人民的守卫者。此时，她的姐姐江黎在湖北民族学院学习。

曾经的被守护者成为守护者

2011 年夏，19 岁的江珊的高考文科应届生总分是 468 分。填报的所有志愿都是军校与警校。通过面试、体检与政审，她被（郑州）铁道警官高等专科学校侦查专业提前录取，带着使命感开始了新的征程。大学的学习更注重专业素养的提高，每次训练江珊从不落下，不论寒暑都能在训练场看到她的身影。

她知道自己长得娇小，未来要从事的职业对体能又有很高要求，所以拼命训练。将自己彻底晒成一只“小黑猴子”以后，她的专业课成绩开始名列前茅。2014 年，江珊大学毕业后参加国家公务员考试，成为武汉铁路公安局襄阳铁路公安处一名普通的铁路民警。

针对传言“小江珊发誓长大要当老师，怎么高考填志愿却都是警校，这孩子太不诚实了”，江珊回应：“在北京圣陶学校上学时，我特别崇拜老师，觉得老师很神圣，很神气。确实发过誓，长大了一定要当一名老师。还经常暗中模仿老师的动作，想象自己当老师时的样子。那时封闭式教学，圈子小，但回到嘉鱼后，圈子扩大了，就改变了想法，我想当一名军人，或者警察，我还是许三多的粉丝呢。我很喜欢看战争片与警匪片，对英勇杀敌的战士与武艺高强的警察佩服不已，女孩子穿军装或警服的样子，很漂亮。我的命是解放军叔叔与警察叔叔救的，忘不了他们对我的救命之恩，想像这些叔叔一样去帮助别人。爸爸过世之前，也对我说过，希望我将来当军人或警察，我要实现爸爸的遗愿。”

其实，从当年被救起的那一刻起，一粒镌刻着感恩和顽强的种子就在江珊的心中生根发芽。江珊说：“1998 年，在我人生最漆黑、最茫然无助之时，是前来救援的解放军和公安消防官兵给了我生的希望。我非常感谢和崇拜他们，觉得他们将生死置之度外去救人于危难，是真正的英雄。他们保护人民群众的生命和财产安全，是人民群众的守护者，非常伟大。因此，希望自己通过努力，有一天也可以加入他们的队伍，成为一个像他们那样的人。”

江珊当年说，等到拿到录取通知书了，她会用电话向武警叔叔及北京圣陶学校的老师们、资助过她的严邦山叔叔、一直关心她的鞠萍阿姨等人报喜。她说的严邦山叔叔，是武汉的一名企业家，从初一到高一整整 6 年，每年都会给汪珊寄来生活费，初中 3 年，每年 2000 元；高中 3 年，每年 4000 元。

2011 年 8 月的《武汉晚报》报道：“此次江珊上学报名时须交 6100 多元的费用。

湖北省福彩中心表示每年为江珊解决5000元的学费，每月600元的生活费；嘉鱼县民政部门已经每月发给江珊100元的低保，其孤儿补助也正在办理之中。”

执勤中的江珊

2014年，当第一次拿到警服、警衔，穿戴整齐时，站在镜子前的江珊忍不住热泪盈眶。16年，让她从一个懵懂孩童蜕变成了一名人民卫士，从一个等待搭救的无助小孩到一个可以救人于危难之中的人民警察。其中虽然有艰难苦楚，但一路走来也有无数人给予了她无私的关怀。今天，终于到了她有能力回报这些可亲可爱的人们的时刻了，江珊心中说不出的激动。但是上岗之后她觉得这个工作跟自己想象的有点不一样，虽然同属警察队伍，但江珊的工作跟武警、特警有着很大的差别。

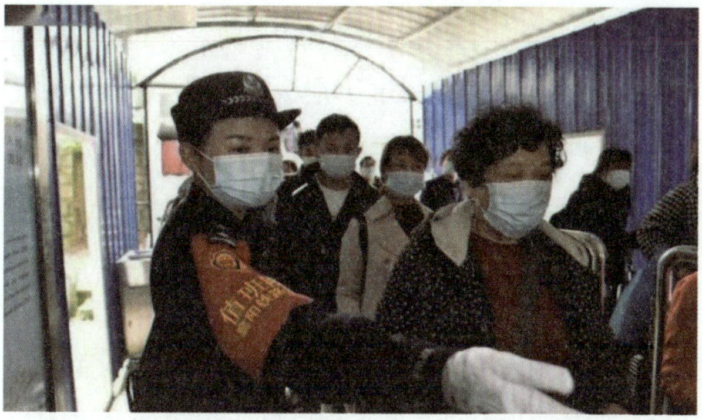

维持秩序是铁路民警的重要工作（左为江珊）

入职时，江珊对警察这个岗位的了解不多。她坦言：“儿时的我，对警察的认识来源于影视作品，剧中的警察或是当卧底，或与歹徒斗争。真正当上警察后，发现和想象中的不一样，更多的是坚守和奉献。不同的岗位，有不同的职责和工作需要。”她身边的刑警同事，直面的是打击违法犯罪，陆续破获了多起有影响的大案要案。比如，抓获潜逃18年的杀人逃犯，使得一起隐藏23年的雇凶杀人案水落石出；破获涉案金额达1.47亿的特大制贩假烟网络案等。她所在的派出所，工作则更多的是直接与群众打交道。“践行人民公安为人民的初心使命，落实起来很多就在于服务人民群众的点滴小事。比如帮助旅客解决一些困难，可能是帮忙找回遗失物品，可能是帮助迷途之人回家，也可能是每天反复几百次，回答旅客们同一个小问题。”

的确，应城车站是一个四等小站，车站派出所平时处理的都是一些“鸡毛蒜皮”的事。行李丢啦，找不到座位啦，乘客之间发生口角啦，等等。民警们每次巡逻的时候都能随手解决一两件纠纷，这有如“居委会”的工作内容让江珊有些茫然。“我是做警察的，不是社区服务。我要保护人民群众的生命、财产安全，我希望我能够帮助更多有需要的人！”小江珊严肃着脸对同事诉说着自己的苦恼。

老民警慈爱地看着这个有如小牛犊一样干劲十足的小丫头，拍拍江珊单薄的肩膀，对她说：“你瞧不起这些小事儿吗？这就是服务人民。”“在大灾难来临之际，我们人民警察、武警官兵要站在群众百姓前面，这是为了保护。在和平岁月中，我们解决群众之间的纠纷，急群众之所急，也是保护。人们都说‘现世安稳，岁月静好’，正是因为有我们的守护，才能有百姓的静好啊！”老民警离开后，江珊站在窗前没有离开，过了很久她抬手抚了抚头上的警徽，转身步入了候车大厅。

从此，途经应城车站的旅客们经常能看到一个个子不高的女警忙碌的身影。她帮助老人们拖行李、帮妈妈抱孩子、帮旅客找车次，总之只要有困难找到她，就没有解决不了的事。如今，她认为，不管岗位在哪里，能够作为一名人民警察服务群众，就觉得充实而有意义。

江珊的出众表现使她在同龄人中脱颖而出，多次获得嘉奖。有的同事说：“在江珊身上，有一股韧劲，就像初生牛犊不怕虎，看似娇小的身躯背后有一股顽强的力量，干起工作来干净利索，简直就是一个‘女汉子’。”全情投入到工作中的江珊没有注意到，她“拼命三郎”的工作态度成功引起了同事中一位年轻警员的注意。原来，在工作上收获了肯定之后，她的爱情也悄然而至。

江珊在工作中认真细致，但对自己的事却总是大大咧咧。全所的人都明白小伙子的心思，就她一人还拿对方当“好兄弟”。大家实在看不下去帮忙戳破了这层窗户纸，江珊才恍然大悟，这个“小女汉子”终于知道害羞了。工作中多有接触，两人对彼此的脾气性情都很了解，没多久就确定了恋爱关系。2015 年江珊有了自己的家庭，不久他们的女儿也在全家人的期待中到来。

童年时的江珊有过幸福安逸的生活，享受过父母家人的宠爱。天灾毁了她的家，让她漂泊了小半生，所以她对待家庭和家人越发珍惜。陪伴女儿成长，给孩子一个美满幸福的童年是她和爱人由衷的心愿。但是两人同在公安系统，忙起来尤其没日没夜。

汛期来临，湖北普降大雨，江珊（前）值守在长荆铁路线上

2019 年 7 月，江珊光荣加入中国共产党。这年 12 月，应城发生 4.9 级地震，本来已下班返回家中的江珊，把孩子交给家人，穿上警服一路小跑返回到工作岗位，投入维护乘车秩序、疏导滞留旅客等工作中。“她一心想着维护秩序、服务旅客，完全将自身的安危抛在脑后。”时任襄阳公安处应城车站派出所所长张德斌说。

辛勤付出，也收获了认可。所在单位公开招聘副科职领导干部时，江珊凭借优异的表现，走上了派出所副所长的新岗位。江珊说：“作为一名人民警察，我做的都是再平凡不过的小事。只是希望能像当年在洪水中救我的人一样，能像很多爱心人士帮助我一样，尽我所能去帮助别人。”

2020 年年初，新冠肺炎疫情在湖北全面暴发。原本沉浸在新春团圆的喜悦中的人们迅速被恐惧所笼罩。职业敏感令江珊第一时间做出反应，安顿好家中的老人和孩子她匆匆赶往单位。

果然全省乃至全国形势都极为严峻。正当大家都有些六神无主时，已经提任为副所长的江珊第一时间向组织递交了《请愿书》：我请战，我是党员我先上，我保证在这场疫情战斗中，以身作则，牢记初心……

所里领导了解她家中情况，夫妻俩都在公安系统，孩子年纪尚幼，并不适合冲在一线，便委婉地建议江珊留在后方。但她态度坚决地表示了自己的决心，“当年如果没有人救我，也就没有今天的我。他们能舍生忘死，我也可以！疫情不退，我不退！”她在一线努力工作，配合防疫部门进行消毒、体温监测、宣传，维护防疫物资和人员的安全运转。

全所民警都知道江珊的身世经历，之前他们并不太理解江珊的拼劲儿。但这一刻大家从这个小女子身上看到了坚韧、忠诚、勇气和执着这些只有在中国军人、警察身上才有的气质。大家也都毫不犹豫地跟江珊一起投入到忙碌的工作中。

江珊说："每天看到不断攀升的死亡数字，我就好像回到了我家乡受难的那一年。我很痛心，不想他们经历我的痛苦，所以即使危险我也要冲在第一线！"

2月末，应城车站派出所接到上级命令，将有一批重要物资到达天门车站，接收人员不足需要紧急支援。江珊接到命令二话不说，做好防护措施就往外冲，同事都阻拦她，已经连续几天都没有好好休息的江珊实在不适合再长途奔波。江珊爽快地说："我家在本地，孩子有老人照看，所以没有后顾之忧，你们不要担心我。保证物资转运是我们最大的责任，越是紧张的时候越容易出乱子，生活必需品能及时送到老百姓手里才能稳定人心！"就这样已经连续工作好几天的江珊带着派出所同事和150名志愿者硬是将606吨物资按时转运出去了。当最后一车物资封箱启动后，江珊跟她的同事又迅速回到自己的岗位，继续着平凡又艰巨的任务。

2021年3月，江珊在央视综艺频道《回声嘹亮》节目中讲述了自己的故事。节目中，江珊哽咽着说道："23年前的那个夜晚，至今历历在目，无法忘怀。那场洪水冲毁了我的家园，夺走了我的亲人，和一些父老乡亲。那一晚，奶奶双手把我推上了一棵树，让我抱紧不要松手，我就一直坚持了下去。"江珊还回忆了一个不为人知的小细节：其实大家看到的，并不是当时的那棵树，而是第二棵。"我和奶奶抱着的第一棵树倒下以后，我们一起沉到了水底，沉到底下的时候，脚碰到的都是泥土、泥沙。当我划得很累很累、手脚酸痛的时候，后脑勺好像被一个东西突然敲打了一下，我条件反射地转过头去，看到的是另一棵树，我就抱上了它。"江珊说，"后来，是一个头上戴着五角星的武警消防官兵把我救下来的，他的名字叫作王明华，我至今记得。"

谈起如何穿上警服成为人民警察的，江珊说："我的命是武警消防官兵救的。当时我觉得他们能够奋不顾身、置自己生死于度外地去救他人于危难之中，非常伟大。"大学毕业后，她通过国家公务员考试，进入了武汉铁路公安局襄阳铁路公安处，"穿上了这身警服，圆了我的从警梦"。

央视《回声嘹亮》节目中，王明华通过VCR寄语：希望江珊在今后的工作中恪尽职守，加强学习，更好地为人民服务，争做一名优秀的人民警察。江珊说："王叔叔，谢谢你，我没有让你失望，如今我已经是一名人民警察了，我会在我的岗位上，力所能及地去帮助更多的人，把你们的精神发扬光大。"节目的最后环节，已是湖北省公安厅经济犯罪侦查总队二队高级警长的王明华现身现场。时隔多年，两人在台上互相敬礼、拥抱。

现场，王明华回忆了当年的救援过程："当时是 1998 年 8 月 2 日，凌晨 5 点多钟的时候，我们二号冲锋舟，在救起了 10 余名遇险群众后，我忽然发现树上好像挂着什么东西，我和战友先后经过了 4 次才把她营救下来。当我们的冲锋舟，快靠近她的那一刹那，我就顺势弯下腰，把她抱了上来。"

1998 年的那场洪水，在一些人的脑海中日渐模糊的记忆碎片，或者是报纸已然泛黄的一篇篇文章，或只是只停留在父辈的口口相传的一段故事。对亲历者的江珊来说，那一年承载的东西太多太多：抗洪、救援、劫后余生……惊心动魄间，自己的人生已彻底改变。

时间能不能真的治愈一切，失去的痛苦无法治愈，我们只能永远铭记他们奉献的和失去的，铭记默默矗立在江边那座永恒的丰碑，铭记那种可贵的精神力量。

王一妍：十龄女童斩波劈浪渡海峡

王一妍档案盘点：

王一妍，“横渡海峡小勇士”。1993年出生于北京，曾就读于北京燕化东风小学、北京大学附属小学等，10岁进入北京市海淀区游泳体校进行相关训练。

2003年8月18日16时11分32秒，10岁的北京女孩王一妍经过605分钟的奋力拼搏，在战胜暗流影响、海蜇叮咬等困难之后，成功抵达位于海口市的海甸岛，成为世界上横渡琼州海峡年龄最小的选手。

王一妍于当日6时06分在广东省徐闻县海安镇排尾角海滩下水，海南力神横渡体育产业有限公司海牛队先后8名横渡高手陪游。据王一妍的横渡教练介绍，由于受潮向和海流影响，王一妍横渡的直线距离是21.8公里，但至少多游了10公里。

为了这次横渡，这年5月，王一妍跟随教练专门到琼州海峡训练了10天，7月又到海峡训练，并想直接横渡，因遇到热带风暴，提前回京。2002年，王一妍也曾想横渡琼州海峡，由于被海蜇蜇伤而失败——当时，社会上曾有有关要阻止小一妍横渡琼州海峡的言论：“让一个不成年的小女孩横渡海峡，是不是一件太残酷的事情？”

“横渡”似乎不再新鲜，提起“横渡勇士”这个字眼，人们脑中会闪过许多张“英雄”的脸。说起横渡的理由，这个天真烂漫、被教练昵称为“可爱多”的10岁女孩王一妍只是干脆利落三个字：“我喜欢！”

觉得很好玩就开始“玩”

王一妍时为北京大学附属小学四年级学生。她从3岁半开始学习游泳。3岁时，王一妍的爸爸王毅让她戴着泳镜在水底下观察爸爸在水下和在岸上有什么不同。她一看，哇，真的不一样，爸爸的头发在水下飘着，还一根根竖起来，王一妍觉得很好玩。从此，一进游泳池，她自己不说走，谁都甭想把她拖出来。半年后就考取了深水证。

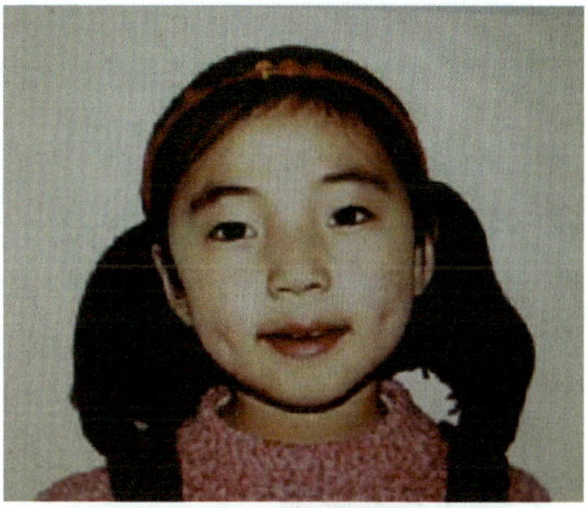
曾经搏浪击涛的王一妍

7岁时，看到女儿在游泳方面确实有天赋，王毅就开始带她去接受正规的游泳训练，仅仅过了一年，小一妍就通过了10公里的海上游泳测试。经过观察，爸爸发现虽然女儿游泳的速度不算快，但耐力超群，于是就萌发了让她横渡琼州海峡的意愿，王一妍听后也跃跃欲试，于是父女俩从此踏上挑战极限的征途。为了实现横渡琼州海峡的愿望，王一妍的父母曾经为她请来担任过横渡少年李立达教练员的姚增超作为教练。

无疑，游泳已经成了小一妍的特长。在谈到父母是不是有意识地培养孩子这方面的特长时，用父亲的一句话来说就是“有心栽花花不开，无心插柳柳成荫”。实际上，家里还摆放着一架钢琴，据说是王一妍出生以前买的。因为爸爸妈妈觉得应该给孩子培养点特长，如果是男孩学吉他，女孩就学钢琴。谁知，王一妍天性好动，在钢琴旁坐不了几分钟就开始瞎折腾。后来也试图让她练过舞蹈、画画，但是效果都不理想。王一妍的爸爸说，孩子不喜欢的事情，他从不强迫孩子去干。孩子还太小，不想让孩子太累。没想到王一妍在游泳的过程中找到了很多的乐趣。就这样，王一妍没有做一个文静的乖乖女坐在钢琴旁弹奏《少女的祈祷》，却在新奇有趣的水世界里用美妙的泳姿谱写一个女孩童年时代的欢快乐章。

小一妍给人的第一印象就是热情、开朗、热爱生活。爸爸说，燕山石化这一带依山傍水，他家不远处就是著名的旅游风景区，一妍从小的生活就非常贴近自然。每到周末爸爸都要带她到大山里走一走，去呼吸一下新鲜的空气。小一妍从小就十分热爱大自然，热爱生活。

最不缺的是韧劲

从2003年起，王一妍进入北京市海淀区游泳体校进行日常训练，李小娜是王一妍在海淀体校的教练。李小娜说，小一妍能成功，得益于她良好的心理素质和坚强的意志品质，一妍的毅力比一般孩子要强得多。“平时训练，让她游多少她就游多少，从来不叫苦叫累，只要教练布置的任务她都能不折不扣地坚持游完。”

小一妍和教练李小娜

李小娜说，“平时训练在游完七八千米后，让她冲刺，她也照样能冲上去，一般孩子可能就放弃了。”

李小娜介绍说，对小一妍来说，横渡琼州海峡最困难的不是横渡海峡本身，而是平常的训练。要横渡海峡，需要经过长时间的长距离游泳训练后才能正式下海去游。这种日常游泳训练是非常枯燥的。尤其到了周六周日，需要加量长游，一泡就是大半天，纠正泳姿，体会技术，最长时间的训练要连续在水里泡 10 多个小时，非常乏味和辛苦，但王一妍从来不说不想游了，或者提出减量要求。所以，这次大家都对王一妍横渡成功充满了信心。“她游得很轻松，身体素质也非常好。”

在李小娜眼中，王一妍还是个聪明孩子。“她比一般孩子聪明、成熟，特机灵”。李小娜说，孩子自理能力很强，出门在外，大人没想到的事情她都想到了，能提醒大人。很多时候，她自己知道该做什么。大人跟她说重要的事，她很快就能领悟到大人的意思，是个不让大人操心的孩子，肯定有一个美好的前途。在王毅眼中，王一妍虽是独生女，但并没有同龄孩子的骄娇二气，“这孩子身上有股韧性，做什么事都会力所能及地做好，我觉得女儿会有能力”。

王毅谈到自己孩子的“成绩”非常平静。他觉得这也没什么了不起的。父亲最赞赏的还是孩子的性格。“她总是笑嘻嘻、快乐的样子，不论见到谁，都会把快乐传给对方，她跟谁都相处得不错。别人看她都觉得她是个活泼可爱的孩子。”

王毅坦然地说，孩子的成绩在学校并不拔尖，也不落后，属于中等的普通孩子，不过这很大程度上是孩子转学造成的。王一妍从小在燕化东风小学上学，2003 年才转到北大附小。两个学校的教材不一样，尤其是英语，北大附小是一年级开始学英语，原来的学校是四年级开始学，王一妍整整落了 4 年。转到北大附小后，她几乎天天都在补英语，王毅说，孩子今年的英语成绩进步特别大。王毅对孩子将来的学习充满了信心。“她身上有股劲，做什么事都有韧劲。我们给她安排任何事情，只要她力所能及，她都不会说‘不’，都能不折不扣地完成。”正因为有这种性格，王毅觉得孩子将来学习差不了。

对于孩子的将来，王毅说现在根本没有为孩子设计未来的发展道路。他说，从孩子本身的情况看，在短距离竞技游泳上她并没有发展前途，因为她游泳的速度并不快。从长距离游泳来说，王一妍还会继续训练。孩子的耐力出奇地好，在以往训练中，每次给她增加训练量，她都不会出现不良反应。孩子在这方面还有潜力。

在时任北大附小校长尹超眼里，王一妍给人的印象就是很能吃苦，没有一般小姑娘的那种娇气，是个很难得的小孩。王一妍转到北大附小后，平常训练占用了很多时间，但她并没有因此耽误学习，相反一直在努力赶上周围的同学。孩子在学习上对自己的要求很高,从来没有因为训练在学习方面提出过什么特殊要求，孩子这么小,能做到这点不容易。尹超说,从老师到同学,都很佩服王一妍的毅力，也佩服王一妍的家长，舍得让孩子吃苦。这种精神值得大家学习。她说，开学后，学校打算在全校讲讲王一妍的情况，鼓励所有的孩子树立不怕苦不怕累的精神。

曾经的失败　昨天的伤痛

一年前，当时只有 9 岁的王一研曾有过一次横渡琼州海峡的经历，因被海蜇蜇伤不得不中途退出。在这次横渡之前，王一妍还没有见过海，只在游泳池中游过。据王毅介绍 :“一妍的体力特别好，最长一次游过 20 个小时，但都是在淡水游泳池里，所以我们想让她到海里锻炼一下，尝尝海水的滋味。”

2002 年 8 月 27 日清晨，小一妍在与海浪搏击 1 小时之后，最终放弃了对琼州海峡的挑战。造成小一妍未能如愿的原因是海蜇的两次不友好“亲吻”。这天清晨 6 时 08 分，王一妍在广东省徐闻县海安镇排尾角海滩下水，6 时 16 分她的右手臂忽然感觉一阵疼痛，从来没有被海蜇蜇过的她，十分害怕，大声喊道:“哎哟，哎哟，爸爸，胳膊好痛”。随队医生、在水里陪游的教练和王一妍的父亲迅速靠近小一妍，往她受伤的胳膊上涂抹药粉，几名救护员也跳下船陪小一妍游泳。鼓励她，要勇敢、要坚持住，一会儿就不痛了，在叔叔们的鼓励下，小一妍情绪逐渐稳定。被蜇伤的右臂暂时不能用力，她只能用左臂划水，独臂继续向前游。6 时 27 分，小一妍再次遭遇海蜇袭击，尽管坚强的小一妍没有停下来的意思，但从面部表情可以看出她很难受。在她第二次喊“痛，好痛啊！爸爸，我怕，快靠近我”的时候，工作人员商议，决定先让小一妍上船，两个小时后再下水游。

6时39分，小一妍登上工作船接受治疗，热心的当地渔民用自己配制的海蜇药膏，给小一妍涂抹。8时20分，随队医生建议，鉴于小一妍对海蜇的惧怕心理，紧张容易造成缺氧，继续游下去，会对孩子今后的发育造成一定的影响。工作人员、小一妍的父亲和教练商量后，决定取消当天的横渡。

从2003年5月开始，王一研就在教练和父亲的带领下再次来到海南开始了实地训练10天，计划于7月21日、22日两天进行横渡，但突如其来的“天鹅”台风又使她不得不放弃了原定的横渡计划。当时据海南省气象局消息，21日傍晚6时35分，第8号强热带风暴“天鹅”在该省万宁市北坡沿海地区登陆；登陆时，“天鹅”中心的最大风力9级；强热带风暴在登陆后减弱为热带风暴，其中心继续向西北方向移动，21日夜间穿过本岛，于22日白天进入北部湾海面。据了解，21日琼州海峡的轮渡已经停航，海南省大部分渔船也已回港避风。在这样的天气条件下，王一妍要想下水都不可能，更谈不上要成功横渡了。于是，受“天鹅”台风影响，王一妍必须放弃原定的横渡计划。

长达10小时的水上之旅

2003年8月，在大多数小学生正忙着为开学做准备的时候，10岁的北京女孩王一妍却要完成她人生中的一次“壮举”——横渡琼州海峡。经过了两年的酝酿准备，王一妍和她的父母对这次横渡充满了信心，她的父亲告诉记者：“海上的天气情况变幻无常，如果明天天气好，我想一妍横渡一定能成功。”

8月8日清晨6时许，王一妍在4个陪游的“护送”下，从广东徐闻县海安镇下水。这个出发时间是精心挑选的，目的是即使遇到洋流偏离方向，也能赶在天黑前安全上岸。这次她志在必得，吸取上次被海蜇咬伤的教训，此次王一妍全身披挂齐整，除用来换气的嘴巴外，双臂、手、脚全部被包裹得严严实实，而且除游泳裤外，上衣、手套、脚套、头套都是父亲王毅亲手挑选布料请裁缝加工的。王毅精心选择的是一种高弹不吸水的面料，事实证明这些准备非常必要，王一妍刚游出没多远，讨厌的海蜇就开始与她周旋，旁边的陪游者接连被咬伤，只有小一妍全副武装，安然无恙。

她的父亲王毅和教练李小娜坐在救生船中紧紧跟随。当时海面风平浪静，刚开始的3个小时非常顺利。上午9时以后，海流出现波动，王一妍开始顶着洋流前行，幸好不是正顶着。14时许，王一妍遇到了很强的向西方向的洋流，这使

王一妍（右）在接受相关的训练

她的方向不断向西偏离。当时所有的人都为孩子捏着一把汗，如果一直偏西被冲进海口湾的话，那游程就要多出5至6公里。不仅成绩受影响，而且有很大的危险性。关键时刻，王一妍毫不慌张，她顶着海流不断挥动双臂艰难向前游，途中她还遇到了宽达七八公里的海沟。经过努力，王一妍基本掌握了方向，在偏离预定登陆地点几公里处顺利上岸。

在整个行程中，王一妍吃了4顿饭。工作人员为她准备了能量棒、牛奶、饮料等，王毅说，在下水之前，他们就给王一妍补充了能量，使她轻松地游完了全程。16时05分，王一妍在海口白沙门美丽沙海滩登陆，双脚终于结结实实地踩在陆地上。其壮举吸引了众多成人参与。除了一开始组织的4个陪游外，中间不断有人跳下水去陪游，最多时陪游人员达到了10个，尤其是在最后阶段，在船上观看的工作人员和一位海口市副市长也跳入水中陪游，为王一妍鼓劲。

最大的“风浪”还是社会舆论

由于海蜇的侵袭，小一妍的2002年横渡最终没有成功。但是王一妍的父亲王毅觉得，哪怕只游一公里，孩子毕竟在大海里游过了。王毅说：“挑战海峡主要是想培养孩子的自信，充满自信是我想留给孩子的一笔财富。”

就在王一妍这次出征时，南方有家报刊这么说：“我不想去猜测围在王一妍身边出谋划策、鼓动她铤而走险的人们的目的究竟是什么，我只是不明白他们凭什么代一个充满童稚、未脱天真的孩子这样残酷地做主、这样残酷地设计！横渡海峡，已不属于一般的体育健身运动，而是极限运动——从身体、智慧、意志上挑战生命极限、张扬自我的运动，本质上是生命个体崇尚坚韧不拔、追求身心愉悦、丰富生命内涵的自觉行为，需由生命个体自主，其间贯穿高度人性。这决定了活动于这一领域的只能是生活自立、行为自主、后果自负的成年人，而让一个身体、智慧、意志处于10岁状态的儿童这样去行事、冒险、撞运，则不管那

成功横渡后，王一妍（中）接受鲜花和祝贺

些深明事理的大人们是出于何种良好、高尚的动机以及怎样信誓旦旦强调能确保安全，都无疑是对正常的生命理念的反动、对合理的人性观的异化。社会应阻止王一妍挑战琼州海峡。”

关于“让王一妍横渡琼州海峡残酷与否”的讨论，王毅说：“一提到10岁的女孩横渡海峡，首先给人的感觉就是海很大，孩子很小。而且海峡中自然环境复杂，需要考虑的问题很多，对于孩子的身体和心理确实是一次考验。张健和海口13岁的李立达横渡海峡对我的触动很深，这是一件挑战意志、锻炼体魄的好事。从那时，我便萌生了让毛毛横渡海峡的想法，之后便有意识地测量她的潜力。有一次给她增加到了19公里，她上学、睡眠、娱乐、吃饭一切正常。我看出这孩子有这方面的天赋。提到训练，实际上在这一年中，她和以前一样，每天游2公里，一年中只游了两次19公里，还是为了测量速度。”

王一妍是否能够横渡琼州海峡，并不是父亲一个人做出的决定。在横渡之前，海口当地医院曾给小一妍做了一次全面的体检，身体各项指标全都合格，而且她的肺活量高达4000毫升，这大大超出了同龄的孩子。在海口进行的5公里测试中王一妍的成绩达到2小时25分，超出了2002年游泳马拉松的标准（2小时30分），比2003年游泳马拉松的标准（2小时15分）慢10分钟，而王一妍是在没有人竞争的情况下，速度自然要慢一点。

王毅说，横渡琼州海峡，是作为家长的他和孩子的共同选择。当问及是否会有人认为这次横渡也是一次商业炒作的时候，王毅笑着坦言：“的确有人这么说。但我们看来，孩子愿意完成这个事情，而且她又有能力完成，我们作为家长不能因为有些社会舆论就阻止她。”王毅还表示：“孩子的确得到了一些荣誉，但我们还是希望，荣誉不要影响她的生活。她现在还是一个学生，当务之急还是要好好学习。”

面对外界对王一妍横渡琼州海峡的各种议论，尤其是对于一个小女孩能否在身体和心理方面承受横渡所带来的压力，曾经成功横渡琼州海峡并担任王一妍横渡智囊团指导的张健说:“这个孩子我接触过,她的意志力和精气神应该是不错的,但在横渡过程中，由于运动员长时间地进行强机械运动，泳姿极有可能发生变形，从而影响速度。”

据北京体育大学从事游泳教学的相关专家介绍，单从琼州海峡 20 多公里的距离长度来考虑，王一妍横渡的难度并不是很高。因为在常规的训练中，一个小运动员每天所进行的高强度训练有 10 多公里，如果是在放松状态下，小运动员连续游上 20 多公里也并没有太大问题。但这只是相对于环境恒定的泳池而言，如果换成了自然条件复杂的海峡，那需要考虑的问题就会很多，对运动员的身体和心理也将是一次极大的考验。张健就曾叮嘱王一妍的父母 :“海里的状况和淡水中不同，有回流、暗流等不确定因素，尤其是在离岸边四五公里的时候，运动员的身体将会出现一个极度疲劳的阶段，如果没有过硬的、稳定的游泳技术恐怕很难撑到最后。”

卷四

后浪心事

罗舒琪：感谢磨难让我撑起晴空

罗舒琪档案盘点：

罗舒琪，2001 年出生于湖南桂阳，曾就读于桂阳县樟市镇罗家村小学、桂阳县樟市中学、桂阳县第三中学等。曾被评为桂阳县“十佳美德少年”“感动桂阳十大人物”、郴州市道德模范、全国“最美中学生”；系第七次全国少代会代表、共青团十八大代表。

2015 年，罗舒琪作为少年队员代表第一次到北京出席全国少代会。

2018 年，罗舒琪以团十八大代表的身份再次到北京，出席全国团代会。

“作为一名中学生，能够参加全国少代会与团代会，并能两次见到习爷爷，我非常激动，感到非常荣幸与光荣，是段难忘的经历。”面前的罗舒琪阳光、开朗、健谈，难以看到她灿烂笑容的背后藏着伤悲或不幸。

“我最感谢的人是我的爷爷、奶奶，他们给了我一个温馨的家。”罗舒琪作为孝老爱亲模范、最美青少年的故事，宛如一部青春励志剧，从她充满稚气的脸上，看到了责任、担当、奉献、孝顺。她小小年龄战胜困难的勇气、积极进取和乐观向上的精神面貌、自立自强与发奋成才的行为，感动的不仅是同龄的孩子，还有更多的人。

阳光“小管家”笑对苦难

2001 年秋，罗舒琪出生在湖南省桂阳县樟市镇罗家村，名字是爷爷取的。罗舒琪三个月大时，父亲遭遇突发矿难丧生，随后母亲就扔下嗷嗷待哺的她，再也没有回来而重组家庭。此后，爷爷奶奶拉扯着她长大，再供她上学，她与年迈的爷爷奶奶相依为命。“小时候，有人说自己是没有爸爸的孩子，有些伤悲、自卑。爷爷奶奶对我影响很大，小时候就教育我：别人的东西不能要，自己再没有也不能去偷。尽管爷爷仅是小学毕业、奶奶小学二年级还没有读完，但是他们希望我好好读书，长大后上一个好的大学，走出小山村。”

爷爷奶奶年龄大了，身体又不好。爷爷患了糜烂性胃炎，已干不了重活。奶奶患了肝硬化、肺支气管扩张，每年都要住院几次，花费几万元。缺少父母关爱的罗舒琪明白自己与同龄的孩子不同，懂事又孝顺的她很小就开始帮爷爷奶奶做家务事。罗舒琪成了是家里的“小大人”，6 岁时就下田割稻、插秧，洗衣、挑水、烧饭做得有模有样，这些成了幼小的她遵守多年的特殊“课程表”。虽然多次被溅出的油烫伤小手，但她笑呵呵地说：“尽管不是很好吃，可每天三餐我都能做出不同口味。”罗舒琪的爷爷则说：“那时她年纪小，常常被烟熏得流眼泪，看得我们既好笑又心疼。”

家里仅有几分农田，住的房子是外出打工的大伯父的。多病的爷爷为了家人生活，常常忍着病痛外出找零活干，奶奶则种起了烟叶、茄子、辣椒和花生，勉强度日。后来，外出务工的大伯父把年幼的儿子放在了家里，忙于家务和学习的罗舒琪“责无旁贷”成了孩子的保姆——洗衣、喂饭、哄堂弟入睡。

罗舒琪乐观面对命运对自己的不公，一边上学，一边承担家务活和农活。她说：“生活再苦，总会过去，这样想就不苦了！”奶奶关节炎犯了，她上山找药；两位老人想吃新鲜菜，她到地头捡蘑菇。她为奶奶洗澡擦背，照顾饮食起居；村里五保老人无人照顾，她替他们挑水、捡柴。邻居们对罗舒琪看在眼里，疼在心里：“穷人的孩子早当家，只愿好人一生平安！”

感谢命运的“最美中学生”

罗舒琪知道，爷爷奶奶挣钱不容易，她从不舍得乱花钱。罗家村是烟草之乡。为攒学费，每年暑假她就去给别人扎烟叶，每扎一棍烟叶 5 角钱。虽然年纪小，但是手脚利索，一天能扎百把棍。“扎烟叶是烤烟中的一道工序，一般在每年的 7 月开始。扎的时候要在烤烟房旁边，一边扎一边留意火势，那个烤烟房的热气熏得人直发昏。外面有太阳，里面有火炉，有些老年人受不了直接晕倒了。”罗舒琪回忆说，在扎烟叶时，她的手常常会起水泡，“扎烟叶一定要扎得特别紧，不紧的话，烤的时候掉到地上很容易引起火灾”。

除了扎烟叶，罗舒琪还卖过草莓、西瓜，也在路边摆过摊，卖一些小物件。“当时会觉得很辛苦，也有些不好意思，但现在觉得这些经历我有，别人没有，便也是一种财富。”

去井里挑水，人小桶大，300 多米远的距离，罗舒琪要歇好几口气。每次放学回家，她不但要洗一大堆衣服，还得把大水缸挑满。她想“尽量帮爷爷多干活，

罗舒琪（二排左五）与中学同学、老师等在一起

不让家中的主梁骨倒下”。坚强的罗舒琪把苦难写进日记：“家里的活我不做，就没人做了，必须靠我。也许有人会认为我不幸，但我要感谢命运，让我在逆境中学会了生活，做个像向日葵一样的人！”

读小学六年级时，罗舒琪身兼数职，既是班长，又是体育委员、生活委员。每天食堂开餐时，她得怀揣一大摞碗去分饭菜。上体育课时，黑黑瘦瘦的罗舒琪在队伍中来回奔跑喊口令，一丝不苟，把队伍带得整整齐齐。罗舒琪是一个热心肠的人，她经常带生病的同学去看病。有时嘴馋的同学把车费用了，她还会慷慨地把舍不得花的压岁钱拿给同学们。

小学时成绩优异的罗舒琪，初中时开始遇到难题——由于在乡镇的小学念书没有学过英语，这门课成了罗舒琪的“拦路虎”。更为吃紧的是，初二的物理也让她颇为头痛。

在任课老师的眼中，这个素来爱笑的女孩其实有着非常好强的性格。“她会抓紧一切时间学习，补自己的短板，不会、不懂的问题，一定要弄明白才肯罢休。”有一次晚自习课，物理老师讲了关于浮力计算方法的问题，可罗舒琪不太明白。下课后，她在课桌上反复地看例题，10 分钟过去了，20 分钟过去了……直到完全掌握几种计算方法，她才悄悄地回到寝室睡觉。

在学校里，她抓紧一切时间学习，所有的学习任务都提前完成。不会、不懂的问题，她一定要弄明白才肯罢休。正是凭着一股钻劲，繁重的家务活和农活并没有影响罗舒琪的学习，在她家的墙壁上贴满了“三好学生”“学习标兵”“优秀班干部”“优秀共青团员”的奖状。

“小时候的梦想是想当数学家，后来感觉有一些迷茫，现在学的是文科，还是想往政法、金融方面发展。”2016 年秋，她以优秀成绩考入湖南省示范性普通高中——桂阳县第三中学。高一下学期，班主任将罗舒琪任命为“班主任助理”。班主任不在学校的时候，班级由她全权负责。“学习上，数学偏好，英语偏弱；爱好上，喜欢打篮球、羽毛球，不追星，好多同学口里的明星我不了解。”罗舒琪笑言自己的性格“比较男生、比较皮，也就是活泼过了头”。

荆棘挡不住鲜花的怒放，乌云遮不住炙热的阳光。面对磨难，罗舒琪积极进取，奋发向上，同时她凭借顽强的毅力，不懈的追求，一步一个脚印走着，走向属于自己的那一片蓝天。罗舒琪曾被评为桂阳县“十佳美德少年”“感动桂阳十大人物”、郴州市道德模范、全国“最美中学生”。接受采访时，罗舒琪感谢一些好心人和社会组织为她在学习、生活方面上的困难提供帮助，并给予一些思想、精神上的关爱。

非常温暖而幸福的时光

桂阳团县委一直关注着罗舒琪的成长，经常看望、鼓励她。2015 年，罗舒琪被推选为郴州市唯一的中国少年先锋队第七次全国代表大会代表。5 月 30 日，罗舒琪和湖南其他代表共 15 人一起到北京参加全国少代会。这是她生平第一次坐高铁、地铁，也是第一次到北京。

6 月 1 日上午习近平总书记会见了全体少代会代表，并寄语全国各族少年儿童从小学习做人、从小学习立志、从小学习创造，强调童年是人的一生中最宝贵的时期，在这个时期就注意树立正确的人生目标，培养好思想、好品行、好习惯，今天做祖国的好儿童，明天做祖国的建设

罗舒琪（中）出席共青团十八大时留影

罗舒琪（中）在共青团十八大期间

者，美好的生活属于你们，美丽的中国梦属于你们。接受采访时，罗舒琪一脸的幸福："能在北京亲眼见到习爷爷，能在大会堂现场听习爷爷讲话，这是一种光荣，也是一种幸运，一辈子不会忘记。我们使劲地鼓掌，把手都拍红了。听了习爷爷的讲话，精气神倍增！"

6月2日凌晨3点多，自全国31个省市自治区、56个民族的412名少先队员代表系上鲜艳的红领巾，坐上大巴，到北京天安门广场观看庄严的升旗仪式。

4点20分，罗舒琪等少先队员代表和辅导员代表、社会各界代表登上天安门城楼观礼台。4点45分，国旗护卫队穿过天安门广场，走上护城桥，全场顿时一片肃静，鸦雀无声，罗舒琪把目光投向步伐矫健、整齐划一的国旗护卫队。4点47分，雄壮的中华人民共和国国歌响起，罗舒琪与其他代表们自发地齐唱国歌，举起右手，向国旗行队礼。罗舒琪回忆说："太高兴了！真的太激动了！"

6月6日，回家后的罗舒琪把少年先锋队队徽及与习爷爷、全体代表的合影拿给爷爷、奶奶看，然后小心翼翼地藏好，沉醉在幸福中。

罗舒琪"在团委工作过，高一时也做过团支书"，没有想到自己会作为共青团十八大湖南代表团55名代表之一赴京与会。

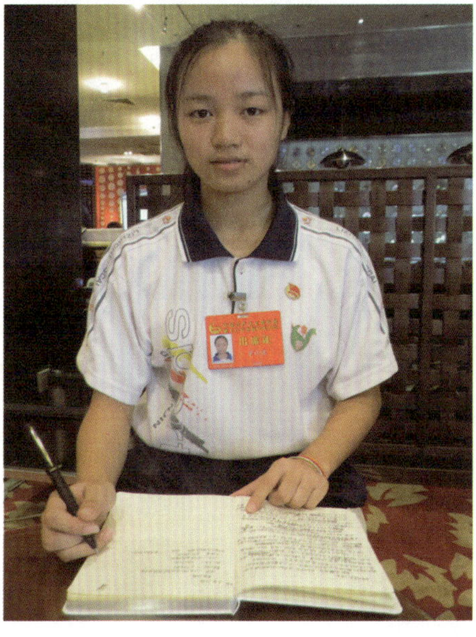

罗舒琪接受采访时留影（余玮　摄）

2018 年 6 月 26 日上午，北京人民大会堂万人大礼堂气氛热烈。中国共产主义青年团第十八次全国代表大会在这里开幕。罗舒琪作为 1500 多名来自全国各地的团十八大代表之一出席了大会。

由于学校还没放假，来北京参会时，罗舒琪特地带上了课本和作业，在紧张的参会期间坚持自学相关课程，做作业。“晚上看课本到 11 点，开会比上课紧，因为会议中途没有休息，不过开会也是一种学习。”参会期间，她认真参会，仔细听取报告，做好详细记录并积极发言，与其他团代表积极交流。“这次团代会上，我围绕习爷爷有关青年工作的论述摘编谈了个人的感受，并就学校教育中的一些问题提了个人的看法，说的都是实话。我共做了两次个人发言，提问题也很积极。”

青春，一场没有返程的旅行。青春，于罗舒琪而言，一路荆棘，一路春光。

李昂：小小男子汉捐髓救母

李昂档案盘点：

李昂，满族。2002 年 6 月出生于河北邯郸，曾就读于邯郸市复兴区岭南路小学、邯郸市第一中学等；曾被为“邯郸市美德少年”“河北省三好学生”“善行河北追梦少年”“河北省青少年自强之星”“感动河北十大年度人物”“全国最美少年”“全国最美中学生标兵”“全国最美中学生”“全国百名美德少年”“全国孝亲敬老之星”；系共青团十八大代表。

小小年龄的他，曾两次捐献造血干细胞，以超乎同龄人的坚强和勇敢为母亲赢得了重生的希望。

很难想象，眼前这个身材瘦弱、个头不高、面色有些发黄的少年能迸发出惊人的力量，表现出让同龄人叹服的勇敢和坚强。

2002 年 6 月出生的满族男孩李昂，对家庭变故敢于担当，奋发图强，自立自强，成长为品学兼优的优秀学生，他把生活的不幸绘画出自强不息的美丽画卷；他靠单薄的肩膀挑起了家庭的重担，用良好的精神风貌和社会责任感为弘扬传统美德撑起了一片蓝天。

我也要给妈妈生命

李昂就读于邯郸市复兴区岭南路小学，原本他有着一个快乐幸福的家——父亲在某地质勘探队工作，母亲在一家快餐店上班，一家三口其乐融融。“妈妈在外地做餐饮打工，我跟爷爷奶奶一起生活。奶奶曾是初中数学老师，她总是叮嘱我要好好学习。小时候，我爱好骑自行车、下象棋，爱看有关人类社会方面的书。”

2013 年 10 月 23 日，李昂的妈妈突然发现身体皮肤出现瘀点、瘀斑，经过血液检查，发现血小板值偏低，又到河北工程大学附属医院住院。经医院检查，被确诊为急重型再生障碍性贫血，即“白血病”，病情严重。突如其来的不幸打破了这一家平静幸福的生活，这一天对李昂一家来说是个阴暗的日子。

经过半个多月的治疗，病情未见好转。11 月 9 日，李昂的妈妈转院到北京

2018 年 6 月，李昂（后左戴眼镜者）出席共青团十八大时与其他代表留影

的解放军总医院住院治疗。虽然经过多次专家会诊和治疗，但她的病情仍不断恶化，已出现所有医生都不愿看到的真菌感染性肺炎，肺部多处真菌感染合并细菌感染。在无任何免疫力的情况下，李昂妈妈的身体每况愈下。

李昂的爸爸找到全国著名血液病专家达万明教授。达教授认为，带真菌强行骨髓移植是唯一的治疗方案，从中华骨髓库中寻找合适配型的骨髓至少需要三个月，万一配型不成功，等待期间病情继续恶化的结果可想而知。李昂的母亲又是独生女，其年过古稀的父母不适合捐献骨髓，只有她的独生子李昂可能适合配型。造血干细胞捐献者一般要求是成人，且体重在 50 公斤以上。但是，李昂年龄非常小，体重也轻，能否经受得了骨髓移植过程中的痛苦，也是达教授所担心的。

面对这种状况，不仅仅是医学专家，李昂的父母也心存顾虑。他们最为担心的就是孩子的身体，“怕把孩子毁了”。在反复咨询专家的意见后，他们最终决定让儿子试一试。李昂说，先前他并不清楚什么叫捐髓，只知道自己能够救妈妈，“没有其他的选择，在那种情况下，我决定要给妈妈一次生命！”爷爷问李昂：“你害怕不？”平日性格有些腼腆的小李昂表现出一名“男子汉”的坚强和果敢：“只要能救妈妈，我什么都不怕！妈妈给了我生命，我也要给妈妈生命！”

采访时，可以看到李昂体格瘦弱，言语不多，但是一提到得病的妈妈，他的

李昂（左二）在共青团十八大期间

眼圈发红，泪水直打转，却强忍着不流下来。

经过医院和专家精心安排，2013 年 12 月 11 日，李昂妈妈从解放军总医院转院到解放军总医院第一附属医院，开始做骨髓移植的准备。

随后，李昂先后由家人陪同，来到北京“救妈妈”。在解放军总医院第一附属医院，对李昂进行了配型和体检，配型和体检结果符合给妈妈骨髓移植的条件。

“李昂是一个有爱心、有责任心、有上进心，做事认真、踏实的孩子”，李昂的小学班主任魏志英老师说。从小学一年级时起，她就是李昂的老师，在她的印象里，李昂上学从来都是一个人，没有大人接送，虽然路程稍远，但他都是步行；李昂性格比较内向，与同龄人相比，他属于身材比较瘦弱的孩子，座位都是在前两排。虽然说话不多，但是从学习上来讲，李昂从来都是积极主动。作为班级一名学习小组长，他不仅对自己要求严格，而且经常督促同组同学。即便如此，李昂要给妈妈捐献造血干细胞的消息，还是把魏老师吓了一跳：“我不敢相信，体格这么瘦弱，更何况还是一个 10 多岁的孩子，他能受得了吗？”“妈妈给了我生命。现在，妈妈得了很严重的病，我的血能救妈妈，我也要给她一次生命！”李昂平静地说。

瘦小的他两次撸起袖子

六年级上学期期末考试前，同学们知道李昂要去捐造血干细胞救妈妈。为了鼓励李昂，给李昂加油鼓劲儿，全班每个同学都给李昂写了一封信。“原本定的是 2014 年 1 月 7 日采集造血干细胞，但为了不影响孩子参加期末考试，孩子妈妈坚持把采集时间推后了几天。”魏志英老师说，小李昂平时成绩就名列前茅，知道妈妈患病后，他学习更用功了，“这次期末考试，他在巨大的心理压力下参加了考试，语文、数学、英语都是 100 分，是全年级唯一全考满分的学生”。李昂则说 ：“成绩单就是我送给妈妈的礼物，她收到后特别开心。”

2014 年 1 月 11 日，爷爷和姑姑李铁红带着李昂再次赶赴北京。随后，按照医生的要求，李昂进行了 4 天的“干细胞动员”，每天都要打一针，以促进造血干细胞生长。16 日上午，经过 4 个小时的煎熬，李昂进行了第一次骨髓采集。

护士把一个插满管子的机器推到了床边，开始扎针了。一根 10 厘米长、粗粗的针管埋在孩子的大腿根儿，还要再扎 4 针进行固定，小李昂疼的哭叫起来。“后来我就说，孩子你每哭一声就像拿针扎在你爷爷和爸爸的心里一样。孩子挺懂事的，在我说完以后，孩子说，爷爷你去那边沙发上坐会儿吧”，李昂的姑姑李铁红哽咽着说。

胳膊、手背都连接了许多管子，那个插满管子的机器开始咣当咣当地运转起来，不一会儿李昂就感觉头钻心地疼，口腔开始发干，腿上的针管一阵一阵地疼，他开始咬紧牙关，慢慢地头疼的感觉变成了头晕，口腔一阵子发紧，不断的恶心涌上了嗓子，他喊了一声“爸爸”，头一歪开始呕吐了，剧烈的呕吐使他喘不上气来，他想趴到床边，可是护士姐姐告诉他 ：“孩子，不能动，需要 4 个多小时

李昂在共青团十八大会议期间履行团代表职责

后才可以动，头可以动一动。”他咬紧牙关，坚持、坚持、再坚持。病床已经被李昂的呕吐物塌湿，爸爸已经不忍心看了，只有爷爷紧紧地攥着李昂的手，时间在不断地流淌……

由于李昂年龄较小，体重只有30公斤，人称“小瘦猴”，却要为60公斤的妈妈进行骨髓移植，一次不能提取足够的造血干细胞。17日，李昂又经过4个小时的煎熬进行了二次骨髓采集。手术时，懂事的李昂再也没喊一声，疼得实在受不了，就咬着床单的一角忍痛坚持。后来，李昂这样说:“我想哭，但忍着不哭。我要是哭了，妈妈心里肯定难受。”

昏昏沉沉的他醒来后，不顾自己身体虚弱，来到妈妈的移植仓前，透过玻璃窗告诉妈妈：“妈妈，你一定要坚强。输入我的血以后，你就会慢慢好起来。我啥事都没有，你不用担心我。”小李昂拿起话筒安慰母亲，把自己灿烂的笑容展现在妈妈面前。

李昂的姑姑李铁红在现场见证了整个过程。“这么瘦小的孩子，每一次提取都需要4个小时，孩子闭着眼睛，皱着眉头，咬牙坚持。”李铁红说，在提取干细胞的过程中，李昂反应剧烈，一直恶心呕吐，两天没有吃饭。李铁红说，自从他的妈妈生病后，这个11岁的“男子汉”难过时从没哭过，因为他不想让年过古稀的爷爷奶奶担心。

两次骨髓采集后，李昂住院观察一天后顺利出院。全班同学为他的举动惊讶，大家钦佩之余非常感动。于是，李昂成了“重点保护对象”，不让李昂磕着碰着，得了感冒的同学也注意避让，以免感染到李昂。李昂妈妈手术完成后，各项指标比较平稳，顺利经过抗感染、抗排异和恢复期。

妈妈给了儿子李昂一次生命，作为独生子的李昂，这一次也给了妈妈一次生命的希望。“希望妈妈一定坚强，还有就是以后不要像以前那样劳累了，多注意身体……”这是李昂的最大心愿。

小小男子汉感动你我

李昂让妈妈获得第二次生命的事迹感动了社会。邯郸市委书记了解小李昂的事迹后，专程到李昂家中探望，送去关爱和鼓励，并号召全市向“最美邯郸人”小李昂学习。

“从小父母就教育我做一个好人，为社会多做贡献。”李昂说，父母的勤劳、

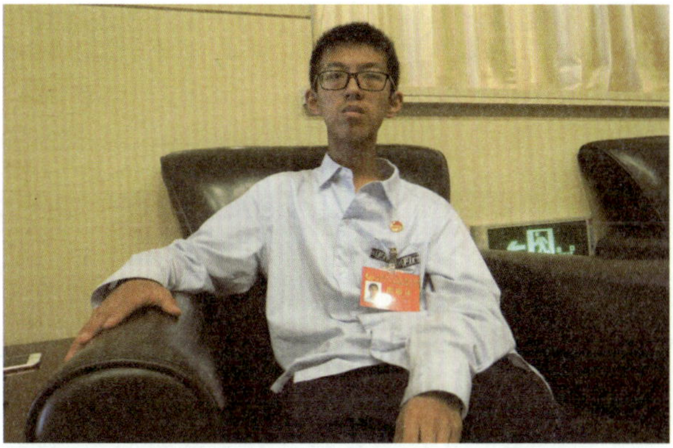

共青团十八大代表李昂（余玮 摄）

善良、认真对自己成长有影响。

孝道历来就是中华民族传统美德中最基本的元素。邻居说："听说他给他妈妈捐髓的事，我们都觉得这孩子真是特别勇敢，小小年纪肯为妈妈承受这么大的痛苦，真是个孝顺的好孩子。百善孝为先，大孝即大美。""只要能救妈妈，我什么都不怕"，李昂用行动告诉我们人生就是一种担当、一种责任。

2017年中考，李昂凭借优异的成绩成为邯郸市第一中学的一名高中生，高一下学期选择了文科。和很多在学校寄宿的同学不同，李昂的班主任李志鹏老师发现，放假回家时李昂塞满背包的不是脏衣服，而是一件件已在学校手洗得干干净净的换洗衣物，他不想给妈妈增加丝毫负担。

这位"孝心男孩"感动了许多人，曾被评为"邯郸市美德少年""河北省三好学生""善行河北追梦少年""河北省青少年自强之星""感动河北十大年度人物""全国最美少年""全国最美中学生标兵""全国最美中学生""全国百名美德少年""全国孝亲敬老之星"，并当选为共青团十八大代表。

李昂的造血干细胞成功移植给妈妈后，妈妈的身体经过了抗感染、抗排异，一天天恢复了健康。放假在家时，李昂趴在写字台前做功课时，妈妈总是坐在一边忙着手中的家务，不时抬头看看身旁的儿子。经历过多年前那次捐髓救母后，李昂总能从这样的岁月静好中感受到一种幸福的味道。让李昂欣慰的是，妈妈恢复得不错，"现在我和妈妈流着同样的血，今后无论遇到什么困难，我们一家人都会坚强面对！"

全红婵：一方碧池里惊艳世界的水花

全红婵档案盘点：

全红婵，中国国家跳水队女运动员。2007 年 3 月出生于广东湛江，2014 年 9 月进入湛江市体育运动学校就读，2018 年 3 月进入广东省跳水队，2020 年 10 月进入国家跳水队。曾获东京奥运会女子跳水单人 10 米跳台金牌，十四届全运会跳水女子单人 10 米跳台金牌、跳水女子团体金牌；曾获“中国青年五四奖章”“全国体育系统先进工作者和劳动模范”“全国五一劳动奖章”“2021 年度大本钟奖之璀璨未来奖”等。

横空出世，一战成名！

东京奥运会中国代表团最年轻的 14 岁选手全红婵，用近乎完美的表现勇夺跳水女子单人 10 米跳台金牌

在东京奥运会女子 10 米跳台中，中国“梦之队”刮起青春风暴。其中，只有 14 岁同时也是中国代表团最年轻的选手全红婵，用近乎完美的表现为中国队再添一金，书写了新的少年传奇。

2022 年 1 月 24 日，被誉为英国“诺贝尔奖”的大本钟奖公布获奖名单，全红婵荣获“2021 年度大本钟奖之璀璨未来奖”。

“十米 T 台成秀场，芙蓉出水占鳌头。寒门孝女红中国，最最少年婵影留。”在国家队里年龄最小的全红婵，因为敢拼肯练，被哥哥姐姐们宠溺地称为“红姐”。训练之外的时光，她会跟队里的小伙伴一起学文化课，聊开心的趣事，还有滑板、跳舞……在全红婵身上，质朴的个性赢得了很多人的喜爱。

海滨之城的天才少女幸遇“伯乐”

南海之滨的广东湛江，素有“中国跳水之乡”的美誉，诞生过陈丽霞、劳丽诗、何冲、何超等 4 位世界冠军。全红婵的家，就在湛江市麻章区麻章镇迈合村。这个只有 3.3 平方公里的村庄约有 400 户人家，其中 398 户姓“全”，近 2000 人。这样的村庄，在中国广袤的大地上，如同沧海一粟。但全红婵这个苗子，却被细心的教练发现了。

2014 年 5 月，麻章镇迈合小学。正在和同学们做游戏的一年级学生全红婵吸引了湛江市体育运动学校跳水教练陈华明的目光。全红婵身高 1.2 米，跳了 1.76 米，“相当厉害”。无论是跳皮筋还是跳格子，她的身形轻盈、动作灵活。对孩子们进行了弹跳和柔韧性方面的测试后，陈华明初选了 4 个苗子，其中就有全红婵。

其实，在 7 岁前，全红婵在体育方面堪称“一张白纸”，之前没有接触过跳水，也没有练过其他的体育运动项目。幸好她弹跳力好，爆发力强的天赋，被她的启蒙教练陈华明所发现。

这年 7 月，正值暑假，共有 4 位孩子来到湛江市体校参加暑期集训，全红婵也来了。看到自己想要的孩子能够前来参加集训，陈华明十分开心。陈华明回忆说，暑假集训 10 天左右，主要进行了弹跳功能、接受能力、反应灵敏度、关节柔韧度、平衡能力、下肢爆发力、力量能力等方面的测试，全红婵综合能力突出。当时，陈华明就觉得全红婵的性格特别适合跳水项目，因为她骨子里有一种敢拼、不服输的精神。

就这样，经过初步接触和测试，得到其父母同意后，9 月，全红婵转入市体校就读二年级，正式触碰跳水项目，开启了她的体育生涯。离家时，她依稀记得爸爸说：“要为国争光。”她先后师从陈华明、郭艺教练。

跳水的孩子六七岁开始训练。体校招进一批新生参加寒暑假的集训，训练一个星期或十天，考察他们适不适合这项运动。“她刚接触跳水就喜欢。”全红婵的哥哥全进华说，“我们去钓鱼，她看见水就想玩儿，喜欢去海边。”有些孩子天生怕水，爬上跳台腿就抖，不管跳多少次，心里始终恐惧。在集训中，这类学生率先被淘汰。全进华说，全红婵不仅不怕水，也不怕虫子，“娇生惯养的小女孩不敢做的事，她都敢做。家里没人给她压力，也不要求她一定出成绩，读得到就读，读不到也没事儿”。

刚起步时，全红婵还是个“旱鸭子”，不会游泳，但很快，这个活泼开朗的小姑娘喜欢上了跳水。体校的基础设施建于2000年，只有训练室的房顶从铁棚迭代为水泥，跳水台仍是露天的。陆上训练的房间没有空调，垫子泛旧。沿海的盛夏，每个孩子都晒得黑黝黝的，在绿色的池子里起起落落。小女孩怕晒黑，教练哄她们：“长大就好了。”孩子们深信不疑。因为训练只能在露天跳水池进行，完全要看天的“脸色”，夏天打雷下雨不行，冬天太冷不行，全年只能训练7个月。

选定了苗子，还要想办法让孩子安心留在体校。很多小孩离不开家。“苦一点、累一点，就退缩了、厌倦了，想回家”，陈华明说。训练不能太多、太狠、太严，但又不能太松，“这个软硬度要拿捏得恰到好处”，全红婵过渡得比较平顺，“情绪方面她是非常好的”，孩子将体校当成自己的家，才能稳定下来。“我们培养运动员，不是教练要求怎么做就怎么做，而是发掘人的自觉行为，要他想干这个事。”

2017年年末，替人做饭的全妈在去工厂的路上被车撞坏肋骨，落下顽疾。受伤后住了几次院，“家被掏空了”。全爸不仅忙农活，还要照顾家里小的，出不了远门，重担压在了他一人肩上。全妈出院后，身子始终未恢复到车祸前的状态，家里担心她，不让她干重活。

由于父母都是农民，且母亲的身体并不是很好，清贫的家庭让全红婵从小就比较懂事。当知道跳水有可能改变自己的命运时，她就暗下决心，一定要跳出个名堂。在其他小队员都忍受不住训练艰苦偷懒甚至落跑时，全红婵总是默默加练的那一个。跳板是铁制的，夏天被晒得滚烫，全红婵只能用毛巾挤水给跳板降温，然后一次次迎着炫目的阳光，一跃入水。

湛江体校共有800多个学生，从小学到高中；不仅有跳水，还包括田径、武术、拳击等20个大项目。跳水队人数保持在30个左右，最小的6岁，最大的15岁，但流动性比较大。这些孩子通常有数个兄弟姐妹，父母靠打工或种地维生。学校也想在城市招生，但城里的家长不大愿意把孩子送到体校吃苦。校长黄科强调说：“环境不咋的，破破烂烂的，但每一分钱都用在了训练上。农村孩子能吃苦，城里的孩子一看晒得那么黑，家长直接领回去了。”跳水教练陈华明说：“我们这里的条件，可以说是全省最差的，我们在训练全红婵的时候没有什么特别的设备。即便是如此艰苦的环境，全红婵在训练中的刻苦、认真慢慢表现出来了。她的成功并不完全靠天赋。”

哪有什么一战成名，其实都是百炼成钢。在初来湛江市体校之时，全红婵的个子与其他一起训练的同年龄段队友相比，显得较为“细细粒”。但运动天赋很好的全红婵拥有极强的爆发力，在跳水训练中有着亮眼的表现。因此，全红婵的跳水训练也由最初的入门项目，一步步转变为更加具有难度的项目。“天才”都是汗水浇灌出来的，天赋或许可以决定起点，但唯有坚持和努力才能达到终点。全红婵是同伴中第一个登上3米板的，接着是5米跳台、7米跳台……后来，她又是第一个站在10米跳台上，毫不犹豫地跳下去。全红婵说：“也没想那么多，眼睛一闭就跳下去了。”教练由此得出全红婵“胆子大”的结论。教练的赞许和鼓励、同伴羡慕的目光，让这个小姑娘懵懂地意识到自己可能“是这块料”，而梦想的种子，也就这样悄然种下。

“有冲劲”是陈华明对全红婵性格最深刻的印象。初上10米台时，高处俯视总会带来强大的心理冲击。为克服恐惧，全红婵用了“最笨”的方法——多练。陈华明说，那时候全红婵始终坚持每天都站上10米板练习，每组动作通常要反复练习五六遍，甚至10遍，让自己对高台摔入水中的感觉麻痹，也让各组动作成为自然反应。

全红婵说：“爸爸工作很忙，很少来看我，但是有队友和教练的陪伴，就好像在大家庭里一样。”全红婵10岁那年，妈妈带小两岁的妹妹全红桃来体校接她。陈华明觉得“红桃的体能和弹跳跟姐姐一样有力气”，便以免学杂费的方式劝说全爸全妈让红桃也来练跳水。学校安排红桃跟姐姐一个宿舍。那时，全红婵因准备比赛，已有两个月没回家。全爸走后，全红婵面朝墙壁侧躺在床上。全红桃以为姐姐睡着了，直到教练进来，全红婵才转身说：“我想爸爸了。”那是妹妹唯一一次看到姐姐因想家而流泪。后来，全红婵的弟弟全进鹏也被送来体校。遇到困难时，他会想起姐姐的那句“放开跳就好了”。他还将姐姐比赛带回的玩偶摆在宿舍自己的床上。有一次市级比赛，三姐弟罕见地“同框”，只能匆匆向彼此道一句“加油”。闲暇时间，他们会凑在一起探讨跳水的小窍门。

极致的刻苦，让并不是很早接触跳水的全红婵练出了成绩。陈华明回忆说，2017年年底全省有个大集训，他们将全红婵的名字报上去后迟迟没有收到参训通知。当时全红婵经过3年多的学习训练，十分优秀，技术水平很高，可以说是同龄孩子中的佼佼者，两位教练一商量，就录制了一段全红婵平常训练跳水的视频发给广东省跳水运动管理中心。中心领导看到视频后，当即决定让全红婵直接到省报到参训，而后被正式输送到省队。现在回头看，这个视频可谓改变了全红婵的命运。

2018 年 3 月，位于广州二沙岛的广东省跳水队训练基地迎来了全红婵。她在这次大集训中锋芒初露，教练何威仪一眼就相中了她：“她的条件非常好，在这批集训的队员里面是最好的。全红婵的脚尖膝盖比较漂亮，身材修长且协调，我们一般认为女孩子的身体素质要比男孩子差一些，但她跳动作比男孩子还要轻松”。

何威仪至今记忆犹新：“别看她身形小，身体素质远胜同龄女孩甚至男孩，跑得最快，30 米 4.5 秒，肋木举腿 10 个用时 13 秒，身体里蕴藏着与体形不相称的能量。”何威仪说，想家、会哭、畏惧，是每个孩子的必经之路，但全红婵目标明确，经过鼓励后，没有再退缩过。何威仪说：“全红婵非常能吃苦。在同年龄运动员中，她对待训练的态度最投入，哪怕再简单的训练也会全力以赴。从数据来看，她每天陆上跳的次数就在 200 到 300 个之间，水上也有 120 个左右。”

全红婵承认自己哭过，但次数不多。“我不是爱哭包。学新动作时也挺怕的，但我太喜欢跳水了，鼓励自己坚持。我想拿冠军，像大哥哥大姐姐那样。”大哥哥是指同样来自广东队的里约奥运会男子 10 米台双料冠军陈艾森和东京奥运会男子 3 米板双金得主谢思埸，大姐姐则是“跳水女皇”郭晶晶。“教练经常说，大哥哥大姐姐都是榜样，再苦再累也要坚持。”有了心中的榜样，全红婵训练更加投入。练体能、练基本功、上翻腾器训练、一次又一次从高台跳下……“我遇到的最大困难就是学 207C（向后翻腾三周半抱膝）时，用了一年零几个星期的时间。”

加入省队后，全红婵一年只回家一两次。有时全爸去广州接她；有时农忙没空，她便搭朋友家人的顺风车回村。全红婵去广州比赛，全爸会去探望她；还有一个住在广州的表姐，偶尔带她出去逛一逛。

2019 年，12 岁的全红婵获得了当年广东省青少年跳水锦标赛的 5 项冠军。

“横空出世”的又一张“中国面孔”

2020 年 10 月，在开赛前三周刚刚掌握 5 个全套比赛动作的全红婵首次代表广东队，出战全国跳水冠军赛暨奥运选拔赛首站比赛。13 岁的全红婵在女子单人 10 米台决赛中力压任茜、张家齐、陈芋汐等众多名将，以总成绩 437.75 分、领先亚军 28 分的明显优势强势夺金，初显“黑马”本色，一个全新的世界在她眼前慢慢打开。

她在比赛前三周才把动作学完，天赋之强可见一斑。何威仪说："她还学过一些男孩子的动作，比如杨健、陈艾森跳的407B和307C，之所以没有用，是因为没有现在这套那么稳定。"

2020年10月4日，全国跳水冠军赛冠军广东海印队选手全红婵（中）、亚军北京水立方队选手张家齐（左）和季军上海浩沙队选手陈芋汐在颁奖仪式上（王晓　摄）

如果说一次夺冠算不了什么，何况在2021年1月的第二站选拔赛中，全红婵因失误位居第5名。初出茅庐就一战成名，是运气还是巧合？很快全红婵又一次用自己的成绩宣告了王者归来。此后她的每一次亮相，带来的都是惊叹号。到了第三站选拔赛，全红婵在预赛和半决赛中一路领先，决赛更是以440.85的超高分锁定冠军。

如此，凭借三站奥运选拔赛收获两冠的成绩，全红婵入选跳水"梦之队"，以总积分第一的成绩赢得了东京奥运会的门票，赢得了实现人生梦想的机会！

过人的天赋是基础，但绝不是全红婵追平"跳水皇后"伏明霞，成为奥运会有史以来最小年龄冠军之一的唯一原因。火箭般的蹿升速度，背后是艰苦的训练投入。"对待动作的态度比同龄小朋友更专注。我们说改技术，马上就行动起来，而不是等、拖、不敢，她是练得最苦的一个。"何威仪说，3年多时间全红婵就把动作都学会了，否则也不可能有机会去奥运会。另外，全红婵的性格很开朗，情商很高。"她的心态控制得很好，有信心，能掌控比赛流程，我觉得这个小孩真不得了！"

全爸话不多，平日里挠心的事太多，加之不太会使用智能手机，女儿参加奥运会的消息，出了新闻他才知道。全红婵此前的比赛，他也记不清楚具体的时间，通常是比完赛，教练打电话告诉他结果。

2020年年底全红婵进入国家队，由于疫情期间阵容精简，队里特意指派专人在生活中引导她，由经验丰富的广东籍队医负责康复，再加上教练的专业指导，全红婵渐入佳境。

2021 年 6 月，中国国家跳水队内部公布了东京奥运会出征名单，全红婵名列其中。而就在 3 个月前，她才刚刚和队友庆祝完 14 岁生日，达到奥运会对参赛运动员的最低年龄要求。得知自己即将参加奥运会，全红婵还是一副懵懂模样。消息宣布时，主管教练何威仪看向她，女孩眼睛亮了一下，随即又恢复了愣愣的神情。“她知道自己要去一个很重要的比赛，但对这件事没有具体概念。”

全红婵的家乡迈合村早早挂出“恭喜全红婵通过奥运选拔赛”的红条幅，参赛名单正式公布后，又立刻换成了“预祝全红婵奥运取得佳绩”。

全红婵承认，自己第一次参加大赛有点紧张，刚到东京后的前几天有些不适应，后来慢慢适应了。“奥运会和全国比赛相比，好像没有什么不一样。赛前教练就说让我放轻松，不要紧张。”比赛过程中，全红婵丝毫没有紧张的感觉，更没有关注其他对手，包括师姐陈芋汐的表现，始终保持全神贯注，“我就想自己的动作要领。”

当然，因为在参加奥运会前没有国际大赛经验，全红婵在预赛中表现并不稳定，她的“首秀”一度出现起伏，第三跳还出现过较大失误，只得到 47.85 分。但在教练的指点之下，她很快调整心态，第四跳、第五跳均有上佳表现，最终以总分 364.45 分获预赛第二名而晋级半决赛。陈芋汐以总分 390.70 分排名预赛第一。

有了预赛经验，全红婵在 8 月 5 日上午的半决赛表现更加自如，以 415.65 分力压队友陈芋汐，排名第一，而且在第二跳时也拿到了满分。当日下午进行的决赛，金牌争夺主要在全红婵和陈芋汐之间展开。和半决赛时的出色表现相比，全红婵在决赛中的表现更加无懈可击，年仅 14 岁的她完美诠释了何为英雄出少年。

决赛 5 跳，全红婵在其中 3 跳拿下满分，其中第二跳 407C 和第四跳 6243D 两个动作，甚至让全场 7 位裁判全部打出满分 10 分（第五跳 5253B 则为 6 名裁判亮 10 分，一人亮 9.5 分，被作为最低分扣除，不计入总分）。她的总成绩最终高达 466.20 分，超越了陈若琳在 2008 年北京奥运会上所创造的 447.7 分纪录，成为女子 10 米台的历史最高分。陈芋汐这次以 425.40 分获得银牌，澳大利亚选手伍立群获得铜牌。

“虽说有些失误吧，但整体来说，我的表现还不错，尤其是向后的两个动作，其实平常训练中都很少跳出比较高质量的动作”，赛后拿到银牌的陈芋汐说。就连前辈陈若琳都不禁由衷赞叹全红婵：“我的新偶像是小红妹妹。”

当看到大屏幕上显示自己是冠军后，全红婵的主管教练兴奋地一把抱起了弟子，把她举得高高的。“我还没有觉得什么，就是教练抱得有点疼。”国际奥委会主席巴赫也在现场，见证了中国选手全红婵在10米跳台的惊艳表现。

对于身高1.43米的全红婵来说，奥运金牌似乎有点大，她拿起金牌比比自己的脸，顽皮地挡住了眼睛：“金牌好重啊，好像比我的脸还要大。我要感谢爸爸妈妈，谢谢他们鼓励我，让我勇敢一点，跳不好、拿不拿（牌）都没关系。”

当天，国际奥委会官微“六连发”为全红婵助威呐喊，其“规模”和频次在奥运选手中极为罕见。在女子10米跳台决赛进行时，该官微就发布了“全红婵拿出最好状态”“转身翻腾入水，波澜不惊”等微博，对全红婵的稳定表现给予高度赞赏。当天，国际奥委会官方微博“奥林匹克运动会”发文为全红婵点赞——“中国代表队年龄最小的选手全红婵首次参加奥运会就在国际舞台上展现了自己的最高水平，每一跳都是以近乎完美的水平，其中三跳的表现更是拿到了满分的成绩，最终以466.20分的高分夺得冠军。”

在得知全红婵夺得女子10米台冠军后，中国网友们也是及时送上来祝福。有网友说到，全红婵的名字就带有冠军相，寓意为“全”力拼、中国“红”和“蝉”联金。还有网友说，夺冠后就可以尽量吃“鸡”。还有网友兴奋地说，以后谁要问我在哪里上班，我就会告诉他，我在奥运冠军所在镇上班。

在东京奥运会女子10米台比赛开始前，没有一位对手知道全红婵是谁，除了与她同台竞技的中国队友。当全红婵在东京奥运会举行的半决赛和决赛中接连拿出绝佳表现，并以几乎完美的成绩夺得金牌后，所有人都惊叹，原本就难以战胜的中国跳水“梦之队”如今又多了一位天才——一位重新定义女子10米台比赛高度的小丫头。作为东京奥运会中国代表团年龄最小的选手，14岁的全红婵在自己的第一次大赛中就让跳水世界牢牢记住了自己。

这位年仅14岁的天才到底是谁？成了赛后很多国外记者的疑问，其实就连不少中国记者对全红婵也相当陌生。7岁开始接触跳水，11岁进入广东省跳水队，13岁入选国家队；2020年9月才学齐了整套动作，随后就在自己参加的唯一一次全国大赛中站上最高领奖台（2020年全国跳水冠军赛暨东京奥运会选拔赛），从未参加过国际比赛，来到东京前甚至不知道什么是奥运会；如果奥运会如期举行，那她将因未满14周岁的跳水最低年龄限制而无法参赛，更何况一年前她甚至还不是国家队队员——全红婵的这份履历或许能够解答外界的疑惑，短短7年时间里，从零基础到奥运史上最高分夺冠，这再次证明了她确实是一位天才。

2021 年 8 月 5 日，在东京奥运会跳水项目女子单人 10 米跳台决赛中，中国选手全红婵夺得冠军（许畅 摄）

全红婵获奥运金牌的当晚，广州的标志性建筑——广州塔为全红婵亮灯。一时间，在湛江市体校跳水训练场可以看到，场上已经挂上了醒目的红色横幅，写着“我以红婵师姐为荣”“我与红婵师姐共成长”。全红婵的启蒙教练陈华明说：“红婵奥运会决赛的表现堪称完美。她是天不怕地不怕的性格，训练认真，敢学敢做动作，心理素质好，比赛中没有杂念。小小年纪第一次参加奥运会这样重大的国际比赛就能站到最高领奖台上，这是非常不容易的。”

湛江市体校教练郭艺以全红婵为例，这样介绍着培养小队员循序渐进的过程：首先，要培养小队员对跳水的兴趣，让队员发自内心地去喜欢这个项目，这样练起来就不会觉得那么枯燥，能够坚持下去。从练一米台开始，过渡到一米板、三米板，再到三米台、五米台……每个动作要练得很熟练了，再上更高的台。郭艺说：“全红婵在训练场上特别兴奋，一到上板、上网、上器械的时候就不停地跳，即便在没有计划和安排的情况下也会自己主动去做动作。她爆发力好，下肢弹跳能力强，勇于去尝试一些高难度的动作，训练作风非常扎实。跳不好时她会上心、会着急，会向教练求教怎么样把动作做好。和同龄运动员比，全红婵显得更懂事一点。”

陈华明说，全红婵的“水花消失术”虽有先天优势，但更多来自后天的苦练，“她的手形很适合压水花，她自己也通过刻苦训练不断提升技术。全红婵另一个突出的性格是隐忍，我们这里最大的运动量她都能吃得下来”。郭艺则说，“在学习动作的过程中，全红婵会经常为自己加码。她对训练有很强的专注度，每次都尽全力去做。如果跳下来发现动作没做好，她会自觉地回到台上继续跳，直到觉得可以了为止，从不喊累。”

据全红婵的广东队教练何威仪称，全红婵的特点是综合能力强、爆发力突出，而且她的身体条件好，手的形状很适合压水花。另外，训练刻苦，再加上有股初

全红婵与队友在东京奥运会上

生牛犊不怕虎的劲头，她能在小小年纪获得奥运会金牌也就不足为奇。在何威仪看来，广东省队时期的全红婵对教练所讲的要领的领悟能力非常强，训练动作都会积极完成。“教练员表达技术流程后，她能完完整整地在自己脑海中构建，然后很好地呈现，她是很聪明的运动员。”全红婵了解自己的身体，理解在跳水转体的过程中如何发力、如何控制、如何压住入水水花。“体育都是身体的语言，她理解力强，表现能力很好，这也算一种天赋，她对训练的专注力和对专项训练的渴望比别人都强烈。”全红婵未来有没有机会从跳台转向跳板？何威仪认为，以全红婵现在的身高和身材，还不适合练跳板，“后面要看生长发育，如果长得像伏明霞那么好的身材，跳板也有戏。跳板需要壮实一点的才能压板，太轻不行”。

承载着自我突破的梦想

全红婵在东京奥运会夺冠后说“要挣钱给妈妈治病”，感动了很多人。在奥运摘金的高光时刻，她和所有这个年纪的孩子一样，简单而又直白地惦念着家人。

全红婵来自一个七口之家，父母之下，兄弟姐妹 5 人，她排行第三，上有一哥一姐，下有一妹一弟。兄妹 5 人都是被爷爷奶奶带大的。母亲在 2017 年遭遇车祸后失去劳动能力，整个家庭的收入来源几乎全靠父亲全文茂。迈合村全村近 400 户人家，当时有 38 个低保户，红婵家是其中之一。2019 年，全红婵家被纳入低保，每月按国家规定领取低保金。当地政府为全红婵的母亲办理了大病救助，每月发放残疾人补助。2020 年全红婵母亲住院 8 次，医疗救助覆盖超过了总金额的 90%。在村干部的带动下，不少村民还帮助她家里干些农活。得益于这些保障，全红婵家日子虽然算不上富足，但也没有太多后顾之忧。村里人对全红婵也很关注。赢得第一个全国冠军后她回家休假，大家伙儿见到她都说：“全国冠军了不起，下次再拿奥运冠军。”

没有好的环境，并不影响她如小草般顽强努力地成长！全红婵说：“刚开始是有点辛苦，想家，但是我太喜欢跳水了，爸爸鼓励我，让我坚持。”妈妈叮嘱得更细致：“听教练的，好好训练，小心点，别受伤，多看点书，多学点文化。”在父母眼中，全红婵“听话懂事”，是个好女儿。难得休息回到家，她跟着爸爸在果园里帮忙干活，给橙子树施肥。

“爸爸很辛苦却从不说困难。”全红婵觉得自己的性格“像爸爸”，“冷静、孝顺、永不放弃，他永远是我的榜样”。虽然不常回家，但全红婵心疼爸爸从早忙到晚，照顾一家老小的辛苦。所以每次接到爸爸的电话，十几分钟的时间，她都会“挑练得好的事情告诉他，练得不好就不说了，不想让他着急担心”。

各自忙碌，并没有阻隔深厚的亲情。寒来暑往，哥哥送给她的一个娃娃始终陪伴她征战南北。浅蓝色的动物布偶，笑着露出了一口牙齿。全红婵总把它放在床头，训练或比赛结束回到房间第一眼就能看见。“它是泳池的颜色，样子不太好看，但手感特别好，摸着软绵绵的，特别减压。它有点儿小龇牙，像我自己，每次笑的时候都有点儿龇牙。”

东京奥运夺金后，回国隔离期间，全红婵依然一丝不苟地在房间里做着练习，为即将举行的第十四届全运会做准备。2021 年 9 月 6 日，全红婵领衔的广东队以领先亚军 138 分的优势豪夺十四届全运会跳水女子团体金牌，其代表广东队参与的跳水女子团体项目中的单人 10 米台，全红婵也以 413.90 分排名第一。9 月 12 日，在十四届全运会跳水女子单人 10 米台决赛中，全红婵以 419.25 分获得本届全运会第二枚金牌。

与赛场上的冷静和沉稳相比，场下的全红婵还是那个只有 14 岁的少女模样。

这匹技惊四座、力压群芳的黑马，其实童真得近乎“懵懂”。央视解说员透露，在出征东京奥运之前，全红婵甚至不太明白奥运会是啥。面对记者采访时候，她同样童言无忌，表示自己“没想过比赛，我感觉是被教练骗来跳的”。这样一位少年举重若轻，在整套动作满分为 477 分的东京奥运比赛项目中拿到 466.2 分，树立起标杆。她的表现不但折服了裁判和观众，还折服了竞争对手。澳大利亚、墨西哥等国的教练和选手都纷纷向她祝贺、致意。这样一位天才少女，向世界展现了一张鲜明的“中国面孔”。对于那些诬称“中国运动员是‘金牌机器’，不惜任何代价拿下最多金牌”的外国舆论来说，全红婵无疑就是一种有力的回击。

全红婵也是一个普通人，甚至只是普通的孩子。赛后，她这样描述过自己的生活 ：“就训练，放假就回家。也不能去哪儿，我连游乐园都没去过。”“想去玩游戏啊，玩一些抓娃娃之类的那些，想去游乐园玩一玩。”

东京奥运会结束之后，小全红婵就想着找教练拿回手机，想去玩一些她喜欢的游戏。在全红婵的世界里，奥运会也只是她参加的一项比赛而已。当一众记者将全红婵团团围住，连珠炮般地问她究竟为何能有如此高超精湛的技术时，惜字如金的全红婵只憋出几个字 ：“慢慢练呗。”而被问到奥运会决赛自己怎么把握心态时，小姑娘也只是简单道 ：“也就是跳 5 个动作。”当又有人问全红婵哪个动作最拿手时，她扭过头向队友陈芋汐求助 ：“我该怎么说呀？”在这位 14 岁的小丫头看来，“接受采访，比刚刚跳比赛还要紧张”。谈起这位小师妹，年长两岁的陈芋汐说 ：“其实全红婵是队里最调皮的一个，我们大家都整天追着她打。”这又轮到全红婵不乐意了，立即大声反驳 ：“哪有？才不是这样！”

面对记者关于自己未来的提问时，还是孩子的全红婵自然没能说出个所以然。其实这也无须提问。一出道即是巅峰的全红婵，重新定义了女子 10 米台比赛的难度。如果能继续保持下去，那这将是一位可以统治女子跳台许多年的明星。

在父亲全文茂眼里，女儿温柔、听话、单纯，“性格文静，平时说话不多。但她肯吃苦，做起事情来很有斗志”，“说实话很真诚”。在四兄弟里排行老幺的全爸，和全红婵的爷爷奶奶住在一起。全红婵登上东京水上运动中心 10 米跳台时，爷爷因喉咙不舒服还在住院。父母轮流照顾老人，但没将他生病的事透露给女儿。

全红婵曾经提到过自己喜欢吃辣条，长大后想开个小卖部。她夺冠后，热心人士送来的辣条等零食还放在迈合村村委会，分给了村里的小朋友。每天倾尽全力地训练，休息时打两盘游戏；最初的梦想是开一家小卖部，因为这样就能有“吃不完的辣条”——这就是奥运冠军全红婵的最真实写照。此时 14 岁的全红婵或许还不能完全明白奥运冠军对自己来说意味着什么，但她同时也清楚地知道，只有好好训练比赛，才能赚很多钱，“这样能给妈妈治病，一定要治好”。

赛场上有多惊艳，赛场外就让人多感动。赛场上霸气夺金，赛场外“想去玩抓娃娃”“特别想吃辣条”，这样的“反差萌”已足够打动人。而一句“我的妈妈生病了，我不知道她得了什么病，我只想赚钱给她治病，因为家里需要很多钱才能治好她的病”，更是戳中了无数人的心。

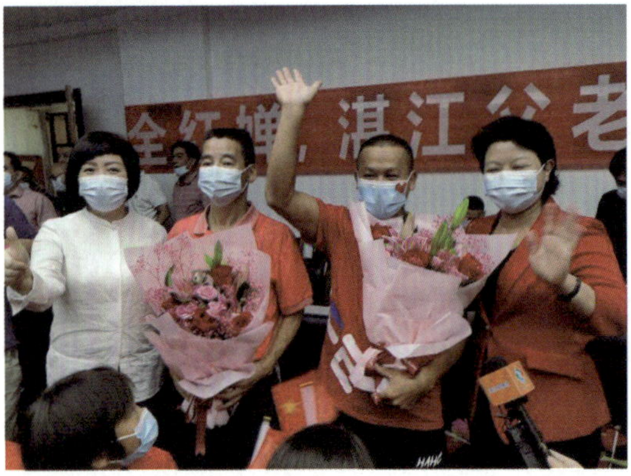

在湛江体育中心会议室，全文茂（右二）与全红婵的启蒙教练陈华明（右三）等一起观看全红婵在东京奥运会的决赛后接受鲜花祝福

东京奥运女子单人10米跳台决赛日下午，广东湛江麻章镇迈合村全氏宗祠门前难得地热闹，大电视摆在广场上，人越聚越多，连邻村的人都跑来助威，村干部发完了两箱小红旗，又紧急找来1000个口罩。全红婵的每一跳都会引起一阵欢呼：第2跳满分，第4跳满分，最后一跳，少女如一柄利剑腾空而起，利落旋转，直直地插入水中——依旧是满分。迈合村彻底沸腾了，欢呼声盖过了成绩播报。

此时，在湛江体育中心会议室，全文茂带着全红婵的弟弟妹妹，同全红婵的启蒙教练陈华明以及她的师弟师妹们一起观看全红婵的决赛。预备，起跳！屏幕前的全文茂和女儿动作神同步，只是全红婵是跳向水池，而全文茂则是看到女儿完美夺冠的表现，激动地从椅子上跳了起来。

全家人观赛虽在两地，但心情相似，而且不只是他们一家人，今天整个湛江、整个广东、全体中华儿女都在为全红婵加油，为全红婵而骄傲。全红婵夺冠一刻，全文茂激动地和周边人挨个握手，还一直和陈华明耳语，他们一起接受了鲜花祝福。“她跳得很好，向前冲！中国力量！永远向前冲！”全文茂冲着镜头，骄傲地为女儿竖起大拇指。右臂上扬，是全文茂的标志性动作，他越说越激动：“我给她打满分！”形容自己的心情，“高兴、自豪！她为国家争光！”

庆祝夺冠的红条幅早就做好了，村口立起“祝贺全红婵勇夺第33金”的宣传牌，全家院子里的大树也被围上印有全红婵照片的红布，村民们自发买来烟花，放了整整一夜，谈论的话题都是“全红婵可真有出息”。全文茂的表亲兄弟凑钱在酒楼摆了10桌宴席，又连夜找人将全家院子修整成水泥地，为了“拍照好看，不给红婵丢脸”。

全红婵在接受央视采访时透露母亲生病等情况引发关注后，网传当地企业向她家捐赠一套房子、一个商铺以及20万元现金。全文茂坦言：“那天下午确实是有人拿20万，叫我拿着花跟他拍个照片。我就说拍照片就可以，那个钱你先拿开，我不要钱。要是你有心来，我就领你的心，领你的花和你照个照片。你这么大老远跑来，这个是人之常情。”全文茂表示，对于热心企业和个人的捐赠，家里未取分毫。全红婵在东京奥运选拔赛上夺冠后，村里给家里奖了10万元，这部分钱已用于全妈治病。全红婵尚在住院的爷爷，也得到了湛江市卫生健康局和院方的慰问。

自从成为奥运冠军后，全红婵及家人原有的平静生活被打破了。别说全红婵老家挤满了道贺的人，连全红婵的妈妈也感慨说，不知道自己家竟然有这么多亲戚。一个人获得成功后，各种社会关注和社会资源蜂拥而至，这不奇怪。但凡事也讲究一个“度”。一旦过了界，原本真诚的关心也可能变味。全红婵在奥运会上一举夺金，全红婵的家也成了网红打卡点，人流纷至沓来。善意的暖流中，也夹杂了一些出格越线的举动：有人直接堵在了全红婵家的大门口，就差要翻墙进去；有的在全红婵家门口架起长枪短炮，搞起了直播，丝毫不顾及人家的隐私，有的网红主播一边直播一边带货，甚至扬言要把全红婵家里的波罗蜜摘走；有人在门口大声喧哗，“已经骚扰到老人家两天没有睡了”，也让当地村民“苦不堪言”……在一些人眼里，或许只有流量，全红婵只不过是这场“围观”里的一个符号。

不久，当地在村口设置疫情防控点，对往来人员测试体温，并且派安保人员维护秩序，呼吁大家理性打卡。再后，在村口立起了“疫情防控，谢绝入村”的告示牌。有网友气愤道，建议让村里在村口立一个检查站，要进村者，外镇的收10元／人，外县20元／人，外市50元／人，外省的100元／人，下午6点后收费翻倍，超时再翻倍……网友说的是气话，但足见这些蹭流量的围观者是多么令人反感。

其实，透过全红婵，我们应该看到更多的全红婵。全红婵的启蒙教练陈华明坦言：“广东湛江训练场地的条件可以说是全广东省最差的。苦练七十二变，方能笑对八十一难，全红婵的夺冠不是偶然，没有人能随随便便成功。”是的，没有人能随随便便成功，我们看到了全红婵的成功，看到了一个天才儿童的纯真和努力，也要看到她背后的更多东西。我们应该创造条件，让更多拥有天赋的人拥有机会，让更多饱含热爱的人尽情释放，这才是我们接下来要努力去做的工作。关注全红婵，除了要看到她的困难和艰辛，还要关注跳水这项运动本身。朋友圈里有不少家长说，自己的孩子看到跳水比赛，觉得很酷，想学，这就是很好的启迪意义，是榜样的力量。奥运会的意义，不只在于金牌和名次，而在于通过一个个运动员、一个个故事，带动更多的大众去喜爱一项运动，去锻炼自己的身体，培养自己的兴趣，寻找自己的热爱，发现生活的美好。我们希望，以后更多的人是因为热爱来学习跳水这项运动，而不仅仅是为了逆天改运。

对于一个家庭来说，突如其来的荣誉无疑打破了原先的平静生活，接下来如何对待外界的嘉奖，无疑是件棘手的事。全红婵爸爸婉拒一些企业自发的奖励或慰问，并表示不能消费女儿的荣誉。面对类似“奖励”，适当的回避是必要的，这样的理性可谓难能可贵。毕竟，无论是对于家庭还是全红婵个人，都面临一个调整心态的过程，他们要学会在聚光灯下生活。尤其是全红婵，奥运冠军是她的重要一站，但她的人生还很漫长，竞技能力层面或许还有提升空间，而在人生下半场，她可能还面临其他选择，为了取得更高的成就，她当然需要慎重对待当下外界的厚爱。

外界赞誉纷至沓来，此时最难的是保持头脑清醒。的确，奥运赛场一跳成名，对于全红婵来说，除了要消化荣誉之外，她还有很多坎需要去面对。除了给予她赞美与鼓励，我们还需要给她一个安静的空间，让她在翻腾跳跃中继续成长、自信成长。

随着东京奥运会落幕，全红婵等多名奥运冠军的姓名就被抢注商标，针对这种蹭热度的恶意抢注行为，2021 年 8 月 18 日，中国奥委会发表声明，要求相关个人和企业立即撤回和停止商标注册申请。不久，国家知识产权局对“全红婵”等 109 件恶意抢注商标行为，依据商标法相关规定予以快速驳回，并曝光了申请人和代理机构名单，同时有关地方知识产权管理部门已约谈相关代理机构，并做出行政处罚。

迈合村的两大产业是水稻和甘蔗。靠天吃饭收入低，村民不愿种地，地都荒了。以前农民生存靠生产，如今村子里六成人口外出打工，当农民的只剩不到两成，其他都是小孩和老人。全文茂有七八亩土地，种了三四亩水稻，留着自家吃。大儿子在外打工，他分的 10 亩地，全文茂种上了甘蔗。近些年，甘蔗形势不好，卖不起价。大约三年前，全文茂种起了红橙，是广东特有的品种。种出来的橙子偏酸，销路不好。全红婵夺冠之后，全文茂还是照常每天去干农活。“农民不去打理，到时候哪里有东西收？该要下肥的时候就要下，该除草就去除草。”

2021年,全红婵的故事,对于很多人来说是一个“天才少女”横空出世的故事。第一次出国比赛、第一次世界大赛、5个动作有3个满分、奥运跳水比赛历史最高分、中国代表团第33金、东京奥运会中国代表团年龄最小的奥运冠军……一系列身份标签，配合“下饺子都比她的水花大”“水花消失术”等赞美，让全红婵“一跳成名天下知”。

不过，虽然人们不吝将“天才”等溢美之词送给全红婵，但全红婵的故事本质上仍然是一个关于拼搏奋斗的故事。被问到“把水花压得这么好的秘诀是什么”，全红婵回应：“练的，自己慢慢去练呗。”体校硬件设施没有那么好，训练很苦，她从来没有退缩；有的动作不标准，她主动给自己加码；为了在比赛中保持最佳状态，她将体重精准地控制在34.5公斤到35公斤之间，偶尔涨了一两斤，就自觉加大训练量减下去……“我不是天才，我很笨的”，这在成年人耳中颇有些“凡尔赛”的回答，显然只是一种纯真表达，但这背后却是每天陆上、水上一共要跳300多次的专注刻苦训练。世界记住了勇敢坚毅的全红婵，也给了她独特的偏爱。14岁的全红婵像小草一样，从石缝中昂扬生长，向上寻找暖阳和甘露，开出属于自己的“生命之花”。

在赢得东京奥运会冠军的时候，全红婵还像个孩子一样，被教练高高举起，这成了经典的一幕。东京奥运会后，全红婵很少出现。为了保护“红姐”，国家跳水队队长周继红制定了特殊的规则，跳水队不能随意发布关于全红婵的消息。

热度终会消退，看热闹的人终究会散去。然而，经历过这场风波后的全红婵，是否还能保持平稳的心态？要知道，虽然是奥运冠军，全红婵毕竟只是一个未成年的小姑娘。她的心理承受力有没有坚强到可以不受外界影响的程度，这段时间她的所思所想，外界并不知道。可是，压力已经悄无声息地来到了这位纯真的少女身边。中国第一位女子跳板奥运冠军、共获得过70多枚国际赛事金牌的高敏指出：“生长发育期对于女子跳台选手来说是一个挑战，因为长身高、长体重意味着需要增强力量、调整技术结构，一旦力量和技术不匹配，就会状态下滑。期待未来在巴黎赛场看到全红婵，用‘强者’代替‘天才’来称呼她。”

诚然，此时此刻的全红婵，并不需要鲜花和掌声，因为那已经太多了。不妨让她“静静”，这对所有人都好。如果真的关心全红婵，不如让我们相约下届奥运会时再相聚，一起为她加油、鼓劲。全红婵东京夺冠后，陈华明说：“希望今后以此为起点，开启中国跳水全红婵时代。”在陈华明看来，全红婵还拥有非常长的运动周期，将继续为国家做出更大的贡献。

“爸爸提醒我要不忘初心，我的梦想就是拿冠军！”全红婵的话语，透着越来越清晰的坚定。

当然，全红婵也清楚：冠军的意义不在于金牌，而是承载着自我突破的梦想。